班级生长的支点

主题班会活动设计方略

魏登尖 著

海峡出版发行集团
福建人民出版社

图书在版编目（CIP）数据

班级生长的支点：主题班会活动设计方略/魏登尖著. --福州：福建人民出版社，2023.3（2024.11 重印）

ISBN 978-7-211-09008-2

Ⅰ.①班… Ⅱ.①魏… Ⅲ.①班会—活动课程—课程设计 Ⅳ.①G455

中国国家版本馆 CIP 数据核字（2023）第 026573 号

班级生长的支点：主题班会活动设计方略

Banji Shengzhang de Zhidian：Zhuti Banhui Huodong Sheji Fanglüe

---

作　　者：魏登尖

责任编辑：谢云英　王丹艺　张微瑕

出版发行：福建人民出版社　　**电　　话**：0591-87533169(发行部)

网　　址：http://www.fjpph.com　　**电子邮箱**：xyying2006@163.com

地　　址：福州市东水路 76 号　　**邮政编码**：350001

经　　销：福建新华发行（集团）有限责任公司

印　　刷：福建新华联合印务集团有限公司

地　　址：福州市晋安区福兴大道 42 号　　**电　　话**：0591-88208420

开　　本：700 毫米×1000 毫米　1/16

印　　张：20.25

字　　数：331 千字

版　　次：2023 年 3 月第 1 版

印　　次：2024 年 11 月第 5 次印刷

书　　号：ISBN 978-7-211-09008-2

定　　价：58.00 元

序一

好方略，大境界

好学校是有境界的，好班级也应该是有境界的。

好班级之境，体现在班级学生身心的全面发展、全体学生的共同发展、尊重学生的差异发展和学生未来的持续发展上。好班级之境，体现在有一个好的班主任上，好的班主任是学生成长路上的贵人，是一个班级优秀的组织者、领导者和教育者。好班级之境，还体现在有好的班级活动上，班级活动有一个重要阵地——主题班会活动。

如何把主题班会活动引入佳境?

有不少人进行了研究和实践，但我发现多数人的研究与实践是阶段性的和局部改进的，而有一个人的研究与探索是持续性的和整体建构的，这个人就是魏登尖老师。

今日教育，变革已成为学校发展的一个重要方向。在变革方式上，大致有三种类型：一是散点随机式改革，此改革固然有局部优化的效果，但难以实现学校质量的整体提升；二是简单模仿式改革，此改革只能达到学习优秀学校的“形似”之境，无法达到“神似”乃至“超越”之境；三是整体转型式改革，即对学校变革与发展进行整体设计，并系统地推进变革，此改革是“统揽全局”之改革，是“顶层设计”之改革，是“见木见林”之改革。

学校发展如此，主题班会亦然。

魏老师的这本书是讲“方略”的，这种“方略”是基于“四个一”深思细研后提出的。一些观察：来自对实践的观照——他看到了“病态”；一种分析：来自实践的病理——他在寻找“病因”；一方策略：来自整体的视角——他想辩证“施治”；一种探索：基于日常生活视域的建构——他有教育“主张”。

细看全书十个章节，“方略”有“取其势”的宏观把握，有“明其道”的中观建构，有“精其术”的微观路径。

“方略”的宏观把握，有系统思考，有顶层设计，有全局统揽，有科学规划；“方略”的中观建构，是在宏观把握基础上的分项推进；“方略”的微观路径，是在宏观把握、中观建构基础上的细化，进而提出可行之道。

值得再次强调的是，书中给出的主题班会活动“基于日常生活视域的建构”之方略，是追求教育之本原，是教育常识之回归，是魏老师的教育主张。

教育主张的最大价值在于它的寻求过程。在寻求教育主张的过程中，教师必然会形成主动学习、主动实践、主动反思和内化的意识与能力，这一过程会不断促使教师从教学经验走向教学理论、从教学思考走向教学思想。

我以为，这“方略”是一种登高远望的视角和谋划，是一种教育价值的追求和引领，是一种教育良知的坚持和守望，是一种教育本真的遵循和践行，是一种理念融入的落实和运行，是一种教育规律的体现和建构。

这样的“方略”，说其好，不为过。

好方略想要落地，就要在变革理论与创新实践的互动与建构的过程中达成。我真想再当一回班主任，好好学习书中的方略，用一腔教育情怀去践行，相信我的主题班会活动一定会上一个新的台阶，我的班级管理也一定会渐入佳境。

好方略，必将营创出主题班会活动的大境界，进而涵育出有境界的好班级。

（任勇，厦门市教育局原副局长、巡视员，特级教师，享受国务院政府特殊津贴专家，获评“当代教育名家”称号）

序二

以研究的力量促进班主任成长与班级发展

写作是艰苦的。我能想象得到魏登尖老师深夜伏案的情景，想象得到四周堆满研究资料的样子，想象得到他如何构思、调整、落笔，进而持续地修改和完善这本书。

写作也是充满激情的。尽管写作本身非常理性，但我同样能感受得到魏登尖老师活跃的思维、理想主义般的追求和对臻于完美的教育的向往。

这些想象，其实是建立在三年多以来在厦门市开展“新基础教育”合作研究的基础之上的。我每次去厦门参与实验学校的研讨，每一天往返实验学校，几乎都是魏老师接送；在研讨现场，在总结会、研讨会上，我和魏老师的交流可能是最频繁、最开放的。那段时间的合作研究，让人难以忘记。魏老师还有很多合作研究的伙伴，本书中相关案例的提供者，洪尤卓老师、黄冬敏老师、陈莉恒老师、戴瑶瑶老师、林玲玲老师、方晓敏老师等，我都非常熟悉，有过多次合作，而魏老师与他们有着更为密切、高质量的合作。

带着这些经验、体验、理解、想象，再读这本书，我似乎回到了那一次次面对真实的主题班会的研究现场，回到了一次次深度思想交流的时空中。

在如此坚实而不乏激情的实践基础上，在如此深度合作而不乏个性鲜明的思想表达的背景下，本书将为班主任的成长和班级建设提供研究力量的支持。

其一，对微观的探讨，通达宏观。本书探讨的是主题班会，有非常细致的问题分享、发展方向探讨、实践方略解说，可谓相当具体。正是在这些具体的探讨中，蕴含了有关教育的本质、价值的内涵、理想的召唤等内容。教育活动原本就是如此，一系列的理性思想与信仰，就存在于具体之中，在真实的实践之中。因此，通过阅读本书，读者不仅能直接吸收、借鉴相关经验，把握整体结构，应用相关方略，还能体会和思考更基本、更核心的一系列教育问题。

其二，对局部的实践，影响全局。在本书中，主题班会活动设计被定义为一个“支点”，这很好地说明了这一研究领域在班主任工作、学校教育中的局部性，甚至可以作为一个工作要点。但是，正是这个“点”，这个看起来很不起眼的每周一次的班会，在本书中成为融通更多改革与发展的支点，力求通过对主题班会的研究促成更多领域的发展。在本书中，读者不仅能读到通过主题班会将班级建设的各领域融通并推动其发展的思想与实践，还能读到班级的活动与年级、学校、家庭和社区，甚至与时代沟通的创新性实践。读者也许会发现，对主题班会的深度研究，会更新我们对于学校、教育的一系列理解，带动一系列新实践。

其三，对教育的信仰，无处不在。教育具有鲜明的价值取向性，教育研究者同样如此。对于更健康的学生发展状态的追求、对于更美好的班级生活的向往、对于更专业的班主任成长的期盼，都渗透在本书的文字中。这样的信仰，事实上也在化为实践，因为本书的写作，就基于丰富、扎实的实践，相关思想与理念已经化为真实存在并在事实上促成了学生发展与班主任成长。因此，读者阅读时，需要将自己的情感与精神融入其中，唤醒、更新自己对于美好教育的内心体验和精神追求。

回归到当前中国教育改革的情境中，班级在学校中的核心地位、班主任作为教师的特殊性、班级建设作为一种教育形态的独特性，都会继续存在，并将在中外教育交流和对话中更好地体现其价值。而数以百万计的班主任，需要被尊重，需要研究者去学习，也需要研究者陪伴其成长、共同进步。

愿本书为更多有志有识的班主任朋友，为更多班主任工作研究者，提供对话的资源和共同前行的新基础。愿更多研究者与中小学班主任一起努力，共同打造一个新的教育世界，创生新的教育理论与教育实践。

李家成

（李家成，上海终身教育研究院执行副院长、博士生导师，教育部人文社科重点研究基地基础教育改革与发展研究所研究员，“生命·实践”教育学研究院研究员，中国教育学会班主任专业委员会副理事长，中国教育发展战略学会家校协同专业委员会副理事长）

序三

让班会成为班主任育人的关键抓手

登尖兄嘱托我为他的新作《班级生长的支点：主题班会活动设计方略》作序，我深感荣幸又倍感压力。称这本书为新作，只是从它完稿的意义上说的，其实，登尖兄近几年在推动中小学校学生工作领域的变革实践中，深感主题班会活动研究的重要性，在实践中思考、在思考中探究，结出了丰硕的成果。书中的若干篇章，近几年来已经陆续刊发在《福建教育》上。这本书从其介入学生工作领域变革之初就已在构建，成书乃是其深思熟虑、筹谋已久之后的水到渠成。从书名到整本书的内容都意在强调要让主题班会活动成为班主任育人的关键抓手。这一部在扎根实践、深思熟虑的基础上形成的有关主题班会活动设计与实践的著作，将对主题班会活动的理论研究与实践起到较大的推动作用。那么，我们可以如何读这本书呢？我以自己的一孔之见，权当抛砖引玉。

班主任的班级生活观决定主题班会活动开展的层次

班级是班主任的育人场所，学生是服务对象。所以，班主任对班级生活的理解程度，即班级生活观，将深刻影响班主任对建班育人的理解深度，也将决定班主任的整体育人效果。主题班会活动作为班级生活的节点，如何理解和开展，很大程度上亦取决于班主任的班级生活观。

综合考察当下班主任的班级生活观，大致可以分成三种。

第一种，将班级生活等同于教学生活。在这一班级生活观的指导下，学生在学校或班级里的所有行为和思想都被教学或考试塞满，其他活动没有存在的时空基础。从本质上说，秉持这一班级生活观的班主任，只将学生与学业成绩挂钩，看不到班级生活与教学生活的区别和联系。在这种班级生活观的支配下，班主任往往将班会作为自习课、考试课、补习课等，班会的价值无法冲出分数的牢笼。

第二种，将教学生活之外的班级生活作为学科教学的支持系统。在这一班级生活观的指导下，学生的班级生活得到局部改善，开展的相关班级活动可以有效提升教学生活质量。虽然班主任依然没能跳出教学与成绩的窠臼，但是客观上可以促进学生更多元的发展，也为转变班级生活观和提升主题班会活动开展的层次打下了基础。由此，班主任开始思考如何提升班会对学生学业的支持力度。例如：为了提升学生学习效率，开展以学习策略改进为主题的班会；为了解决考前焦虑问题，开展以应对考前焦虑为主题的班会。客观上，学生的策划能力、心理素养等得到了提升，但因为班级生活的育人价值尚未得到充分认知，班主任的班级生活观亟待进一步提升与进化。

第三种，班级生活是一个育人大系统，教学生活只是其中一个子系统。在这一班级生活观的指导下，班级生活的多元育人价值被充分认知，成为促进学生全面发展的重要场域，学生的各种能力、素养的发展需求，在班级活动中得到满足。主题班会活动作为班级生活的节点，成为提升班级活动质量和学生发展水平的关键抓手。经由主题班会活动，学生的学习、调查、策划、获取信息等能力和素养得到了磨砺和提升。

令人欣喜的是，随着新时代教育理念的广泛传播，促进学生德智体美劳全面发展成为共识，越来越多的班主任开始以第三种班级生活观为指导，以给学生高质量的班级生活为工作旨归。这本书便是基于第三种班级生活观写就的关于主题班会活动的研究之作。因此，要想更好地理解这本书，首先要弭除班级生活观上的差异，合理认识班级生活及主题班会活动的育人价值。

班主任应掌握主题班会活动开展的图谱

理想是丰满的，现实是骨感的。尽管越来越多的班主任认识到班级生活是一个具有多元育人价值的大系统，主题班会活动是提升班级生活质量的关键抓手，但还是有不少班主任困惑于班会活动主题从何而生、如何才能更契合学生的发展需求、如何才能富有成效地开展班会活动等问题，一言以蔽之，没有掌握主题班会活动开展的图谱。我认为，掌握主题班会活动开展图谱的前提是做好以下三方面的研究。

第一，研究国家的育人导向，看好“天气”。

班主任是落实德育工作的主力军，是助力学生全面发展的重要力量，理应有为国育才的责任担当，理应有研究和落实国家的育人要求的自觉。

近年来，习近平总书记就教育的定位、根本任务等给出了一系列新论断，为我国教育的改革发展提供了根本遵循。这是广大班主任做好育人工作、开展主题班会活动的根本指针。同时，近年来我国出台了多个关于德育工作的重要文件，明确了班主任工作的内容和实施路径。例如，《中小学德育工作指南》是指导中小学德育工作的规范性文件，对德育原则、目标、内容、途径和要求等都做了明确的规定。对于德育的各方面内容，也有专门的国家级文件作指导。例如，开展文明礼仪教育，有《中小学文明礼仪教育指导纲要》作指导；开展公共安全教育，以《中小学公共安全教育指导纲要》为纲。爱国主义教育、中华优秀传统文化教育、心理健康教育、劳动教育等如何落实，都有专门的文件。

只有看好“天气”，将国家的育人导向研究深、研究透，才能把准育人方向，为主题班会活动的开展提供依据。这恰如农人种植农作物之前必须研究天气，根据阳光、雨露、温度等情况，决定种什么、何时种、种了之后如何管理。

第二，研究学校的办学特点，接上“地气”。

如果说国家政策是班主任开展主题班会活动必须考量的阳光、雨露、温度等，那么学校的办学特点就是班主任开展主题班会活动时必须认真剖析的现实土壤。

班级并非存在于真空中，它是学校的细胞，扎根在学校里。学校的办学优势和劣势会极大地提升或制约主题班会活动开展的实效。班主任要善于研究学校的办学特点，多开展与学校的办学优势、区位优势相契合的班会活动，为活动开展争取更丰富的信息资源、人力资源、物资资源，提升活动效度，达成育人目标。例如，开展以优秀传统文化教育为主题的班会活动时，若学校位于“茶乡”安溪，则班主任可以铁观音为切入点；若学校位于“朱子故里”尤溪，则班主任可以朱子文化为切入角度。如此一来，便能较易获取丰富的资源，引发学生的共鸣，满足学生的发展需求。若反之，则更可能受到现实条件的制约，使活动的深度和效度打折扣。

因此，班主任只有接上“地气”，研究好学校的办学特点，才能更有力地保障主题班会活动的深度和效度。

第三，研究学生的发展情况，把握“人气”。

农人研究阳光、雨露、温度、土壤等，其目的在于保障庄稼长得好、有好收成。同理，班主任研究国家的教育政策导向、研究学校的办学特点，最终是为了服务于学生的全面健康发展。这就要求班主任在“人”上多做文章，需要特别关注以下几个方面。

其一，掌握学生普遍的成长规律。例如，学生在特定年龄段各方面的发展水平如何，其身体、心理、学习等所要达到的指标如何。对这些规律性的认识，班主任应有准确把握和深入理解。对于这方面内容，《“新基础教育”学生发展与教育指导纲要》中有系统阐述，班主任们不妨认真学习研究，会有大助益。

其二，认清班级学生当下的发展基础。虽然学生的成长是有规律可循的，但不可忽视的是，不同区域、不同学校、不同班级的学生可能存在较大差异，这就要求班主任基于对本班学生做出具体的调查、分析，为主题班会活动的开展提供现实依据。例如，对于班级组织建设，按照一般规律，一年级是岗位建设，二年级是小队建设，三年级是班委建设。但若班主任接手三年级班时，学生缺乏前期岗位建设和小队建设的经验，那么班主任就需要重新筹划和安排，基于学生现有水平，逐步推进班级组织建设，促进学生成长。

其三，重视班级的智能优势。不同的人有不同的性格和不同的智能优势，由学生组成的班级也具有独特的班级性格和智能优势，这就需要班主任基于学生立场，看到多数学生的智能优势，组织学生擅长的活动，从而更有利于学生的自信培育、能力提升、素养发展。例如，同样是指向学生审美素养培育的主题班会活动，对于多数学生有音乐特长的班级与多数学生喜爱绘画或喜爱童诗的班级，其活动组织的内容和形式应该有所不同，需要因班制宜。这些都需要班主任根据调研做出具体的分析、决断。

总之，班主任要善于研究学生，既要把握规律，又要能根据实际情况做出调整；不但要着眼当下，更要着眼未来，引领学生发展，把握“人气”。

有的班主任会说，看好“天气”、接上“地气”、把握“人气”的道理容易懂，但进行实践操作依然很难。而这正是本书的可贵之处。对于这些问题，登尖兄在书中不仅阐述了他的理论之思，还指出了实践之维。他指出主题班会活动背景分析的意蕴和实践路径，更基于主题班会活动的独特性，指明学生分析的重要价值及其操作方式，这些应该受到我们的重点关注。在此基础上，本书为主题班会活动的有效开展画出了详细的图谱——主题班会活动如何系列化、有哪些活动范式、要如何反思等，打开了研究和实践主题班会活动的广阔视野。

当然，我想对于真正的经典，其核心价值不是给我们多少现成案例或现实路径，供我们照搬照抄，而是提升我们的认知和觉悟，增强我们的改进意识，促使我们更积极大胆地实践，以创生更多生动的思考成果和典型经验。如果我们能在阅读本书后触发这些改变和提升，那应该是对这本书最大的敬意了。

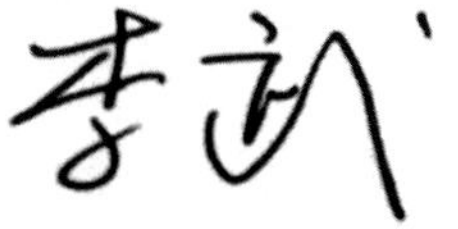

（李武，《福建教育》（德育）编辑部主任，编辑、记者）

目录

绪　论

班级是中小学教育教学活动中最基础的组织单位，学生、教师及家长等相关利益群体共同构成了班集体。班级是随着班级授课制的确立而出现的，是学生在校生活最主要的时空场域，学校教育生活和社会教育生活一定意义上都可以说是班级生活的延伸。为了解决班级日常生活中的事务并发掘学生班级生活的育人价值，班会活动产生了。其中，聚焦主题性、目的性、教育性的班会活动就是主题班会活动。从课程意义上看，每周的班会课都应当是主题班会活动。从正式教育时间及空间上看，作为具体的教育活动，不存在非主题班会活动。从属性上说，主题班会活动不仅仅是为了解决班级日常生活事务而存在的，还蕴含着对学生独特的教育功能，承担着学生的思想政治及道德教育任务。主题班会活动是班级建设及“立德树人”的重要阵地，然而，在具体的学校教育中，主题班会活动的实践并不理想。

（一）一些观察：来自对实践的观照

在以分科课程为主要形式的中小学教育教学中，学科知识及技能教育成为主流，而以主题班会活动为核心的教育活动往往陷入“说起来重要而实践起来不重要”的境地。

1. 形式化

形式是为内容服务的，内容决定具体的形式选择。然而，一些主题班会活动空有形式上的完备，缺失了具体的、有针对性的内容。表现为：其一，空有课表，而无实践。在课表当中可以看到有专门的班会课时，但现实是班会课被挤占用于补课、培优辅差、考试、做作业等情况屡见不鲜。其二，空有管理，而无育人。班级被认为是学校行政管理的底层组织，许多班会课成为班主任落实学校工作和各种评比检查反馈的时间，或被认为是班主任的专属管理时间，导致有管理而无育人。其三，为了班会而班会。为了应付检查，或为了有班会活动资料而开展班会，没有将班会活动作为一次正式的、有实质性主题和内容的班会课来开展。其四，形式套路化。并非基于班级实际建设状况及学生的实际发展需要来开展独特的活动，而是演变成了学科化的套路活动。

2. 表演化

表演是一种有效促进学生成长的方法，如通过戏剧表演活动来促进学生的发展。教育教学活动中不能缺失表演活动，但把主题班会活动的开展过程当成表演的过程，就损害了育人这一根本属性。不少主题班会活动的表演化表现为：其一，表演过程的固化。活动过程的表演，热闹非凡，精彩迭出，但都是排练好的，看不到学生的成长，看不到学生的问题解决，把课堂排演成了舞台剧，只是为了追求好看和精彩。其二，成为少数人的表演，把班会活动变成了少数几个优秀学生特别是班干部的舞台，多数学生成为沉默的大多数，并没有进入班级的整体建设及自我发展的过程中。其三，成为表演秀的班会活动。“班主任把班会开成了学生的歌舞会、艺术表演会、新年联欢会等”，“体现不出班会的教育性”①。一些班会活动成了表演秀、才艺秀，杂糅成一台精彩的晚会，看起来好看，看起来热闹，但不是教育活动。表演化的背后是对学生成长的忽视，是教育功利化的躁动。

3. 虚无化

虚无是认为什么都不存在，没有意义、没有价值。主题班会活动的虚无化是指组织者认为主题班会活动是搞形式主义，没有实际的价值，不是学校教育的主要任务。虚无化来自虚无主义，虚无主义者认为真理或理想虽然存在，但实践中达不到，追求真理或理想是徒劳的。在当前的教育背景下，一些学校过度追求成绩、升学率，从而强调教育教学活动应当围绕学科知识、技能或考试内容展开，否定了基于班级日常生活事务的主题班会活动对学生生长的教育价值。老师们普遍的心态是“把班级搞好，不如把成绩搞好”，事实上也确实存在这样的评价导向。虚无化的危险之处在于否定了价值，摒弃了可能，削弱了实践的力度，在偷梁换柱中让理想的设计成了鸡肋，从而损害了固有的道义与秩序。

4. 碎片化

碎片化是指缺乏整体的设计及实践的点状化，从而导致效果的割裂与弱化。主题班会活动的碎片化表现为：其一，“头痛医头，脚痛医脚”型班会。

① 李秀萍. 班会课怎么上才有效？[M]. 上海：华东师范大学出版社，2018：19.

班级在实践中出现了什么具体问题，就大张旗鼓地开展什么活动，如这周的卫生状况不好就开展如何做好卫生的活动，下周因课间冲跑现象就开展不冲跑的活动，缺乏对班级建设进程的整体思考，也缺乏对问题的深层次思考。其二，“上行下效”型班会。只根据上级领导的要求或教育任务开展班会活动，或只根据全校性活动开展组织落实的活动，主题班会活动成了布置任务的活动，没有结合班级的实际状况来开展，缺乏具体的问题意识。这种现象相当普遍，一些学校规划设计了学校年度德育的主题月、主题周，甚至设计了全校每个年级、每个阶段、每一次的具体活动主题，各个班级就按照这种类似学科课程的方式来开展千篇一律的活动，甚至出现连主题班会活动设计的学生分析、背景分析都完全一致的荒唐现象。其三，“东拼西凑”型班会。这类主题班会活动能够聚焦班级，能够实践独特性的活动，但在一个阶段中，活动主题五花八门，什么都开展，什么流行做什么，不同频次的活动没有内在的联系，对具体的活动也缺乏深入，企图用一次活动就解决问题，实现学生顺利发展的目标。这种急功近利的做法，缺失了学生发展的立场，实际上弱化了活动的教育价值，其核心问题是缺乏长程设计。

5. 无效化

无效化就是没有成效的状态，活动导向没有成效的过程。这里所指的无效化应当包括低效化、无效化，乃至负效化。纵观当前主题班会活动的无效化，主要表现为：其一，道德说教的无效化。道德形成有知、情、意、行几个过程，缺乏实践体验、缺乏道德实践的说教是很难有实际效果的。其二，激情泛滥的无效化。一些主题班会活动刻意制造煽情的情境，让学生在现场激情澎湃，但其实质是在特定时空情境下人的正常应激式情感反应，当脱离了特定情境后就不再具备教育作用，因此无法深入人心。实际上，过多的情感激发或脱离实际的情感激发是情感的“超前消费”，反而损害了正常的情感培育。其三，榜样效应的无效化。一些班会活动过度塑造所谓榜样，并不符合全体学生发展需要，没有从根本上解决不同群体的实践发展问题，更忽视了人本身成长的多样化。其四，主体缺失的无效化。一些班会活动缺失了学生立场，脱离了学生已有的发展基础，脱离了学生的日常生活实践，造成了主题班会活动中学生的不在场，从而导致教育活动的无效化。低效、无效不可取，一些主题教育活动造成的负效化更是可怕的、可悲的。

（二）一种分析：来自实践的病理

主题班会活动实践存在的问题，其形成原因是复杂的、多元的。从学生工作整体性、实践性变革的角度出发，主要原因如下：

1. 认识不够深刻

主题班会活动实践中存在问题，其核心原因是相关政策制定者、学校教育设计者及实践者对主题班会活动的内涵、价值、功能及实践方式等认识不够深刻。其一，功利主义取向导致认识的偏差。把学校教育简单等同于考试教育、升学教育、成绩教育或政绩教育，从而认为不能直接作用于学业成绩提升的教育活动就不重要。功利主义也导致了对主题班会活动认识的功能化，导向纯粹为管理班级不出状况，而非育人。其二，实践内容的宽泛导致认识的泛化。主题班会活动设计的内容缺乏主线，缺乏整体的建构，在众多的文件及实践中杂糅。当代主题班会在实践层面所涉内容十分宽泛，包括爱国教育、集体教育、道德教育、学习教育、理想教育、健康教育、劳动教育、审美教育等。① 主题班会活动内容的广、杂、多，导致了认识难以聚焦、难以有效结构化的问题，导致了当前对主题班会活动认识的浅表化与实践性泛化。其三，实践评价的形式化导致认识的狭隘。对主题班会活动乃至德育活动的评价表现为文本材料、评价过程的形式化以及评价方法的简单化，导致难以真正发现德育活动的实效性，从而限制了认识的层次。其四，实践认识的口号化导致认识的无关化。对许多德育活动认识的政策化、文件化，实质是口号化。在本位主义影响下，学科教师等相关利益群体的不在场，导致了群体认识的沉默。当每个人都朝着自己的优势价值及最大化利益行动的时候，交叉、跨界、融通也就成了所谓群体利益的牺牲品。

2. 取向不够育人

“立德树人”是对我国教育价值与功能最为核心的表达，其根本是育人。然而，实践中对育人的理解有较大差异。有的理解为培育人才，有的理解为道德生长，有的理解为技能学习，有的理解为知识学习，有的理解为以考试为中心的教育质量……凡此种种，不一而足。但从实践观察来看，不是表现

① 倪彩凤. 主题班会的回顾与反思［J］. 教学与管理（中学版），2019（10）：18.

为作为主体的学生立场缺失，就是对学生立场的成人化认识，作为育人对象的学生并没有言说及行动的可能。同时，对育人的认识有时代变迁的过程，变迁的时代有变迁的育人理解与诠释。随着《中小学德育工作规程》《小学德育纲要》《中学德育大纲》《中小学德育工作指南》《少先队活动课程指导纲要（2021 年版）》等德育政策文件的发布，对主题班会的育人功能的表述也在不断演变，但育人者并没有随之调整观念，表现出了实践与理念的二元分离，这种现实也源于实践行动的惯性。另外，更为现实的是把主题班会活动定义为组织建设意义上的管理功能，也就导致其指向组织发展而非人的发展。虽然组织是人构成的，组织的发展也是人的发展，但组织发展有其自身的规律，教育中作为具体个体生命生长的人不能退为组织发展中的人，组织发展应在人的生长中。实践中，具体表现为到底什么是目标。组织发展是目标，事务解决是目标，还是人的生长是目标？这样的追问，对实践的启示是：当前现实是关注了组织中的人，而非基于人生长的组织生长，也就因此丢失了育人导向。诸如此类，实践中比比皆是。如卫生评比的反馈与改进，多数时候是为了评比优秀，而非让学生意识到卫生该如何做好、为何要做好；再如，班干部选拔和培育，不是为了学生的不同发展可能，而是为了协助教师管理好班级乃至提高班级的考试成绩。

3. 实践不够到位

现实中的种种现象，与具体实践场景的不到位有着极大的关系。没有一定的常态化实践、专业化实践、生长化实践，也就无法有好的状态呈现。这里的实践包括政策实践、过程实践、策略实践、评价实践及发展实践等方面，更涉及实践的频度、密度、广度、深度及高度等方面。其一，政策实践不够到位。事实上有许多关于主题班会活动开展的文件要求，但在现实中往往表现为政策与实践“两张皮”，政策并没有被好好落实，政策的功能被弱化，“说起来重要，检查起来重要，但做起来不重要”。其二，过程实践不够到位。有主题班会活动课时安排，但许多学校并没有真正开展，往往沦为班级事务管理、学生教化与规训的时间，或被挪用于其他学科的教育教学活动。没有常态化的开展，就没有相关经验的积累，等需要的时候才准备必然会手足无措、问题百出。其三，策略实践不够到位。有的学校有开展主题班会活动，但并不关注具体成效，往往只是开展，而没有关注实践化策略，也就缺乏学校整体层面上的策略积累。其四，评价实践不够到位。当前的评价过度依赖终结性评价，因为不能考试，或因学生素养发展水平难以测评，也就没有开展关注班会活动实践本身及学生班集体生活实践素养发展水平的测评，从而无法通过评价来推进主题班会活动质量的提升。实践场域中往往因为缺乏具体的专业化队伍，质性评价也很难真正做到。其五，发展实践不够到位。任何事物的发展都有其过程，即使实践的起点低，但只要意识到重要性，并着手规划、实施、推动，就能推进深化发展。然而，鲜有看到相关方面的发展实践，即使是文本层面的，或是口号层面的。不实践或实践不到位，在真正实践中出现种种尴尬也是必然的。

4. 研究不够普遍

要实现中小学主题班会活动的高质量发展，并为学生的整体素养发展贡献更多的可能，除了要依赖足够的实践积累，还要有高质量的研究。开展研究是推动事物发展的重要保障，然而目前关于主题班会活动的研究还不普遍，表现为研究群体稀少、研究层次不高、研究范围不广、研究转化困难、研究深度不深等方面。其一，主题班会活动不像学科课程有较为固定的研究群体，往往只是作为德育研究或学生工作研究的组成部分，较少从教学意义上的活动学习维度进行关注，从而造成研究群体稀少，特别是广大班主任队伍并没有关注并开展研究。其二，当前的一些研究者层次不高，较多来自实践领域，较少有理论层面的研究，导致无法在系统建构、理论认识上有更多更快的发展。其三，研究范围不广，更多关注具体班会活动，缺少对理论基础、相关影响因素、评价、发展范式等方面的多维度、多学科、多领域、多方法的研究。其四，对于当前的一些已有研究，将之转化为实践较为困难，因为关注和重视程度不够，缺乏足够的转化机制，导致一些好的研究成果被束之高阁，无法影响具体的实践。以上因素共同导致了研究深度不够，停留在经验积累和所谓的实践性需求层面。

5. 发展不够系统

事物是普遍联系的，事物发展具有复杂性，事物是处于发展过程中的。由此可以得到两点启示：其一，发展是分析任何事物的必然维度；其二，通常来说，很难完全把一个问题诠释清楚，以系统对系统、以复杂对复杂、以实践对实践，才能在更大程度上理解实践性问题。发展是解决问题的唯一正确方法。主题班会活动实践中存在的问题需要在具体的发展实践中解决，但关于主题班会活动实践的发展还不够系统。其一，在实践本体上，主题班会活动实践在学校层面上并没有被关注，没有同学科教学一样得到实践积累并研究。其二，在实践相关的影响因素上，多数还是片面强调方案的解决，如开发学校整体的主题班会活动方案，而没有重视队伍建设，缺乏专业性。其三，在实践积累上，一些学校关注了德育的重要性，重视了学校的具体德育实践活动以及主题教育活动和各种特色活动的开展，但并没有将主题班会活动的功能价值融入相关活动中，呈现出割裂状态。其四，在实践中学生的生长上，没有将主题班会活动中的学生素养发展与学科教育教学活动融通起来认识。

（三）一方策略：来自整体的视角

认识现象、理解现象往往比提出解决对策更重要。很多时候，不是缺乏解决问题的对策，而是理解问题的层次不够。同时，具体的实践举措、具体的问题解决，还跟具体的实践情境、利益关系和发展状态有着直接的关系。但认识、理解与诠释往往具有普遍性价值。

1. 高度重视，转变认识

主题班会活动是学校教育教学活动的组成部分，是学校学生工作及德育工作的重要场域，必须充分认识其育人价值与功能。其一，转变对学校教育质量等同于考试成绩的认识，认识到教育质量是指学生素养的整体发展，学校教育是以学生的学为中心，而不是以教师的教为中心。其二，高度重视主题班会活动及其相关活动的开展，重视才有实践，有实践才有成效，有成效才有发展。其三，转变对主题班会活动是为班级管理服务的认识，认识到主题班会活动对学生整体素养发展的价值。其四，转变对主题班会活动是具有独立形态的教育活动的认识，要从学校整体课程意义上认识主题班会活动的整体性、育人性，从活动育人的属性而非教学育人的属性来认识。其五，转变对学科课程育人与主题班会活动育人的认识，充分认识到整体育人上的融通，认识到知识育人与活动育人的区别与联系，认识到分科课程与综合实践课程在育人功能上的差异与共性。其六，重视学科教育与实践活动教育的共生共长。班主任专业发展与学科教师专业发展可以和谐共生，班主任实践与学科教师实践可以相敬如宾，班主任技能大赛与教师学科技能大赛可以琴瑟相和。当前很多问题的产生源于系统惯性，但更多时候是因为不重视乃至于忽视，或者是因为认识跟不上变化，才导致了种种不和谐的现实。因此，高度重视并转变认识是改进实践的基础。

2. 规范实践，制度为先

应当充分意识到，主题班会活动实践中的问题来自实践，要通过实践来解决。首先，规范相关的政策制度，通过建设明确的、具体的、可行的政策制度来推进主题班会活动实践，避免政策执行的模糊化，也避免不同政策制度的交叉与叠加，从而规避实践困境。这也意味着学校要围绕以学生工作、德育工作及主题班会活动为核心的班级建设建立相关的发展制度，并保障制度的有效运行。其次，推动各个学校规范且常态化地开展主题班会活动实践。谈主题班会活动的发展，根本在于有真实的、常态化的实践且有相应的管理过程，不让班主任沦为琐碎事务的应付者，而让其成为创新创造活动的探索者。再次，要用发展的眼光规范主题班会活动的实践过程，特别是主题班会活动实践成效的评价方式。只有对主题班会活动实践与学科课程教学从同等意义上进行实践的制度设计，才有专业化的发展可能。最后，规范专业队伍建设的制度，通过专业荣誉制度的建立，培育专业化人才、专业化队伍，使之走向发展的进程。

3. 素养中心，多向融合

主题班会活动作为育人活动，有利于教师、学生、家长等相关利益共同体的互动发展，对学生的素养发展有独特的价值。其一，主题班会活动要有明确的学生素养发展贡献体系，需要研究具体的发展价值指标体系。从学生核心素养发展的角度出发，单纯的课堂教学已经不是学生发展的唯一主阵地，从全时空视域出发，促进学生连续性与非连续性发展的有效共振逐步成为主流。其二，构建主题班会活动与学科课程的育人合力。在实践中，要寻找并融合班会活动与学科课程的共同育人属性，整合相关的课程内容，实现育人在不同学科、领域的分工。如主题班会与道德与法治学科的融合，主题班会与综合实践活动课程的融合，主题班会与语文、音乐、体育、美术等学科的不同维度融合。同时，这也意味着从课程意义上说，主题班会活动内容要“规范、整合，确保主题班会开展中的系统性和连贯性”①。其三，主题班会活动与学校整体活动的融合，如与学校读书节、体育节、科技节等重大节日节

① 杨静，郭学军，臧国军. 把课程的育人合力释放出来：对初中思想品德课与主题班会整合的探索与思考［J］. 人民教育，2011（1）：44.

庆融合，发现重大节日节庆的班级发展价值和育人价值，也把主题班会活动作为一个重要的推进节点来实践。其四，主题班会活动与班级建设的融合，即与学生日常生活相融合，将学生日常生活作为主题班会活动的课程资源，以主题班会活动为节点提升学生日常生活的质量。站在学生核心素养发展的高度，以融合的视角来看待教育教学活动，才是未来教育的生长之道。

4. 研训先导，强化研究

主题班会活动实践的问题，有发展中的理念变迁造成的冲突，也有制度与政策的阻隔，更有专业化队伍的缺失。历来的教师专业发展研训往往重视教师的学科教育教学能力及科研能力，而对育德能力的提升缺乏相关培训。同时，很多学校及区域层面的教师研训活动也忽视了学生工作，特别是主题班会活动领域，导致教师特别是班主任在主题班会活动的研修成长道路上鲜有资源，特别是发展的时空资源。因此，其一，要在学校乃至区域建立专业化的学生工作队伍或主题班会活动实践队伍，有专业化实践队伍才是该领域发展的前提。其二，建立以主题班会活动为核心的班主任研修机制，通过常态化、系统化、专业化的研修活动，为教师专业发展提供资源和空间，允许教师在学科专业发展的道路之外，还有德育专业化发展路径。这两者可以是并行的，都是可供教师选择的路径。其三，强化德育专业化队伍的专题、专项、专门的系统化培训，当前的许多培训往往关注师德培训或德育的通识培训，但这远远不够，还需要更深入的、更有针对性的培训，才能促进长远的发展。其四，强化德育领域、学生工作领域的研究工作，推动学校教师进行相关领域的课题研究，特别是以主题班会活动为核心的研究，以研究推动发展，以研究促进创新发展。这不仅仅是一个手段，也不仅仅是一个过程。从本质上说，研究性工作或创造性工作是教育教学工作的根本属性。

5. 整体育人，实践培育

所有的发展最终都要落实到实践层面。没有实践的发展，其他的发展都是空谈。促进主题班会活动实践质量的提升，核心就在于实践，通过常态化的、专业化的、发展化的实践，培育高质量的活动。面对变化的常识，有维度、有变化的实践才是核心解决之道。主题班会活动的实践，需要以整体育人为前提。这里的“整体育人”是从人的生长维度出发，以时空场域为属性，以有效育人为目标所进行的课程化、长程化的探索。正如华东师范大学李家成教授提出，要“在时间维度上契合学生成长的长程性”[①]，基于学生的成长需要，根据不同年龄、不同年级学生的特点和需要设计主题，从而实现班会的育人价值。同时，需要进行整体的建构，这样的建构是基于国家、地方、区域、学校乃至班级层面的建构，其核心是以学生核心素养发展为基础，以课程化为思想，以阶段化、模块化、全程化为指导。正如有人提出，从单元设计入手，探索出主题式课程设计、项目式课程设计、观念式课程设计和任务式课程设计四类设计思路来开展实践[②]。笔者认为，具体的类型探索是多样化的，需要把握整体、把握育人、把握实践，在促进专业化队伍发展的过程中，实现教师的创新性发展，以学生的核心素养发展为终极任务，最终提升主题班会活动质量。

应当说，有不少研究者已经关注到中小学主题班会活动实践过程中的困境，也各自从不同的维度进行了研究诠释，并提出了解决方法。

（四）一种探索：基于日常生活视域的建构

在一个大变革时代，经验的价值和理论应用的价值已经在不断弱化，而教师的专业化发展也不是靠经验获取就能够达成的。大量的研究表明，教育要回归常识，但这种回归不是回归旧有的理论与经典经验，而是要回归与这个变革转型时代相互激荡与对话而产生的新教育理论、新教育实践表达，是走向自主创生和自我更新的实践性变革研究。与时代同行、与专家同行、与理论同行、与同伴同行、与经验同行，其实质意蕴是要不断创生新实践、新路径、新理论、新表达，从而实现新常态、新节律、新境界。在这样的主张下，开展基于日常生活视域的主题班会活动实践逻辑的研究。

全书由三部分内容构成。第一部分是绪论，探讨了自实践而来的问题逻辑，并分析探讨实践路径，核心是提出问题，指出问题，确立研究的逻辑起点。第二部分由第一章和第二章构成，探讨基于学生班级日常生活的主题班会活动研究的理论形成逻辑，确立基本的探讨框架，进而探讨主题班会活动是校本化的、体验式的、探究式的、游戏式的、生活冲突式的，构建了主题

---

① 李家成. 班级日常生活重建中的学生发展［M］. 福州：福建教育出版社，2015：192.

② 任夫锋，张锐. 主题班会课程化的单元设计与实践［J］. 教学与管理（小学版），2018（12）：12-14.

班会活动设计与实施的整体框架及实践范式。第三部分由第三章至第十章构成，围绕主题班会活动设计与实施的学生分析、背景分析、主题设计、目标设计、系列化设计、结构设计、实施设计及反思设计等方面展开探讨。

全书的思考与探索，从主题班会活动实践开始，以日常生活为视域，以主题班会活动的整体设计及实践路径为核心，提出对基于广域的学生生长的主题班会活动的认识。当然，这只是笔者个人的实践省思与探索，或有诸多不足之处及未尽事宜，仍需锲而不舍地继续探究。

第一章

班级学生生长的日常生活视域

歌德说："理论是灰色的，生命之树常青。"灰色的理论常常孕育在新鲜的日常生活中。对主题班会活动的研究探讨从日常生活实践开始，也以日常生活为理论基础。主题班会活动一直以来都被看作是德育工作的自留地，班主任工作一直被认为是德育工作的主阵地。德育工作与班主任工作或学生工作不是上位与下位概念的关系，而是交叉关系。以主题班会活动为显性表征的学生工作具有更广阔的视野，笔者将其定位为班级学生的生长。班级学生生长是基本的研究立场，确立了基于日常生活的研究视域。在对日常生活引入班级学生生长的实践领域进行分析理解后，提出了班级日常生活中学生的生活样式，从而奠定了主题班会活动实践性研究的全部基础。

第一节　班级生活中学生生长的价值省思

“德育为先”一直是我国基础教育领域的重要理念与追求，显示了德育在学生发展和学校教育中的重要地位。不可否认的是，德行在人的发展中有着重要作用，但应该反思的是当前学校的德育工作出现了什么问题。理清学校的德育问题，从学生多元发展的视角审视学校学生工作的价值，对推进学校基于学生核心素养发展的整体活动建构和关怀学生生活具有重要意义，是促使学校德育工作有效发展变革的关键。

（一）从概念迷失谈论“学校德育工作是什么”

要进行价值审视，首先需实现从德育工作到学生工作的话语转变。学生工作指向的是学生除学科教育教学之外的学校生活领域，这样的领域涉及班级建设、学生辅导、学生活动等方面。注意这里指的不是德育，德育工作与德育是两个概念。德育工作虽说是一个传统的概念，但存在概念泛化、缺乏针对性、没有具体的规定范畴和容易出现主体缺失的状况。由此，学校德育工作的概念梳理应基于新的视角，从学生整体发展的视角来省思，进一步明确学校德育工作的具体内涵。应当明确基于学生多元发展的学生工作概念是对学校德育的再清晰，也是学校道德教育的重要实践场域。

培养有德行的人是教育自产生以来就一直追寻的方向。我国古代教育尤其重视人的德行培育，将德性水平作为衡量教育成效的核心指标。在西方教育中，以康德为代表的近现代学者始终将培养具有行动品性的道德主体作为教育的基本旨归，强调“道德教育的第一要务是确立一种品格，即按照准则来行动的能力”。事实上，当前学校教育中的道德教育概念是冗杂的，学校道德教育的内容包括了爱国主义教育、理想教育、集体主义教育、劳动教育、人道主义与社会公德教育、自觉纪律教育、民主与法治观念教育、科学世界观和人生观教育等，实质是泛化了内容和基本目标，学校道德教育成了“百纳箱”，凡是各级各部门或各系统认为重要的都成了学校道德教育的范畴。由此，造成了事实上的概念迷失。主要表现为：其一，对德育的认知缺失。其二，对学校德育本体价值的迷失。学校德育成为开展行政活动的实践场域，是应行政的需要而非学生真实道德认知、道德情感、道德意志的发展需要，学生没能成为实质意义上的教育主体，道德品质的提升没有成为应然的目标。其三，泛化的德育概念不能为学生的多元发展提供整体的教育建构，走向随性和无效，这正是当前学校德育内在紧张的关键所在。

因此，基于学生心理、认知、思维和道德的发展规律，需要以学生能力和情感的多元发展来重构学生的学校道德生活。基于学生学校生活和学校学生道德性活动与教育的概念认知应转化为学生工作的话语表达，其指向对学生发展目标的重新认识，指向学生作为学校道德生活与教育性活动的主体地位，是对学生多元发展和学校德育活动育人价值的多重发掘，从而拓展学生的发展渠道，从聚焦虚化的德育转化为对道德能力和道德生活的追寻。

(二) 从定位模糊化思考“学校德育工作为了什么”

如今，学校开展的一系列德育工作都有明确的活动目标或既定的追求。然而，细究起来，学校德育工作却存在定位模糊化的问题，主要表现为以下几个方面。

其一，目标定位中学生主体的缺失。学生工作的目标定位往往来自上级行政部门，或为了便于学校管理，或为了提升教育教学质量，抑或为了存在而存在，没有人详细追溯这些目标的价值在哪里，它们能否实现、可操作。

其二，工作目标的定位往往基于直接的社会需要或者是学校、教师的需要。教师往往根据教育行政部门的工作目标，直接以个人的价值观策划、开展活动，忽视学生立场，忽略学生年龄、年级、班级的特点，直接将个人意图强加给学生。

其三，学校德育工作目标的泛化。所谓的目标泛化是指各项德育活动的目标都指向学生的道德发展，但是也都呈现为无效目标或不切实际的目标。笼统的目标表述方式，更多关注了活动的精彩、活动的独特、活动的成效，而学生的真实发展被形式替代，其实质是对学生发展立场的忽视。活动中放之四海而皆准的目标定位，是对学校教育中学生存在方式的被动反应，强化了形式，忽视了内容，本末倒置的设计与实践，必然造成学校德育的形而上取向，模糊了学校德育的本质。

其四，学校德育工作目标的情感化。实际的教育设计往往认为道德教育的本质是情感体验，是感动，抑或是超越学生心理年龄的情感表达与缺乏行动支撑的道德伦理的情感化说教，在说教中迷失的不仅是道德，更直接的是对情感的漠视。

因此，从学生工作的认识视域出发，应该充分认识到，学生活动的底线是促进学生生活的真实体验，拓展学生活动的底色是促进学生生活的丰富性，实现学生活动的底蕴是促进学生综合道德能力的发展。由此，从“为什么”层面来探究，话语方式的转变不是为了离场，而是为了更加在场。

（三）从形式主义泛滥与本体离场探究“学校德育工作怎么办”

“怎么办”回答的是学校德育工作中的具体实践行为问题。在具体实践操作层面，学校道德教育呈现的问题如下：

其一，道德教育实践行为的简单粗暴。“一些学校以各种纪律与规范的执行作为德育的出发点和着力点，把学生良好行为习惯的养成情况作为评价德育水平的主要依据”①，甚至将其进一步窄化成“为了获取良好的考试成绩而做的一系列准备”，这些都是对学生天性的违背，是对教育基本规律的亵渎。

其二，学校道德教育工作的形式主义泛滥。形式主义表现为为了活动而活动，如学雷锋活动就是清扫大街、慰问困难户等。

其三，学校德育工作中活动本体的离场。所谓本体的离场就是丢失了活动本身的育人价值，沦为形式主义、作假的载体，没有在应然的道德教育中进行有效的活动设计和基于学生发展立场的设计，其表现为跟风盲从，缺乏对实践行动的价值省思。例如，重阳节一到，敬老院里老人的脚都快被洗破皮了；儿童节一来，福利院的孩子不知要在闪光灯下当多少次背景。

因此，“怎么办”回答的问题是如何从学校学生活动的层面，拓展学生活动，注重前移后续，实现活动对学生发展作用的持续性和关联性，让学生从简单的形式在场变成基于真实体验的发展在场。

（四）从虚假化道德评价“学校德育工作怎么样”

“怎么样”回答的是学校道德教育的成效问题。如果单从宣传报告和工作

---

① 袁文娟. 学校德育工作的反思与重建 [J]. 班主任，2009（10）：17.

报告来看，可以很欣慰的是，通过德育，学生的情感和道德得到了极大的发展。然而，事实上学校道德教育的直接表现是学生道德表现的虚假化与内在紧张下的冲突。这种虚假化表现为：

其一，在实际呈现上或展示上的极端功利主义和虚假主义，脱离了学生的实际发展情况，也脱离了学生具体发展的生活场域，这种道德教育比单纯的道德说教“高明”，但“副作用”也大，学生从小就被训练，知道要在什么场合表演。例如，一场主题队会活动要多次排练才能公开亮相。学生在“公演”时还要按教师提出的要求，“装”作不知道，“表现”出兴致勃勃，人人积极，“托”出热烈气氛。我们强调学生要求真务实，但是总在一些所谓庄严的场合，因为需要面子或者过于追求虚假的表现而要求学生表演，这种需要对学生道德价值观的形成是何其大的伤害？正如我们听到的，“常态课堂的沉闷，公开课的活跃，只是因为学生给面子”。学生学会了看脸色、看时机来表演的投机主义，这与学校长期的功利主义、空泛及虚假主义是息息相关的。

其二，德育工作中的简单化评价，关注了呈现，关注了当下，却忽视了未来的生活实践行为。例如，每一次活动结束由教师做梳理总结，或者写心得、谈体会，走脑不走心，停留在口头上，触及学生心灵的评价不痛不痒。

其三，宣传功利，学生活动的“打造”行动，离开了学生生活的土壤。一场以感恩教育为主题的讲座，给家长洗一次脚，便大肆宣传。所以，步入社会的青年人往往有一个道德“断奶期”和伦理重构的过程。

因此，学生活动对学生成长的多元价值，应该从社会需要或形式需要转变为学生成长的需要，促进学生在活动中获得更多的成长资源。学生德育活动的目的应指向学生的道德发展，但不能忽视过程中的其他育人价值。例如，通过学生自主策划活动，让学生的策划、统筹、团队合作等能力得到发展。充分发掘学生德育活动中的育人价值，促进学生的多元发展，是学校德育活动省思和发展的方向。

（五）从不信任控制感悟“学校德育工作是谁的存在”

“谁的存在”指向学校德育工作立场选择的问题，是对学校德育活动与教育的文化属性的省思。学校德育工作是为了促进学生的多元发展，特别是德性发展，这是毋庸置疑的，但是作为发展主体的学生，在实践场域中却始终处于游离状态。从社会和学校整体层面上看，作为施教主体，学校和教师对学生自主道德生活发展的不信任，使学校道德教育始终处于高控状态，学生缺乏道德情境的冲突及具体社会环境下的道德选择过程。其表现为所有的教育活动和学校日常生活伦理都是基于学校或教师的设计，学校生活中学生话语权的缺失，教师的话语霸权与课程权威，学生的被动执行和对尝试错误行为的批评风险等。

这种在学校德育工作中的不信任控制，是因为学生立场并没有真正进入教育主体视野，其本质是功利主义取向的成人文化所秉持的教育是为未来生活或未来文明做准备的教育设计，而对学生当下的生活挑战和真实发展需要缺乏关怀。从教育未来学来说，依然忽视了学生立场，笔者称之为“成人文化对儿童文化的规约”。儿童文化是“一种以儿童自己的思想和行为来决定其价值和标准的文化，它基本上是一种口语文化”①。儿童文化是“诗性的、游戏的、童话的（或神话的）、梦想的，是好奇的、探索的，是从本能的无意识的逐步迈向有意识的，是历史沉积的因而是复苏的”②。而成人文化建立在成人世界的价值、伦理、规范和标准之上，是以理性为基本思维的抽象性思维方式，在表现形式上是文字性的、符号化的、抽象化的，更多地呈现为书面文化。虽然信息化时代新的媒介在不断淡化成人文化和儿童文化的呈现载体之间的差异，不断解构传统的二元分裂的状态，成人和儿童接触的资讯不断趋同，但成人文化和儿童文化的价值冲突是必然存在的。

因此，必须思考成人文化和儿童文化的不同存在状态，也必须回应信息化时代对学生道德发展所提出的挑战。

其一，学校德育工作正走在成人文化规约的秩序、规范、理性、成功的路途上，这样的文化理念所产生的是刻板化的学校道德教育模式。例如，课间不允许学生冲跑和打闹，而孩子的天性是好动的，是在关系的冲突中建构对关系的认知，正如我们无法阻止几个月大的孩子用口腔吮咬的方式来认知世界，我们也不能因为成人的安静需要和安全担忧，就阻止学生在冲突中获得发展。

其二，学校德育工作缺失了对信息化社会挑战的回应。对于学生使用手机和沉迷网络的问题，多数学校一味采取各种高控式的手段，比如不允许将

① 边霞. 儿童文化与成人文化［J］. 学前教育研究，2001（3）：8.

② 刘晓东. 论儿童文化：兼论儿童文化与成人文化的互补互哺关系［J］. 华东师范大学学报（教育科学版），2005，23（2）：29.

手机带到学校、不允许上网等，出发点固然是好的，但没有从解决学生的精力过剩问题和精神发展追求层面来引导，往往以生硬的学习、做题、考试和分数追求来要求学生，实际效果可想而知。所以，学校的学生工作应该从更广阔的层面进行思索，需要我们对网络时代成长起来的学生的媒介生态生活环境做出应有的教育回应。

通过对学校德育工作的概念理清、目标取向、方法省思、成效追问及主体存在的价值审视，了解当前学校道德教育的实际存在样态，有助于学校对学生工作进行整体重构，进而提出变革的方向与路径，这样才能够真正基于学生的发展需要和社会的发展需要，探寻出基于学生真实生活和未来发展的可行的道德教育路径。

第二节　学生生长研究的日常生活理解

德育工作与班主任工作或学生工作不是上位与下位概念的关系，而是交叉关系。以主题班会活动为显性表征的学生工作具有更广阔的视野，笔者将其定位为班级学生的生长。那么，什么是日常生活呢？按列斐伏尔的理解，日常生活就是我们身边的事情，就是我们每个人的具体生活本身，“日常生活是生计、服装、家具、家、住所、邻居、环境”。阿格妮丝·赫勒说：“如果个体要再生产出社会，他们就必须再生产出作为个体的自身。我们可以把‘日常生活’界定为那些同时使社会再生产成为可能的个体再生产要素的集合。”雷颐先生认为，所谓“日常生活”就是以“常识”为基础，不过“常识”因太平常、普通而常为各路英豪所不屑，所以他们往往不顾常识地要压制甚至消灭（如有可能）“日常生活”①。笔者认为，班级日常生活是指与班级建设实践直接或间接相关的、指向促进学生生长的日常实践。日常生活不是一个普通的、生活化的、实践化的概念，而是一个学术概念。那么基于研究，我们又该如何理解指向班级学生生长意义的日常生活呢？

（一）日常生活作为一种理论

日常生活首先是作为一种理论体系存在的。对日常生活的研究最初是从哲学领域开始的。胡塞尔于 20 世纪初开创出“生活世界”这一哲学命题，并于 20 世纪 30 年代出版了《欧洲科学的危机与超验现象学》，对“生活世界”进行集中论述。②“生活世界”迅速成为不同学者的研究领域，经历了胡塞尔的现象学、维特根斯坦的分析哲学、海德格尔的存在主义、列斐伏尔的日常生活批判、哈贝马斯的交往行为理论、卢卡奇开创的西方马克思主义、以阿格妮丝·赫勒和科西克等人为代表的新马克思主义、许茨的日常生活世界理论等，日常生活研究逐步形成一门显学，成为 20 世纪西方哲学中的一个重要

---

① 雷颐. “日常生活”与历史研究［J］. 史学理论研究，2000（3）：123.

② 赖立里，张慧. 如何触碰生活的质感：日常生活研究方法论的四个面向［J］. 探索与争鸣，2017（1）：104.

转向。其后，日常生活不断被引入社会学、伦理学、文学、历史学、教育学、法学等学科领域，致使回归日常生活世界成为当代人文社会科学研究领域的重要发展趋势。正如有学者所言："日常生活批判范式将成为21世纪最具解释力和创造力的哲学社会科学范式，它同宏观的社会历史理论范式有机地结合，将为哲学社会科学研究开启崭新的地平线。"① 作为理论体系的日常生活，以日常生活为研究对象，以日常生活为研究方法论，探讨了日常生活是什么、日常生活的重要性和必要性，探讨了日常生活理论的运用、日常生活研究实践的历史发展、日常生活的研究逻辑及实践价值。在本书中，以日常生活理论为班级生活中的学生发展及主题班会活动实践的理论基础，借助其理论视野、理论框架开展实践性的研究，拓展对班级生活及主题班会活动的理论基础的认识。

(二) 日常生活作为一种取向

一般来说，日常生活在生活语境中被认为是常态化的生活全部，日常生活是重复性的、无序性的，是荒芜的、随机的、碎片化的。阿格妮丝·赫勒在《日常生活》一书中提出：首先，日常生活具有重复性，是以重复性思维和重复性实践为基础的活动领域；其次，日常生活具有自在性，是以给定的规则和归类模式而理所当然、自然而然地展开的活动领域；第三，日常生活具有经验性和实用性。班级生活作为学校教育意义上的日常生活，与一般成人意义上的日常生活有着较大不同。学校教育的一切相关实践必然是基于日常生活的，也要回归日常生活，但这种日常生活蕴含着生长的取向，蕴含着真善美的取向，而不是秉持"存在即合理"的简单认识。因此，作为一种价值取向的日常生活，一方面是指学校教育教学活动应当是对学生班级建设实践的回归，对宏大社会叙事也要实现日常生活的回归，另一方面是指作为学校特殊实践情境下的日常生活，应当是导向生长的、有德性的活动。这里要否定的是日常生活的无育人价值思想和学校教育日常生活一切的合理化。正如黑格尔指出，现实的东西是合理的，并不意味着现存的一切事物都是现实的，因而都是合理的。他说："在日常生活中，任何幻想、错误、罪恶以及一切坏东西、一切腐败幻灭的存在，尽管人们都随便把它们叫做现实。但是，

---

① 衣俊卿. 社会历史理论的微观视域（下）[M]. 哈尔滨：黑龙江大学出版社，2011：639.

甚至在平常的感觉里，也会觉得一个偶然的存在不配享受现实的美名。因为所谓偶然的存在，只是一个没有什么价值的、可能的存在，亦即可有可无的东西。"①在他看来，只有符合历史发展规律的才是真正"现实的东西"，"现实性在它的开展中表明它自己是必然性"②。由此，在班级建设实践基础上的班级日常生活探讨需要建立在育人价值上，没有育人价值的日常生活无法成为班级建设活动的必然。

（三）日常生活作为一种视角

有人说教育学不是一门科学，教育不是一项科学实践活动，认为教育学缺乏完整的科学逻辑体系，是不同学科及科学实践的交叉。其实质在于教育实践活动的复杂性，这又源于人生长的复杂性。教育实践活动的实质是对人的生长规律及生长实践的探讨，不同的人对人的生长规律及生长实践有着不同的认识。不否定其他多元的认识视角，把日常生活作为班级建设实践的一种视角，有其独特的内涵与价值。当然，生活化一直是学校教育研究领域的热门话题，如何实现教材的生活化、教学活动的生活化，教育如何改进学生的生活，如何更好地为学生的当下及未来生活服务等，一直是当前乃至未来很长一个时期内会被不断关注并探讨的话题。有学者把日常生活理论引入学校道德教育领域中，提出科学世界的道德教育是从日常生活世界的道德教育中分化出来的，科学世界的道德教育不能脱离生活世界的道德教育而独立承担人的道德教育。科学世界的道德教育主要是完成道德教育中可言说的一部分，而不可言说的部分需要在生活世界中潜移默化地完成。要把二者结合起来，在动态的生活世界中进行道德教育，并在适应的基础上超越现实生活世界，走向一种未来的可能的生活世界③。从日常生活的研究视角出发，需要充分认识到班级日常生活的育人价值，同时把班级日常生活的实践改进作为主题班会活动的重要内容。

（四）日常生活作为一种内容

回到班级建设实践领域，将日常生活引入主题班会活动的研究中，实质

---

① 黑格尔. 小逻辑［M］. 贺麟，译. 北京：商务印书馆，2019：43.

② 同①301.

③ 邱勤，袁云. 让道德教育回归生活世界［J］. 思想理论教育导刊，2005（5）：78.

意蕴是把日常生活作为主题班会活动的实践内容。有学者提出，日常生活活动至少包括“日常消费活动”“日常交往活动”和“日常观念活动”三个基本层次①。另外，我国学者王晓东从日常生活和非日常生活视角提出了日常生活和非日常生活的内涵：“日常生活指谓个体生存和再生产领域，是维持人的个体生存需要的各种活动要素的集合，包括衣食住行、生儿育女等以个人肉体生命的延续为目标的日常生活资料的获取与消费活动，婚丧嫁娶、礼尚往来等以日常语言为媒介、以血缘和天然情感为基础的日常交往活动以及与这些日常活动相伴随的日常观念活动。日常生活是以重复性实践和重复性思维为基本活动方式，自然而然运行的领域，是一个人原初的、自在的、未分化的活动世界。而非日常生活是指社会再生产和人的类存在领域，是维持社会整体需要以及人的超越性生存发展需要的各种活动的总称。非日常生活是以社会的制度化、理性化实践以及人的自主性、创造性和超越性为特征的活动领域，包括政治、经济、公共事务、社会性文化、娱乐、体育等有组织的或大规模的社会活动领域以及科学、艺术和哲学等人类自觉的知识生产和精神生产领域。”② 当然，回到班级日常生活实践中，它所涵盖的日常生活内容没有以上所探讨的人的社会日常生活那么复杂。作为主题班会活动内容的日常生活，主要有日常交往生活、日常实践生活、日常理念生活、日常学习生活及日常班级建设生活等方面。它探讨的是学生在学校教育环境中过什么样的生活的问题。笔者认为，学生的班级日常生活是学习式生活、集体式生活、结构式生活、弥散式生活、生长式生活及理想式生活，其意蕴是主题班会活动的主题及内容应当从学生的日常生活样式中得出。这部分内容将在下一节详细阐述。

(五) 日常生活作为一种方法

理论体系意义上的日常生活，具有完整的方法论和方法体系。有学者指出，“日常生活就不应该仅仅是研究对象，同时也是研究的一个途径或者说方法论”，并指出日常生活研究的方法论主要有：“日”指向每日或周而复始的时间性、重复性，其中包含线性和非线性时间；“常”指向常规或平常，其中

① 常利兵. 日常生活研究的理论与方法：对一种社会史研究的再思考 [J]. 山西大学学报（哲学社会科学版），2009，32（2）：68.

② 王晓东. 日常交往与非日常交往 [M]. 北京：人民出版社，2005：41.

既包含平常之“物”，也包含空间；“生”指向活生生的生命本身，其中包含身体、情感等更加亲密的维度；“活”指向具体的生活实践，以及习性与经验。① 作为方法的日常生活研究，主要有描述性观察、田野考察、人种志研究、常人方法学等。作为方法意义上的日常生活，对班级建设实践、班级日常生活中的人的生长及主题班会活动实践的意蕴，是把握其研究的方法论及研究方法来开展具体的班级日常生活实践性研究。

（六）日常生活作为一种批判

这里的批判可以理解为评价。日常生活作为一种批判，是依据日常生活理论、日常生活内容、日常生活方法、日常生活取向对当前已有的实践进行理性的反思。其一，对班级活动中宏大叙事活动的批判。思考如何让宏大叙事回归班级日常生活，通过班级日常生活的实践来触碰宏大叙事，并让宏大叙事以润物细无声的方式影响学生的生长。其二，对班级建设中表演化的批判。日常生活中的班级建设应当回归真实的日常生活，贴近生活实践，是建立在学生生长意义上的班级日常生活改进与更新实践。其三，对班级建设中实践路径的批判。以日常生活研究的方法为方法论来开展班级建设的实践性研究活动，通过实践班级建设改进、更新、创生班级日常生活。其四，对班级建设作为工具的批判。班级建设作为学生日常生活产生与实践的重要载体，本身就是日常生活的目的，而不是实现班级管理或班级发展的手段。把日常生活作为班级建设及主题班会活动实践的一种批判，实质是将班级日常生活作为实践本体来关注，把班级日常生活中的学生生长当作应然的逻辑。

应当认识到，基于日常生活理论，以其为视域对班级学生的生长进行讨论，将其作为主题班会活动实践的基础，是认识非哲学、社会学或其他学科意义上的日常生活，而学校教育学领域的日常生活，是对日常生活理论的延伸与拓展，也建立在对学校教育的本质认识上，因此，二者不可等同，合理的方式是将前者作为理论视域和研究的借鉴。

---

① 赖立里，张慧．如何触碰生活的质感：日常生活研究方法论的四个面向［J］．探索与争鸣，2017（1）：105-106．

第三节　班级中学生生长的生活样式

“教育即生活”是杜威先生于20世纪提出的论断，该论断改变了对学校教育的根本认知，开启了从“教育为未来做准备”到“关注教育当下生活”的理念转向。时至今日，关注学生学习、关注学生学习质量，已不是新鲜话题。但我们必须警惕的是，学生的学校教育生活远比我们想象的更加复杂，学生的校园生活不仅仅是课堂，不仅仅是交往，还有更多的日常。“日常把它自身提呈为一个难题，一个矛盾，一个悖论：它既是普普通通的，又是超凡脱俗的；既是自我显明的，又是云山雾罩的；既是众所周知的，又是无人知晓的；既是昭然若揭的，又是迷雾重重的。”① 可以明确的是，学校教育生活指向当下学生生长和未来学生生长，但对生长的时空和实践张力还缺乏足够丰富的认知。因此，源于学生学校教育生活的习惯性、常规性、多面性及含糊性的现实，需要重新审视学生学校教育生活，重新省思学生班级日常生活有哪些样式。当然，虽是定位在班级日常生活，但班级日常生活是学生学校教育生活的核心表征，从表征的角度来说具有代表性和典型性，也是学生学校日常生活的链接点。从班级日常生活走向学校日常生活，再到家庭日常生活、社区日常生活，班级是节点、链接点，实现了全景、全程、全息的覆盖。笔者将从日常生活作为理论、作为方法、作为方式、作为实践等视角来重新认识并建构学生的班级生活样式。

（一）学习式生活：学习是学生在校生活的核心任务

学生的日常生活首先是学习式生活。学习是学生在校日常生活的起点，是过程，是表征，也是目的之一。学习就是学生在校日常生活的“本性”，是所有学校教育的共同属性。

其一，指向有教育意义的学习式生活。人的学习生活是多样的，如技能学习、职业训练等。但学校的学习式生活是有教育意义的，从根本上说是教

① 海默尔. 日常生活与文化理论导论［M］. 王志宏，译. 北京：商务印书馆，2008：30.

育与训练、培训等的本质区别。这种教育意义上的学习式生活指向人类生活的共同伦理准则，指向群体共同的价值追寻及群体共同的永恒经典文化。这是作为群属性人类的必然选择。

其二，指向有基本要求的学习式生活。学会学习是人类最为核心的素养，学校教育是学生终身学习的基础。学生在校的学习生活依据国家课程规定，由基本的学科课程、活动课程及相关活动构成，目的是实现国家对学生发展的基本要求，体现的是教育方针与教育目标，且有基本的载体。因此，学校学习式生活是有基本的课程要求的学习生活。

其三，指向规定性发展的学习式生活。学习并不意味着发展，不是所有的学习都有真善美的意蕴。而学校教育的核心基础是真善美，是有其德性规定的，这体现为对学生发展的规定要求。

其四，指向学习活动的学习式生活。教育活动是由教师、学生、教育媒介共同构成的实践活动。学习式生活指向的是，教育首先是“学”的生活，然后是“教”的生活。如果认为“教”的活动是学校教育的核心，就必然导向规训、教化式的教育，而非指向生命自主生长的教育。

学习式生活要求学校的相关活动设计以学为基、以学为体、以学为旨，即可以理解为学校在学生日常生活中的核心任务是设计学习活动。

对于学习式生活的重新明确，主要有两个目的。

其一，学习本来就是学生生活的组成部分，即“教育即生活”，应当规避的是让学生讨厌学习生活，避免让学生认为学习只是生活的准备，认为学习是走向成人自由生活的必然过程，应当引导其建立终身学习的理念，把学习当成生活本身的组成部分，嵌入到人的发展全程中。

其二，学校的所有活动设计应当是指向学习的，应当规避各种与学生学习发展无关的活动，特别是当前学校一些看似热闹的、轰轰烈烈的，让学生当观众、让学生做表演、让学生走过场的，违背教育本质规律的活动，对活动的设计与开展应当多一些教育伦理的思考。

（二）集体式生活：班级是学校组织构成的基础集体

无论当前是否有一些学术界人士或教育实践者反对传统的班级及班主任制，不可否认的是，班级依然是当下及未来很长一个发展时期内学校教育的核心组织单位，班主任工作依然有其独特的教育实践价值，对学校教育产生深远的影响。班级是学校教育的基础组织形态，是学生在校生活的主要场域。同处一个班级的学生构成彼此的生活存在，是日常生活的关系孕育之所在。不同年段的不同班级构成了学校整体，学校是以班级为单位的日常生活共同体。无论如何，班级建设都是当前学校教育中不可忽视的环节，忘记了班级的属性，也就忽视了教育的学情，忽视了教育教学的实践场，从而失去了育人的根本。

基于班级的独特意义，基于人成长的班级场域，基于班级组织所形成的学生在校学习的日常生活表征为集体式生活，集体主义教育一直是我国基础教育的核心内容。在集体中生活，在集体中学习，在集体中成长，养成集体意识，共同为了集体的发展而努力，在集体的发展中实现个人的成长，最终实现个体社会化和社会个性化的教育追求。这种集体式生活的教育意蕴在于：

其一，关注人的交往关系中的育人价值。马克思说：人是社会关系的总和。学生的同伴交往本身就是重要的成长资源，正如人成长过程中都有榜样效应。

其二，关注作为组织意义的集体式生活中的育人价值。人是组织构成的核心要素，有群体的人往往产生了组织，而组织自有其发展与实践规律。组织行为的发生、过程与结果本身就是日常生活的组成部分，通过组织发展中的学生日常生活的协调与调适，实现“安所遂生”的“位育”。

其三，关注作为学校教育日常生活的基本组成部分的集体式生活。一个班集体就是一种集体式生活，不同的班集体构成了丰富的、多样化的集体式生活，这是基于当前已有的学校教育实践的逻辑。

明确学生的班级生活是集体式生活，对推进基于班级建设的主题班会活动具有极大的价值。

其一，明确班级日常生活的集体价值选择，即需要明确基础教育阶段的学校教育以集体主义教育为其基本理念之一。为了人的发展是不可否认的终极价值，但是个人的发展建立在集体发展的基础之上，指向的是走向公众社会责任的集体主义。因此，需要高度关注班主任的专业性，高度关注班级的自主管理，把班级建设作为核心教育手段之一。

其二，明确班级日常生活的集体愿景建设。多尔认为把“愿景作为一种对未来的共同目标的展望”是很普遍的，也认为“在有些情况下这种看法是正确的”①。彼得·圣吉认为共同愿景是组织中人们所共同持有的意象或景象②。一方面，共同愿景是作为集体式生活的班级建设的必然；另一方面，共同愿景是促进更好的集体式生活班级建设的有效路径。即在实践中关注班级公约、班级口号、班级符号等的建设，其核心都是要不断促进班级愿景的实现。

其三，明确班级日常生活的集体组织建设。组织是集体式生活推进不可缺少的环节。集体式生活的核心是班级群体中学生的自主生活、自主管理和自主实现，通过组织建设可以使之有具体的抓手。因此，要关注班级的组织建设、班级的班干部培养、班级的制度建设等。

其四，明确班级日常生活的集体行为建设。组织是通过组织行为来具体表征的，集体的价值选择体现在具体的群体行为当中，鲜明的组织行为是实现班级高质量发展的要素之一。因此，要关注班级活动建设，如班级服务、社区服务等。

其五，明确班级日常生活的集体反思建设。对集体式组织生活的反思，能够更好地促进班级发展和学生发展。因此，开展各式各样的班级总结会、表彰会、反思会、展示会就成了必然的选择，人的发展自然孕育其中。

（三）结构式生活：节点是学生在校生活的显著特征

从一般意义上说，日常生活不是一个指向特别清晰的概念，主要原因在于日常生活往往是易变的、复杂的、流动的。日常生活是人的生活全部，这样就在一定意义上泛化了把日常生活作为学术研究的价值。聚焦日常生活，就必须对日常生活的属性进行特征显现的建构。一般意义上，日常生活“是指那些不好分类的、习惯性的、常规性的、一天又一天的生活的本性”③。学生学校教育的日常生活与一般人意义上的日常生活还有较大区别，其核心就在于从时间、空间、行为的维度来说，前者凸显出了节点性、阶段性、独立性、主旨性的特征。时空是学生班级日常生活的设计基础，笔者将其称为学

---

① 多尔，高夫．课程愿景［M］．张文军，张华，余洁，等译．北京：教育科学出版社，2004：5.

② 圣吉．第五项修炼：学习型组织的艺术与实务［M］．郭进隆，译．上海：上海三联书店出版社，1998：238.

③ 刘怀玉．现代性的平庸与神奇：列斐伏尔日常生活批判哲学的文本学解读［M］．北京：中央编译出版社，2006：38.

生日常生活的结构式生活样式。

其一，空间维度上的班级日常生活凸显独立性。以班级为单位的构成，学校中除了公共空间外，学生的活动以各自的班级教室为主，教室作为班级日常生活的独立活动场，是日常行为发生的核心场所，是学生日常生活的归属。学生一天的学习日常生活起于教室，也终于教室。不同的班级有不同的教室，教室结构化了班级的日常生活空间，所有班级教室构成了学校日常生活的结构，作为环境的教室各自实践着班集体的生活故事。

其二，时间维度上的班级日常生活凸显节点性与阶段性。节点指向链接，阶段指向转换。学期与假期的时间模块，期初、期中与期末的时间划分，日与夜的时间交替，课时与课时的时间切割，这些都将学生的日常生活进行了结构化的表达，不同时间段的交接形成了学生班级日常生活的基本形态。

其三，行为维度上的班级日常生活凸显主旨性。建构学校教育的是课程，有语文、数学、英语等学科课程，有课间操、体育锻炼等活动课程，有学校环境、学校历史等隐性课程，有作业、社会实践活动等拓展课程。这些课程都有各自独特的课程实践行为，学生日常生活需要在各种课程实践当中进行转换，如从语文课切换到体育课，就有行为方式、思维方式的转换，这种转换的实质也是学生班级日常生活的一种结构化表征。

明确学生班级日常生活的样式，有助于提升班级生活建设的指向性、针对性及适应性。

其一，班级空间环境乃至学校环境的舒适度建设。即指依据不同的时间节律、不同的成长需求、不同的课程文化等建设班级空间环境，从而有助于提升班级日常生活的适应性。

其二，班级结构化时间的合理设置，强化非结构化时间的合理运用，从而提升学生的日常生活品质。例如，课间活动如何开展，除了完成结构化的连续性学习的身心调适外，还可以考虑如何提高学生生活的趣味性等。再如如何引导学生开展假期日常生活活动，使学生实现连续性发展和非连续性发展的融合，使假期成为学生学校日常生活发展的延续——是生长的延续，而非学习课业的延续。

其三，行为结构化的切换关注学会学习的实现。如果把规定性课程当成学生学习的全部，可能会让学生的班级日常生活失去趣味。如果把班级日常生活建设与学科课程割裂并对立起来，必然会造成不可调和的冲突。学校教育课程所形成的隐性行为结构化，需要跟日常生活建设在学生整体素养的发展上实现统一。例如，学科课程知识技能在具体班级复杂的日常生活情境中运用，以促转化；同时，班级日常生活中的问题也可以嵌入到学科的课程资源中，实现教育基于生活、来源于生活、为了生活的目标。因此，需要在班级日常生活建设行动中具体、深入地关注结构式生活的表达。

（四）弥散式生活：全息全景是对学生班级生活的延伸认识

“弥散”一词的本义是指烟雾、气味等向四周扩散、分散。在科学用语中，把弥散定义为水分子随机、无规律的热运动，即布朗运动。从一定意义上说，学生的班级日常生活也是一种在一定范围内不断扩散的生活，不是重复的，不是完全规律的，也不是不变的。学生的班级日常生活不仅仅是班级生活，还有学校生活、家庭生活、社区生活等，这些都不是割裂的，而是相互联系的，都围绕着班级日常生活实现学生的日常生活全链接。因此，学生的班级日常生活具有全息的特点，从班级日常生活出发，在全息视域下弥散到学生的全部生活，这就是弥散式生活。弥散式生活的指向是：

其一，时间上的弥散。不能仅仅认为班级日常生活是在班级中的时间，而应当是学生的全部时间。班级日常生活是学生全部生活的核心部分，课外生活在一定程度上是班级日常生活的延续，在学生学习成长的概念上是完全统一的。

其二，空间上的弥散。班级日常生活实践不仅仅是在教室空间中，还在学校空间、家庭空间及社区空间，乃至自然之世界、社会之世界、精神之世界中，可以链接一切空间的日常生活实践，从而在育人的层面上实现资源的统一。

其三，实践上的弥散。班级日常生活实践是班级建设的核心，同时非班级日常生活的实践也是其重要载体。在实践的意义上，要努力践行“教育即生活”“生活即教育”的理念，实现生活与教育的统一。

对弥散式生活样式的明确，其实践意蕴在于：

其一，班级日常生活建设要链接学生的一切生活体验与一切生活想象。如何基于班级进行家、校、社合作的研究，如何有效解决家校的沟通与协作问题等，核心不在于问题的解决，而在于在发展的意义上实现问题的迭代发展，即人的发展。

其二，班级生活实践要延伸到学生日常生活的全部实践。要关注学生非班级日常生活实践的意义与价值，如对学生假期生活的关注、研究与实践，如何让班级日常生活实践延伸到家庭生活、社区生活，能够有效地、多元地促进学生的全面发展，避免发展的割裂和育人实践的反复。

其三，班级日常生活建设资源的选择要链接学生日常生活的一切。班级日常生活建设的特殊性就在于没有明确的指向性，其核心基础就是生活本身，因此在建设实践的资源选择上要充分关注学生的日常生活经验，如关注学生的全息阅读、全息养成、全息交往等方面。

其四，班级日常生活发展要链接学生日常生活的全部发展实践。从学生的日常生活实践中发现学生素养发展的缺失，并在班级日常生活实践中加以培育。同时，也要将班级日常生活中发展的素养，在日常生活的全部实践中加以运用，从而助力学生日常生活品质的提升，如学生策划能力的培养、预案能力的培养等。

探讨弥散式生活样式，是从人发展的意义上对学生进行全息全景的认识，实现基于班级日常生活对学生发展的全部链接。弥散式生活的核心是解决对学生日常生活的割裂认识问题，解决学习与生活在一定意义上对立的问题，从而促进学生发展的全部实践及多元育人价值的实现。

（五）生长式生活：自主是学生班级生活的转化生成

古语有云："流水不腐，户枢不蠹。"变与不变的统一是人生活的实践基础。变是根本规律。查尔斯·菲德尔说："变革是我们理解人类和我们人类素养发展的共同基础。"促进学生生长，是学校教育的第一原理，是班级日常生活的全部表达。归根结底，不论班级日常生活建设的出发点是什么，表达的是什么，符合规律的表达一定是学生的生长。因此，笔者将这种基于班级日常生活实践，并为了学生的全面发展的生活样式称为生长式生活。生长式是学生班级日常生活的本质属性，但生长不是班级日常生活实践的全部。

其一，直接指向人的素养发展的生长。在班级日常生活建设中，把人的素养发展作为核心目标和第一目标，失去了人的素养发展这一目标，也就失去了班级建设的应然之义。可以定位为要培养自主不断生长的人。

其二，指向班级组织的生长。组织是班级中学生发展的基本载体，要实现人的发展，作为组织意义的班级必然要在组织发展过程中实现人的更好发展。可以定位为要建设生长式的班集体。

其三，指向班级日常生活实践的生长。实践自有行动规律。人是通过实践来生长的，没有实践行为的生长不可能存在。可以定位为要进行生长式的实践，而不是一成不变或重复的、低水平的生活实践。生长是教育生活的全部。

对生长式生活样式的明确，其实质是站在班级日常生活是学生的自主生活的立场，是从学生被动式、割裂式的生活到自主性、自觉性生活的认识转向。

其一，以自主为班级日常生活建设的核心追求、核心方式。教育的全部目标就在于实现人对自我的教育。在班级日常生活建设中，积极推进班级的自主管理、自主实践、自主发展，将自主作为班级日常生活育人价值实现的转化机制，在自主中生成育人实践，生成人的发展资源。

其二，要积极推进生长型班级建设。促进班集体的自我迭代、自我更新，在不断迭代发展、推陈出新中丰富教育实践资源。如在班级岗位建设中，不能固化岗位，而应基于组织发展及人发展的逻辑，不断更新，提取班级日常生活实践的育人资源，切实地实现人的实践性与反思性成长。

其三，以事物的发展逻辑来定位生长性实践。要解决的是割裂式的、碎片化的、强制式的、脱离学生生活的班级日常生活建设中的主题或资源选择问题，实现基于事物的生长演变规律而进行的人的实践逻辑设计与实践，尊重事物的生长规律，尊重事件的演变逻辑，从旁观者到因势利导的实践者，在融通思维中实现多样化育人资源的符合逻辑的提取。如班级活动的设计，不能只是点状的，而应基于学生的生活体验，进行符合活动演变规律的设计。

生长式生活样式的再明确指出教育指向人的生长，建设生长型班级，在于班级事物、班级事件的迭代创新，从而从人的发展的立场上推进班级日常生活实践的自主化。

（六）理想式生活：精神发展是学生学习生活的终极发展

学生的存在方式之一就是作为“精神人”。“精神人”的第一指向是人的理想信念，是人的信仰。精神发展是学生的终极发展。因此，实现精神发展的学生日常生活是学校教育的核心追求。要实现这种发展的日常生活，笔者将其称为理想式生活。

其一，人的发展不仅在于知识技能，更在于走向灵魂的完备、自由的意志和精神的伟岸，正如孟子所说的“大丈夫”。作为“精神人”的存在方式是基于人的意志力和人的主动追求能力，是基于人对真善美的追求。这是人发展的独特性所在，也是必由之路。

其二，这取决于儿童文化的属性。儿童文化是“诗性的、游戏的、童话的（或神话的）、梦想的，是好奇的、探索的，是从本能的无意识的逐步迈向有意识的，是历史沉积的因而是复苏的”①。这种诗性的、想象的儿童文化与成人的分析性的、专门化的文化有着本质区别。因此，学生日常生活中诗性、想象性的精神发展，是理想主义的必然表达。

其三，这是学生发展阶段的特点。青少年在学校教育的过程中不断走向社会化，社会化的过程从文化的意义上说，就是转变为成人文化的过程，是心智及社会活动还不完全与不完备的必然结果。

这些属性或特质决定了学生班级日常生活是走向精神发展过程中的理想式生活。由此，我们可以认为，理想式生活图景必然有“白日梦”的想象属性、高责任感的实践属性、理想化的精神属性、高崇高感及高纯洁感的追求属性。

明确理想式生活样式，为学生的班级日常生活发展注入理想化的精神属性，是学校教育实现“立德树人”的第一要义。

其一，为班级日常生活树立发展的崇高愿景，这样的愿景与个体的发展、班级组织的发展、社会的发展高度统一。推进班级的愿景建设正是理想式日常生活的表达之一，愿景建设不仅能够为整个班集体学生发展提供引路灯，还能够为群体性发展提供发展的基本范式。因此，愿景也是社会化的实践表达之一。

其二，营造“白日梦”实现的日常生活场域。班集体应为个体的“白日梦”式理想提供生长的土壤，为个性化的生长提供实践场景，而不是将成人文化的需要强加到学生的身上，致使学生“白日梦”式的精神需要被隐去，陷入成人文化的泥淖中。

其三，实践基于真善美的班级日常生活，以纯粹的实践引向理想式的生活图景。因此，我们要摒弃在实际呈现上或展示上的极端功利主义和虚假主义，这完全脱离了学生的实际发展情况，也脱离了学生具体发展的生活场域；要摒弃表演化的形式主义，应按照学生固有的精神发展逻辑，追求事物的本

---

① 刘晓东. 论儿童文化：兼论儿童文化与成人文化的互补互哺关系 [J]. 华东师范大学学报（教育科学版），2005，23（2）：29.

来面貌，而不是成人世界想要的结果。

其四，作为理想式学生日常生活的边界参与。一直以来，学生都被排除在成人世界之外，处于被安排的生活中。当然，未成年人还不完全具备行为能力，需要成人监护与引导，但同样可以让学生有边界地参与自己的日常生活设计与实践，参与班级日常生活的自我管理、自我协同，从而实现学生日常生活中的自我教育。

其五，不忽视学生班级日常生活中的精神发展可能，不设限，给予其足够的发展支持，善于制造班级的发展奇迹，创造学生的发展奇迹。指向学生精神发展的日常生活必然是理想式图景的生活，必然是指向可能性的生活，只有以基本的底色、底线、底蕴去要求，以理想式去追寻，才能有无限的发展潜力。

日常生活并不是一个简单、清晰的概念，从学术概念上的日常生活来审视学生的班级生活样式，要探讨的是如何更好地发掘育人价值、用好育人价值，从而实现人的发展。笔者探讨班级日常生活样式，是为了进一步明晰其可能存在的育人资源，是为了服务基于班级日常生活建设的主题活动实践，是为了提升班级建设的发展性、生活性与针对性。

第二章

主题班会活动的整体再认识

主题班会活动是开展班级建设活动、管理班级日常生活事务、师生交往、落实相关主题教育活动及学生素养发展的重要支点和平台，对学生的发展至关重要。但现实情况是，主题班会活动实践的整体性缺失与课程教学化的倾向，都对主题班会活动的再认识提出了要求。主题班会活动是活动性课程，其活动实践具有校本化、体验式、探究式、游戏式等特征，应以学生的学习方式来表征班级建设的主体性。

第一节 主题班会活动的概念辨析

班级是学校教育的基础组织形态，是由班级学生和班主任的日常生活形态共同构成的。在学校教育实践形态中，每周一次的班会是班主任与学生共同成长的时空。学校和班主任往往通过班会开展学生德育活动、学习生活管理和教育活动，而基于某一个特定主题开展的班会被称为主题班会。然而，不管是在研究还是在实践中，对主题班会性质的认识都有所差别，许多人将其称为“班会课”“主题班会课”或“班级活动”，还有人认为主题班会是班主任进行班级管理和学生管教的时间，不一而足。由此也引起我们的思考——班会是什么？主题班会是“课”吗？有哪些属性？日常实践语境中对主题班会的认识正确吗？应该追求什么样的主题班会？笔者将通过对主题班会的再认识，探寻实践场域中的主题班会追求。

（一）作为日常语境意蕴的主题班会课批判

基于日常语境的批判，应先明确日常语境的意蕴分析主要包括日常话语语境、日常认识语境、日常实践语境和日常评价语境等。在教育日常实践的场域中，日常用语和实践用语表达往往将主题班会活动称为“班会课”或“主题班会课”。从这样的现实出发，我们应该明确主题班会在日常语境和学术语境中的区别。要准确得出学术语境中主题班会的教育实践定位，就要对传统惯习下的“班会课”进行省思和批判，而这种批判是基于教育者的日常实践语境——日常实践语境往往具有随意性、惯习性和易得性等特点。日常实践语境下的主题班会课批判是为了明确问题、转化认识、矫正导向与功能等。

1. 主题班会“课”的认识批判

在学校的日常话语语境中，主题班会通常被称为“班会课”或“主题班会课”，这种称法反映的是实践领域对主题班会的认识偏差。表现为：其一，对主题班会课的“课”的认识并不是指向课程，而是指向课时。课时是学校教育课堂实践的基本组成单位，所以通常进入“课”的认知体系的便是课时，而课时以外通常被认为是课外，有课外作业、课外阅读、课外实践、课外辅导等话语。对主题班会的“课时”定位窄化了对学生工作的认识。其二，主题班会的“课时”是班主任的“自留地”，具体由班主任来实践，与其他教师或家庭、社区等没有关系，也表现为班主任认为主题班会是进行班级管理和学生教育的专门时间。其三，对主题班会不够重视。主题班会往往被挪用，要么让学生完成作业或进行复习指导等，认为班级不出乱子就不用专门开展教育活动；要么就是根据学校德育处的安排，有要求就开展，没要求就随便讲，致使学校及教师几乎放弃了对学生日常班级生活的观照。其四，这种认识语境也造成了对主题班会研究的缺失。由于当前对课程实施的教师在场的认识存在误区，教师而非学生成为课程实施的首要因素，这也是对班主任专业性认识的主动放弃。

2. 主题班会“课”的实践批判

认识批判指向的是我们的观念，那么实践批判指向的便是具体实践过程中的日常语境。日常实践语境中的“课”表征为教师传授、学生获得、教材媒介和知识载体等方面。它反映了课程实施的实践性固化，表现为：其一，将主题班会实践归为学科课堂实践，使主题班会课堂等同于语文、数学、音乐、美术等科目的课堂，而不是一种基于学生生活的活动。其二，将主题班会实践当作百纳箱或品生品社，把学科课程之外的教育一股脑儿地往主题班会里装，导致环境教育、安全教育、禁毒教育、文明教育、礼仪教育、心理健康教育、阅读等各级行政部门强调的“从娃娃抓起”的各项教育要求，都成了主题班会的内容。其三，从现实来看，班主任在实践主题班会活动时，受对主题班会活动的认识和其自身的学科课程背景的实践模式制约，往往把主题班会活动开展成与语文、品生品社、综合实践活动等课程相似的课堂形态。事实上，学科课堂与主题班会活动有本质上的区别——学科课堂关注的是知识的传授和学科素养的培育，主题班会活动的焦点是学生班级生活、学生社会性交往问题的解决和学生社会性实践能力的培育。

3. 主题班会“课”的导向批判

基于日常语境的导向批判是对当前主题班会活动呈现形态的批判。研究发现，当前呈现出来的主题班会往往是表演化的、形式化的、虚假化的、情感化的。其一，主题班会的“学科公开课”批判。将主题班会的呈现形态错误地导向学科公开课，使得教师只关注知识的传授和学科教学的课堂意识，导致主题班会活动成为学科公开课式的表演。其二，主题班会的“借班上课”批判。在许多研讨和交流实践中，出现了班会“借班上课”的现象。笔者不明白这样是要突出班主任的班会设计能力与个人魅力，还是认为班会有统一的模板？这样的主题班会往往成为班主任个人的秀场，学生成了表演的工具。其三，主题班会的“班主任不在场”批判。也有人错误地认为，既然主题班会是班级学生的主体活动，那么班主任就应该放手让学生自己玩，班主任成了主题班会活动场域中的旁观者，忽视了班主任在主题班会活动中的主导作用和对学生发展的价值引领，这种实践导向也是应该警惕的。其四，主题班会的“情感泛滥化”批判。主题班会活动的情感化导向也是当前弊病。似乎不进行情感激发、情感升华就不是主题班会，似乎没有让学生发现人性及生活的美好就不是主题班会，似乎没有发现所谓的感动之处就不是好的主题班会，感动的、感人的、感性的似乎成了学校主题班会活动的专属权利，而其他学科课程的实施似乎无关情感。主题班会的情感化导向未必总是可取的，更应在理性省思、逻辑追寻和精神探求中展现理性思考的魅力。

4．主题班会“课”的价值批判

将主题班会“课”置于日常评价语境中的批判实质是对其进行价值批判。评价的尺度往往决定了事物的价值范畴。主题班会“课”的价值窄化表现为：其一，主题班会“课”语境下，班级管理价值批判。这样的主题班会价值定位，是对主体生活观照的价值放弃，主题班会评价窄化为学生的班级日常化管理和对学生的学校生活教化，忽视了学生班级生活的共性追求和个性表征，学生往往也在主题班会的教化中丧失了主动实践的能力。其二，主题班会“课”语境下，道德教化价值批判。主题班会“课”评价语境中的纯粹学校道德或社会意志的灌输，表现为对学生进行强烈的教化意图。如果转向对班级生活观照下学生发展问题的解决及学生主动活动所呈现出来的育人价值，主题班会实践的厚度便能有效凸显。其三，主题班会“课”评价语境中对学生多元发展的放弃，使主题班会成为学科课程实施的辅助。放弃了课程实施的平等权，实质是对主题班会活动中学生多元能力发展的忽视，也缺失了基于学生多元能力发展的主题班会课程的系列设计与实施。其四，主题班会“课”语境下，课程范畴价值批判。学生的品格形成与道德发展是学校的系统工程，主题班会活动应有更广阔的范畴，对学生的核心素养发展及生活进行积极的回应，如网络时代的交往、生命关怀、多元价值观冲击下的信念建构、饥饿感缺失背景下的精神发展引领等。

综上所述，作为日常语境意蕴的主题班会课，更指向对主题班会“课”的理念认识、实践形态、导向表征、价值范畴等方面的省思与批判。由此可以得出结论，当前日常语境所用的“主题班会课”概念并不能延展到所有的教育实践中。从重构认识、发现事物的内在本质属性出发，对“主题班会课”的批判有助于深化认识，自觉矫正日常语境下的理念认识与实践系统，寻找“主题班会”的内在学术意蕴。

（二）作为课程学术意蕴的主题班会定位

对于主题班会的认识，首先要明确主题班会是不是课程。从概念上说，有学者指出，主题班会是“在班主任的主导下，全体学生共同参与的为解决班级或学生成长中存在的教育问题，围绕某个主题而实施的班级活动”①。也有学者认为，主题班会是“在班主任的指导下，班级成员共同参与的具有明确的教育目的、灵活的教育时间、严谨的内容设计的系列主题教育活动”②。不同研究者从不同角度对主题班会的概念进行了明确，通过比较，笔者认为，对主题班会的认识有以下几个特征。

1. 主题班会的目标特征

从学术意蕴来说，主题班会有较为明确的目标特征，与学科课程的区别在于其没有稳定的目标体系及统一的课程标准。从主题班会的功能来看，其目标特征主要指向为：其一，解决学生班级生活、学校生活乃至学习生涯的阶段性问题，主要目标是提高学生生活适应性及生活应对能力。其二，满足学生成长过程中对所有共性问题解决及引导的需要，导向学生的健康成长是另一重要目标。如初中生的青春期启蒙教育、学生的生涯规划教育等都属于这个范畴。其三，主题班会的目标认识从指向班级生活的协调与问题解决和对学生的心理发展关注逐步走向基于学生阶段发展的认识，对学生发展的认识也逐步摆脱单一的思想品德教育取向，更多元地认识到主题班会对发展学

---

① 迟希新. 有效主题班会八讲：设计理念与实施策略［M］. 上海：华东师范大学出版社，2012：16.

② 齐学红，袁子意. 班会课的设计与实施［M］. 上海：华东师范大学出版社，2013：3.

生素养和能力的重要性。通过学生核心素养发展来审视主题班会的目标定位是当前主题班会应该回应的问题。

2. 主题班会的主体性特征

虽然从目标来说，主题班会存在泛化和多元领域的现实，与学科课程的明确指向性存在偏差，但从主题班会的实践对象来说，人们较为一致地认为主题班会活动的主体是所有参与活动的学生。学生是主题班会的“主角”，教师在主题班会活动实践中主要起引导作用。从关系上说，班主任是学生活动的引领者、指导者、支持者、协调者。同时，主题班会活动的参与者还可能是班主任以外的其他教师、家长及社会相关教育参与者等。主题班会不能是纯粹道德说教的场合，也不能是教师的一言堂，更不能是其他教育者教育学生的场所。明确学生的主体地位，是主题班会活动的目标取向，也是实践取向。

3. 主题班会的主题性特征

主题班会的主题性特征是所有研究者和实践者的共同认识，即主题班会活动是基于一定主题的教育活动。这种主题教育活动的特征体现为：其一，主题选择的学生立场。主题的确定指向学生的日常生活场域、学生兴趣、学生的身心发展特点和学生群体的共同发展旨趣。其二，主题推进的系列性。从自组织系统出发，主题活动的设计要凸显系列性特质，这种系列性主要源于学生发展的内在规律性要求于既定时空场域中完成特定的主题活动，也源于学生活动的内在规律。事物发展的持续性和实践推进的逻辑决定了主题活动的系列化设计。其三，多元主题的内在关联性。主题的内在关联性是对切片式教育的省思，指向对学生发展的持续性影响和多元整合，呈现为同一领域内不同主题活动的关联和不同领域的逻辑关联，前者如班级文化建设与班级活动的关联，后者如主题班会活动与学科课程实施的关联。

4. 主题班会的组织特征

具有明确的组织过程和特定的组织进程是主题班会的另一特征。主题班会区别于随机随意的教化管理，也区别于学科课程的课堂实践，其组织特征主要体现为有明确的活动目标、活动设计和完整的活动计划等。其一，班主任是主题活动的提出者、支持者、引领者，学生是活动的具体策划者、实施者、评价者，主题班会的实践过程也是由学生群体组织推进的。所以，学生既是活动组织者，也是活动实践的参与者或对象。主题班会活动更多地指向学生群体在班主任引导下的自主教育和自主发展活动。其二，作为活动全过程的组织形态，学科课程实践凸显为课堂教学的特定时空，而主题班会虽然集中呈现为课时时空场域，但其在活动的全过程中还应涵盖主题选择、方案设计、组织分工、活动准备、活动正式开展、活动后期提升发展等持续性的前移与后续。

5. 主题班会的评价特征

评价什么？如何评价？为什么评价？这些是教育教学评价的基本问题。如果说学科课程实践的评价指向的是学科知识、学科方法与技能、学科观念及学习态度价值观等方面，那么主题班会活动实践的评价更多地指向活动本身及学生的素养发展。主题班会的评价特征体现为：其一，从目的层面上看，评价指向的是学生发展过程及学生群体场域生活中的问题解决程度、营造集体生活教育的状态及学生素养发展的不同实现路径。其二，从内容层面上看，基于学生发展的日常生活实践导向，主题班会指向的是体验成效及活动推进进程的发展成效。其三，从形式层面上看，主题班会活动区别于学科课程，更指向社会交往或社会活动本身的交往和实践逻辑问题的解决智慧，从而使评价从侧重测试评价转向侧重发展性评价。由此，主题班会活动的评价特征整体凸显为获得体验的、呈现实践的、经历过程的、提升转化的、感悟冲突的内化特质。

综上所述，从广义课程的角度来说，主题班会活动是学校整体教育实施的重要环节，也是不可或缺的基本教育载体，在学校教育中具有重要作用。从狭义的学术课程意蕴来说，主题班会活动具有学校教育课程的主要特征，学校教育实践应认识并实践主题班会活动的课程伦理。同时，应当意识到，与学科课程相比，主题班会活动是活动性课程，其活动实践具有校本化、体验式、探究式、游戏式、生活化等特征。

第二节　主题班会活动的实践转型

在推进以提升主题班会活动品质为切入点的学校学生工作转型的过程中，期望强化学生在主题班会活动中的主体地位，把班级还给学生，开发基于学生生活的班级日常活动的育人价值，目前存在种种认识和实践上的误区，需要明确在主题班会活动中应该强化哪些方面、淡化哪些方面，从而找到更理想的实践路径。

（一）淡化学科课程意识，强化活动意识

事实上，许多人直接称主题班会活动为“班会课”，将其作为一种等同于语文、数学、音乐、美术等的课程，而不是一种基于学生生活的活动。在已有的研究当中，部分学者也主张应推进主题班会活动的课程化。但实质上，课程应包含明确的培养目标、课程框架、课程内容及课程评价体系等方面的内容，学科课程“以知识的逻辑为基础，根据一定的价值标准，从不同的知识领域选择一定的知识内容，将所选出的知识组织为学科”①，而主题班会活动与学科课程有本质上的区别。学科课程关注的是知识的传授和学科素养的培育，而主题班会活动的焦点是学生的班级生活、学生社会性交往问题的解决和学生社会性实践能力的培育，班级活动从“主题选择、方案设计、组织分工、准备活动到活动的正式举行等全过程，都要最大程度地吸收多数学生参与，使活动成为学生自己的事，使整个过程都发挥教育的价值”②。由此，主题班会活动应淡化学科课程意识，强化活动意识，主张学生在系列活动的实践过程中，不断实现螺旋式发展。强化主题班会活动的活动意识，应认识到活动是实践的、游戏的、探究的、可操作的和发展的。

---

① 彭虹斌. 学科课程的理论基础与组织原理［J］. 湖南师范大学教育科学学报，2007，6（4）：43.

② 叶澜. “新基础教育”论：关于当代中国学校变革的探究与认识［M］. 北京：教育科学出版社，2006：322.

（二）淡化教师主导，强化学生自主

在主题班会活动开放实践的过程中，往往呈现为教师主导的高控“课堂”，甚至演变为教师的说教过程，学生只是听众。归根结底，教师不敢放手的原因主要有：其一，认为学生缺乏自主推进班会活动的能力；其二，在对外展示的过程中，害怕不可控因素太多和教师的退出成为评课者否定的理由；其三，担心活动推进的效率不高，从而完成不了既定的活动内容，呈现不了完整的主题班会活动过程。这些主要源于教师的认知观念和当前的评价标准。

实质上，班级生活是学生的生活，班级活动是学生的自主活动。要把班级还给学生，充分发挥学生的主动性，就必须淡化班主任在主题班会活动中的主导作用，强化学生的自主行为，让学生成为主题班会活动的主导者。但这并不意味着，班主任在推进主题班会活动中无所作为，班主任的角色应指向主题班会活动策划过程中的指导者，引导学生如何推进班级活动，并为学生推进班级活动提供必要的支持。同时，班主任应根据活动推进的过程和活动现场所生成的育人资源进行及时的引导和延伸。班主任在主题班会活动中的行为应是“有限度的介入”，审视的标准是对活动生成的育人资源的把握。

（三）淡化完整意识，强化前移后续

主题班会往往被当成一门课程来操作，被认为只是一周一节课，这就将学生的日常生活和班主任的日常管理及引导行为排除在外。同时受当前学科公开课评价标准的干扰，在主题班会活动呈现上，多数班主任追求展示的完美，遵循新奇的导入、新知识或技能的传授、学生内化、强化练习和课堂检测评价等过程。这是由错误的认识和错误的观念迁移导致的。

主题班会活动关注的是学生的生活，而生活是真实的实践和体验的过程，人的生活在时间序列上是不可重复的。另外，学生的能力或素养的培育过程，特别是道德或社会伦理、规则的培育过程，是一种长期的基于知、情、意、行的循环演进过程，不是一次短期的活动就能达成的。由此，应充分认识到学生工作或主题班会活动的特殊性——主题班会活动只是推进班级学生工作的一个节点事件，与班级建设和班级学生日常生活是紧密联系的。在班级系列化活动设计中，主题班会活动只是活动推进的重要节点，与学生日常的实践是相辅相成的关系。进一步来说，从提升班级系列化活动的品质来看，应

注重班级活动的长程设计，在具体的主题班会活动设计与实践过程中要强化前移后续的模式，即作为一个活动节点的主题班会活动能够做到将这一次的活动准备过程前移到前一次主题班会活动中，将这一次活动实践推进过程或总结过程延续到下一次主题班会活动中，从而使学生活动弥散在学生的日常生活中，对学生的发展产生持续性的影响和有效的干预。

（四）淡化知识传授，强化素养培育

实现对学生生活和未来发展所需要的知识的传递是学校教育的基本目标之一，但知识教育不是学生学校生活的全部。学科课程的主要职能是实现学生学科知识的系统学习和学科技能的掌握，而主题班会活动的侧重点是学生的班级生活。当前，在一些公开呈现的主题班会活动中，关注学生知识获得的现象十分普遍。如在策划类的主题班会活动中，班主任往往将学生要“分工合理、方法得当、表述清晰”等作为重点不断强调；如在关于志愿服务的主题班会活动中，班主任不断罗列关于志愿者与义工的定义，重点板书“服务他人、快乐自己、成长自己”等。

主题班会活动应淡化知识传授，强化学生素养的培育。素养主要包括学生班级生活需要的实践技能，学生开展活动需要的策划能力、宣传能力、实践能力和反思总结能力，学生成长需要的社会性交往能力，学生的问题解决能力和社会关注与社会实践能力等。

（五）淡化直接给予，强化引导探究

笔者曾参与一些主题班会活动的设计，班主任问的第一个问题往往是“这一次要开展什么样的主题班会活动”；笔者参加学校学生工作设计的研讨时，总是会遇到“我们学校要进行什么样的特色德育活动”等相关问题。这些问题本身忽视了学生的存在，忽视了学生的发展需要，忽视了学生的班级日常生活实际，也反映出教师在推进班级建设与学生活动过程中缺乏对学生主体地位和实际发展情况的认识。

学校教育是根据教育目标对学生施加影响，但不等同于在学生工作中直接定位后给予学生。对学生立场的关注，意味着要关注学生发展的阶段特点、学生的实际生活状况和学生的实际发展需要。所以，主题班会活动的主题选择，应基于对学生的全面了解、学校的整体设计和学校教育的社会使命，引

领学生根据已有的认知进行丰富和完善，在探究的过程中逐渐明确班级日常生活的问题、解决策略并付诸实践。

（六）淡化割裂替代，强化体验经历

在班级日常管理和主题班会活动中，一部分班主任总是习惯用任命式的、布置任务式的、宣讲式的方法推进工作，习惯替学生考虑好一切。比如，在学生准备考试的过程中，班主任生怕学生忘记什么，总是一遍又一遍地强调注意事项；再如，现今普遍存在的现象是，教师生怕学生忘记作业，特意组建班级家长QQ群或微信群，每天不间断地告知家长有什么作业，要求家长督促学生完成。这些都体现了教师日常化地忽视学生的行为主体性。在主题班会活动中，教师往往在设计上追求学生去探究发现，但是实践过程中，当学生得不出教师事先准备的“答案”时，教师往往代替学生回答，或者直接割裂学生的思考探究过程。所以，在主题班会活动中，可以看到小学课堂热闹非凡，而中学课堂死气沉沉，这不是因为小学生更会思考，而是因为初中生明白在教师的主导下，个性化的探讨会破坏活动的完美性。另一个层面上的“割裂”则表现为，教师为学生设计好活动的进程和实践的操作程序，学生只是被动的执行者，缺乏积极主动性。当然，不反对班主任对主题班会活动乃至学生系列活动一清二楚，甚至班主任需要考虑到活动推进过程中的任意一个节点，但不能割裂替代学生的活动。

强化主题班会活动中学生的体验经历，要求班主任关注班级活动的长程设计，注重引导学生进行过程设计，关注学生的真实体验过程，让学生在活动体验中感悟和获得。体验经历应成为主题班会活动的主要育人功能，而班主任的替代思考和回答导向的只能是表演化的活动和虚假的成长收获。

（七）淡化形式表演，强化真实发展

在一些主题班会活动中，会看到班主任的板书都是事先准备好的，随着时间节点的推进，直接往黑板上一贴就可以。透过这样一种现象，可以猜测班主任可能是因为想提高活动效率，不想将时间耗费在板书上；也可以认为是因为其在对外观摩中害怕自己的粉笔字不好看，所以提前准备……这样的主题班会活动完全是基于教师的预设展开的，活动过程只是在贯彻教师的设计方案。由此可见，这样的主题班会活动实质上是一种表演的过程。另外，一些主题班会活动中学生的表现热闹非凡，有唱歌、器乐表演、小品、快板……俨然是一场精彩的班级晚会，然而在这一过程中完全看不到学生的真实成长。主题班会活动中的形式化、表演化，可以归因于班主任的表演化和学生的表演化，也反映为班主任的完全主导和学生的完全表演，这些都不符合学生的真实生活情境。

基于学生日常生活的主题班会活动，应淡化形式表演，强化学生的真实体验过程，促使学生在活动推进过程中获得体验，从而实现真实的发展。班主任在主题班会活动中应充分让学生主导行为，并进行基于学生个体发展水平认识的介入，引发生成性育人资源的深度拓展。

（八）淡化孤立事件，强化多元联系

主题班会活动的设计要实现前移后续，让学生活动弥散在学生的日常班级生活中。它关注的是班级建设和班级日常生活形态，指向学生在班级生活中的成长节点。当然，还可以从更广阔的视野关注学生活动，如可以将其置于学校、家庭与社区的教育场域和横向的成长背景与纵向的历史发展关系中来拓展。所以，主题班会活动要淡化将学生生活作为孤立事件，强化学生成长环境的多元联系。通过对主题班会活动内容的拓展，促使学生活动的触角延伸到学校、家庭、社区及社会的时空关系中，进而增强主动健康的社会关系意识。

为了激发学生的积极主动性，将班级还给学生，从促进学生主导班级活动的角度出发，班主任在推进班级建设、班级管理，特别是在推进主题班会活动中，应转变认知、思维方式和实践行为，切实将学生工作落到实处。

第三节　主题班会活动的整体范式

一直以来，探讨学校教育教学实践避不开的就是教案设计或教学设计。教案设计或教学设计是教师开展教育教学实践的基础，是实施教学的基本凭证。当前，越来越多的研究者及实践者批判传统认知中教案或教学设计的不足，提出教育教学实践的活动设计。这一转变不只是话语表征的不同，更在于从偏重“教”到偏重“学”的实践主体认知，在于从“点状实践”到“整体实践”的实践时空认知，在于从偏重“课堂教学”到偏重“全域发展”的实践广度认知。主题班会活动是综合性的活动课程，其开展实践的设计与学科课程的教案设计或教学设计有本质不同，有其独特的范式要求，其设计更多元、更灵动，指向生活及与学校整体教育活动的整合，从属性上说是活动设计。那么，这样的活动设计有怎样的独特性？笔者将从整体视域出发，以活动设计的范式为基础，探讨主题班会活动设计的表达要素及文本表达要求。

（一）学生分析：明确从哪里来，关注长期发展节点

学情分析是所有教育教学活动的共同基础。不管是“因材施教”“最近发展区”，还是“学生立场”“儿童文化”等符合教育规律的教育话语体系，都认为对学生发展情况的认识是教育教学活动的基础，是所有教育教学理论的逻辑起点。一切为了学生发展，是理解教育和教育实践水平发展的共同基础。从表面上看，主题班会活动指向班级发展事务的解决，其实质是班级发展中学生的发展，有学生的发展才有班级建设的发展。主题班会活动设计需建立在对班级日常生活分析的基础上，其实质是对生活在其中的学生进行分析。

学生分析的目的是明确主题班会活动从哪里来，明确主题班会活动的实践起点在哪里。没有准确的学生分析，就没有有效的主题班会活动设计，就会导致形式化的、表演化的主题班会活动。学生分析是对班级中学生的发展状态与所关涉的主题进行判断，从而得出所要开展的主题活动中学生的发展节点。

主题班会活动设计中的学生分析，应有以下意蕴：

其一，作为类群体的学生发展规律分析。已有研究表明，处于不同阶段的学生有不同的发展重心，行为、情感、思维、道德等的发展水平及特点也有所不同。因此，要准确把握不同阶段学生的发展规律，从而在最近发展区意义上提出发展定位。如要求一年级的学生组成小队或小组合作，显然不够理性，因为学生日常生活中的群体意识还没有生发；再如到三四年级，同伴关系往往成为影响学生的重要因素，如何引导学生进行同伴交往就成为一个重要话题。这样的成长阶段发展规律具有普遍性，从群体意义上说是不以人的意志为转移的。

其二，作为班集体的学生发展资源分析。不同的班级有不同的气质、不同的发展遭遇，这是由于班级文化是班级学生与班级教师等互相激荡生成的。不同的班级文化会引发不同的班级发展需要，就可能产生不同的主题班会活动需要。如民主型班级和威权型班级在班级事务决策上的实践有不同的逻辑，教师进行学生分析就会有不同的侧重点；理性强的班级和文艺范的班级在同样的班会主题中所蕴含的资源必然是不同的。

其三，作为班级个体的学生发展资源分析。根据多元智能理论，每个人的智能优势和智能发展是不同的，不同成长环境中的学生也有不同的发展优势和发展劣势。进行有效的差异化分析，有效提取班会主题中的学生育人资源，可以让主题班会活动的开展更有针对性。例如：班级组织建设中，充分利用有较强领导力的学生资源；在以感恩教育为主题的班会活动中，直接发掘班级中有较多感恩实践经历的学生资源，形成榜样效应，从而充分实现班级不同层次学生的多样化发展。

对学生进行多维度、多层面的分析，能够让主题班会活动设计更有针对性，更有教育价值，从而弥补其他教育教学活动的不足。

（二）背景分析：结合在哪里，整合社会发展需求

主题班会活动的核心指向是学生素养发展，来源于学生的班级日常生活，起始于班级日常生活的关键遭遇。通过对班级日常生活关键遭遇的分析得出开展主题班会活动的必要性与重要性，进而确定开展主题班会活动的具体载体。主题班会活动不仅仅关涉班级日常生活，班级日常生活只是学生全部生活的一个缩影，是学生学校教育生活的核心表征，是学生学校日常生活的链

接点。应从班级日常生活走向学校日常生活，再到家庭日常生活、社区日常生活，实现全景、全程、全息的覆盖。

因此，背景分析要将基于班级日常生活的主题班会活动与基于社会立场的社会生活发展需求结合起来，在广阔的社会发展背景下实现育人价值的发掘。背景分析要讲清楚所链接的是什么、为什么、有什么关系、有什么样的内涵与外延、有什么育人资源，与班级日常生活及班级学生发展的哪些方面可以产生链接，并如何实现从社会生活迁移到学生班级生活中，用有意义的班级日常生活来有效地消解一些消极的社会现象。

综上所述，背景分析应有以下几方面内容：

其一，分析所要应对的社会生活本身的存在事实。如有一个时期，某款手机游戏很热门，几乎是全民在玩，许多学生也深陷其中。要开展主题班会活动引导学生正确对待手机游戏，就需要对游戏本身及其背后的社会现象进行分析，进而发掘可以生成的育人资源。如果没有背景分析，一味告诉学生不能玩手机游戏，显然对当前的学生而言是苍白无力的。

其二，分析所选择与切入活动的载体资源，探讨如何实现育人过程的系列化及与班级日常生活结合后的实践转化，即如何以班级日常生活的实践来实现载体的价值。如要通过仪式教育的方式推进班级文化建设，那么就需要明确仪式本身蕴含什么样的育人价值。只有理解仪式本身，发现仪式与班级建设之间的关系，才能寻找到主题班会活动开展的价值。

其三，分析所选择的载体和方法工具的育人价值。如推进班级社团建设，就需要分析社团是什么、如何组建社团、社团运作与班级组织建设如何有效关联起来。再如，在推进活动过程中，需要采用问卷调查、访谈等方法，就要对方法本身的工具属性进行分析，探讨其中蕴含的育人价值。

背景分析是为了认识主题班会活动开展的价值、发掘育人资源、探讨系列化活动设计的可能性等。

（三）主题选择：清楚做什么，理清实践行动载体

学科课程的实施即学科课堂教学、学科实施评价及学科教师培育等，是目前学校教育的主要课程实施取向。学科课程教学设计以具体的知识逻辑为核心，“学科教学对课程知识的传递与认识主要是通过课程知识的呈现策略与

建构活动来实现的”[①]。然而，主题班会活动作为综合性的活动课程，既没有明确的、特定的知识基础，也没有具体的课程建构逻辑，其核心是学生的日常生活，即班级日常生活经验。

很多班主任开展主题班会活动最苦恼的事情就是不知道要上什么，因为没有明确的内容。有的学校为了解决这一问题，凭学校之力开发了系列化的内容，编制成资源包或所谓的校本教材，要求班主任执行。这种对班会活动的理解和实践，显然失去了主题班会活动的应有之义。

因此，明确主题班会活动要做什么，理清主题班会活动的实践载体，就成了主题班会活动主题选择的前提。主题班会活动的主题不是显性的规定，而是隐性的规定，这种隐性的规定来自班集体建设需要、学生发展需要和社会发展需要三个维度共同叠加的逻辑。

其一，指向作为关系存在的班级建设，回答的是要建设什么样的班级、要进行什么样的班级建设的问题，如班级环境建设、班级制度建设、班级组织建设、班级文化建设等，其核心指向是对建设什么样的班级的回答，是民主型班级还是学习型班级，抑或其他。班级发展事务是主题班会活动主题选择的应然之义。

其二，指向作为主体存在的学生发展。班级是由学生构成的，学生的发展构成班级的发展，指向班级学生发展的班级建设才有生命意义。成长中的学生有很多需求，如小学低年级学生的自我意识培育、小学高年级学生的两性关系教育、初中生的青春期教育、学生的心理发展需求等。准确把握学生心理、身体、技能等方面发展的节点，并开展相关的主题班会活动来实现教育是必然的逻辑。

其三，指向作为遭遇存在的社会发展。人是具体社会中的人，教育的核心之一是个体的社会化。因此，基于一定的社会场域的教育是主题班会活动主题的核心取向之一，如社会主义核心价值观教育、法治教育、爱国主义教育、生态环境建设教育等。国家规定的主题教育内容与社会生活所需要的教育内容是主题班会活动主题选择的核心载体。

人与自我、人与他人、人与社会、人与自然的关系是主题班会活动主题选择的背后逻辑。班级作为显性呈现的载体，生成出了主题班会活动的主题

---

① 赵迎春. 论学科课程知识的呈现与建构［J］. 教育探索，2011（8）：9.

选择逻辑，为主题选择实践提供了框架。

（四）目标设计：明晰为什么，找准教育活动属性

“凡事预则立，不预则废。”所谓的“预”，主要指围绕要达成的目标展开行动方案设计，没有目标就没有实践行动。主题班会活动的目标设计就是要回答为了什么的问题，就是要定位为教育活动的属性，是其作为一种类型的教育活动的核心所在。

目标设计是主题班会活动设计的核心，也是难点。通常来说，学科教育教学的目标设计可以直接指向知识，而基于班级日常生活的主题班会活动没有明确的内容可以遵循，其目标设计是以班集体中人的核心素养发展为基础，从主题选择、学生分析及背景分析得来的，是三个维度共振的结果。

因此，主题班会活动目标设计包括三个方面：

其一，班级建设的发展目标。主题班会活动从起点来说是基于班级日常生活，是为了解决班级的发展问题，班级作为一个组织存在的发展目标是活动开展要达成的目标。从长远来看，班级建设发展目标涉及对要建设什么样的班级的回答，比如，可以建设学习型班级、特色型班级、全纳型班级、自主型班级、民主型班级、活力型班级、创新型班级、生态型班级、生长型班级等。不同的班级发展定位，其实践路径及具体的载体也有所不同，需要从课程意义上进行长期规划设计。从短期来看，要解决班集体当下的日常生活遭遇问题，或完成当前班集体发展的小目标。比如，班级公约的制定、班级活动的组织、班级环境的建设等，这些班集体的日常生活遭遇可以是突发的，也可以是大目标下的小目标。关注班集体本身是主题班会活动不同于学科课程的核心所在。

其二，所开展事务的发展目标。班级日常生活是由具体的事件构成的，班级建设的发展也是通过具体的发展载体、具体事务的开展实现的。比如，要建设创新型班级，这是对班级建设愿景的回答，但通常实现的路径有很多，选择不同的路径会有不同的过程遭遇，这些具体的过程遭遇就是规划中设定的事务。主题班会活动的推进过程应基于具体的事务，通过事务的解决来实现整体的发展目标。如关于班级社团建设的主题活动，社团建设的发展阶段目标就是主题班会活动的具体开展过程，如何进行社团建设、建设成什么样的状态就是一种发展目标。再如班级小队建设，目标定位即需要在不同的主

题班会活动中回答小队建设的阶段性目标。

其三，活动中学生的素养发展目标。人的发展是一切教育教学活动的终极指向，没有实现人的发展的教育教学活动，再精彩、再符合需要也是枉然。主题班会活动既要实现学生社会性的发展，也要实现学生个体性的发展，核心就是学生的综合素养发展。如通过调查研究活动，学生能够进行问卷设计、调查实践、数据分析及报告撰写等，而通过基于班级环境建设的调查研究活动，既能够实现班级环境建设的事务目标，也能够实现学生素养发展的目标。因此，班级环境建设既是目标本身，也是学生素养发展的载体。学生素养发展目标的设计需要符合学生的阶段发展水平，遵循人的心理、知识、技能等的发展逻辑，从而凸显发展的阶段性和层次性。

学生分析、背景分析、主题选择、目标设计、系列设计、结构设计、实施设计及反思设计等几个部分，具有内在的结构一致性和逻辑关联性，从而构成了整个主题班会活动设计，同时也是主题班会活动设计文本表达的构成要素。前面四个部分主要探讨基础性，后面四个部分主要探讨实践性。

（五）系列设计：定位在何时，参照活动前移后续

主题班会活动是学生生活的集中体现，是学生生活中一个很重要的节点。多数主题班会活动聚焦班级当前的现实问题、具体的事件，直接表达是一周一节的“班会”课。这样的主题班会活动关注的是班级建设中的即时性问题，主要通过号召与唤醒的方式促进学生在某一方面的顿悟式成长，或为学生的成长播下一颗种子。但同时也忽视了事件发展的过程性、学生成长的复杂性和教育成效的长期性等规律，不能更有效地促进学生的发展，无法充分发掘活动的育人价值。

解决以上问题，必须实现主题班会活动的系列化设计，使主题班会活动逐步向准课程化方向发展。因此，系列化设计的意义主要体现在三个方面：

其一，将班级日常生活发展进行系列化、长程化、全息化的思考与规划，从而实现从点状发展到整体发展的教育实践过程。

其二，将一个主题班会活动的具体设计放置在整体系列活动中进行定位，是对定位在哪里、定位在何时的回答，有助于从整体视域更深入地发掘主题活动的价值。

其三，将学生班级日常生活中的连续性发展和非连续性发展统一起来。

人的发展是持续不间断的长期过程，而一个活动是对学生发展过程中关键节点的把握，是对关键遭遇的价值最大化。这也是源于人发展中的滞后性，需要通过前移后续的活动来逐步实现。同时，人发展的反复性，需要通过弥散式的活动来巩固。

主题班会活动的系列化设计能够将一个时间段内的班级日常生活进行融通思考，进入准课程化逻辑的实践当中，从而实现价值的最大化。这样的系列化设计不是孤立存在的，而是基于对背景、学生、主题的分析，其实质是遵循学生的身心发展规律、遵循事物及班级建设实践的发展过程，其核心要求是要有严密的推进逻辑，需要基于学生发展的特点，从内涵和外延层面对主题进行分解，并进行结构化的思维表达。

其一，要对背景分析有多元认识，对背景育人资源有多维开发，实现一个背景视域下活动价值的多元化。

其二，要对学生身心发展规律有长程认识，学生的心理是从不成熟走向成熟，思维是从具体、形象不断走向抽象、辩证，认知呈现为螺旋式上升的过程，这些都预示着希望通过一个活动就完成某一方面的发展是不可能的。比如，要培育学生的分工合作能力，绝不是一次活动就能够达成的，需要在多层次活动中不断实践、强化。

其三，要对具体某一主题进行多角度的发掘，一个是横向的多角度发掘，另一个是纵向的多层次发掘，实现主题推进在共识性和历时性层面的价值统一。横向实践基础在于多元智能理论，人的发展需要丰富的资源；纵向实践基础在于丰富多元的社会现实及不同的发展可能。

当然，在具体的系列化设计中，还需要有更具体的可操作的实践范式。笔者在这里主要探讨的是如何认识的层面，具体实践上系列化设计需要以长程意识、节点意识、融通意识、大小系列意识为策略展开。

（六）结构设计：明晰怎么做，聚焦议程设置张力

我们能认识事物，是因为事物有命名。有未知，不是因为我们不能认知，而是因为还没有进行符号化的命名。认识事件，不仅在于对事件进行命名，还在于事件作为实践的存在，有逻辑、有结构可以认识。课堂是有结构的，活动是有结构的，这是对其进行分析、探讨和改进的基础，即对事件的认识其实就是对其进行结构化的认识。

从育人资源的角度来认识，不同的结构有不同的育人资源，那么就会产生对不同结构设计的讨论与实践。结构设计是对主题班会活动推进过程的整体思考，是对活动议程的设置，回答的是一个主题班会活动有几个推进节点的问题。结构设计既使单个主题班会活动在整体系列活动中的价值更突出，也使整个活动进程更有层次感，有具体的实践节点可以把握。

结构设计的核心是要把握前移后续和节点选择，具体分为以下几个层面来实践。

其一，前移后续意义上的结构设计。不能把主题班会活动当成一个单一的事件，而应当从整体的视域出发，将一次主题班会活动与学生的日常生活链接起来，将前后的主题班会活动结合起来，进而从学生日常生活实践及素养发展的角度探讨结构性育人价值的最大限度实现。

其二，活动类型意义上的结构设计。如可将主题班会活动分为起始会、策划会、推进会、评价会及总结会等几种类型，不同类型的活动有不同的结构范式。如属于起始会的主题生成活动的结构主要有抛出话题、头脑风暴、分层聚焦及主题明确等。

其三，课时意义上的结构设计。虽然从课程属性上说主题班会活动是活动性课程，但在实践操作层面上还是 40 分钟或 45 分钟时空框架内的活动。有既定的时空，从一个行动事件上说，就必然有导入、有铺垫、有重点、有高潮、有结束。如最简单的认识就是活动导入、活动核心进程及活动结束这种“三分法”。这一认识是从活动实践行为意义上展开探讨，探讨的是时空范畴中师生互动实践行为的规律。这源于作为事件主体的教师与学生各有其行动的逻辑、认知的逻辑和发展的逻辑，源于切片出来研究的具有某一明确目标或具体任务要求的事件发展的内在逻辑。

结构设计是为了对活动有更清晰的认识，更能够基于规律来提升主题班会活动的程序性育人价值，从而保障主题班会活动实践的张力。

（七）实施设计：做实用什么，选对实践工具方法

教育教学活动的核心要素是学生、教师及活动媒介。任何教育教学活动都是以这三个要素为核心的，主题班会活动也离不开这三个要素。如果说结构设计更多关注的是活动的整体进程，那么这里所谈的实施设计就是探讨实施中的具体细节如何落实，如何使用具体的工具与方法。如果没有对具体的

实施细节展开讨论，即没有对活动实践过程进行情景模拟与预设，那么活动设计也就失去了根本价值。根据活动要素，实施设计主要有学生活动的设计、教师活动的设计和活动媒介的设计，师生在媒介上的互动过程的统一就是具体的实践过程。实施设计聚焦的是师生互动的行为过程。

其一，教师活动的设计。包括教师预案及情景模拟的行为、教师资源投放的行为、教师捕捉资源的行为、教师反馈理答的行为、教师适时介入的行为、教师的活动调节行为及教师的延展行为等方面。教师在活动中的行为方式直接影响活动开展的有效性和持续性，是活动实施微观层面的重心。

其二，学生活动的设计。包括预设活动过程中学生的行为类型、行为过程、行为表现、行为发展及行为生成等。教育教学活动是基于师生互动对话而进行的，没有互动对话的存在，活动便失去了育人意义上的价值。如小组合作学习的过程中，需要预设学生的合作行为要求及任务，从而推进有效小组合作行为的产生。再如，以审议为核心的活动中，需要设计不同学生承担不同角色的行为，需要设计以审议议程为基础的学生先后行为过程。同时，学生活动行为的设计，还涉及覆盖面的考量，如对于教师抛出的问题，需要考量是由单个或局部或整体的学生回答，覆盖面不同，实现的价值也就不同。

其三，活动媒介的设计。师生的互动实践需要借助一定的活动媒介来实现。有显性的活动媒介，也有隐性的活动媒介；有形式的活动媒介，也有工具的活动媒介。活动媒介的价值在于将教师的活动行为与学生的活动行为关联起来，使之成为一个完整的实践过程。如思维导图，教师通过设计思维导图呈现意图，学生通过运用思维导图的方式进行思维训练、完成活动任务。再如，在开展小组讨论的过程中，许多教师往往会出示设计的学习单或任务单，而忽视其内外本身的关联。学生通过学习单或任务单完成学生行为，而非通过行为逻辑。不同的情境下，不同的发展逻辑，即使发展目标相同，也有多种实现方式。

（八）反思设计：成长在何处，拓展师生成长共振

通常，一份活动设计或教学设计并没有反思设计这一环节，从设计的层面来说前面七个部分就构成了文本设计的全部。对教学或活动进行反思往往被认为是实践后的事情，是对实践的反思性探究，是对整体实践场景的剖析。实践中，很少有教师会进行反思设计，一般等活动结束了，才采取回溯的方

式来探讨得失，很多评课研讨往往也是基于具体的实践场景，也就是说反思并不被看成是活动设计的一个组成部分。但笔者认为，反思性探究不能开始于实践结束，应当前置到活动设计之初，既要从整个主题活动的进程来看待反思的价值，也要从系列化主题活动的发展进程来看待反思的价值。如在活动开始前，对自己提一个关于本次主题班会活动实践的问题，就是一种反思的设计实践。再如，在主题班会活动设计中，教师对实践中可能存在的不确定性有疑惑，也是一种隐性的反思设计。

反思设计大量存在于具体的实践中，只是没有被显性表达出来或被认真实践。通过反思实现基于班级日常生活样式的育人资源在主题班会活动中的弥散，即不以孤立的眼光来看待一个活动，而是以整体的、系统的眼光来看待活动的价值与发展。

强调反思设计，不仅是整体意义上的认识转变，不仅是要重新认识反思的意蕴，更多的是要提升活动实践的价值。

其一，反思性探究逐渐成为教师成长的重要方式。美国国家专业教学标准委员会要求教师必须能够批判性地审视自己的实践，征求他人的意见，并利用教育研究来加深知识，提高判断力，使教师教学适应新的发展和思想。反思性探究应当成为教师教育教学实践活动的组成要素。

其二，基于整体性发展视域的省思。反思性探究应当贯穿教育教学活动的全过程。反思设计既是对前面主题班会活动反思的延续，也是对即将进行的主题班会活动内容的预设，从而促使不同主题班会活动产生内在联系。

其三，基于主题班会活动过程的反思式实践的自觉性。对于活动前、活动中、活动后的反思，通过活动设计中的反思设计来实现教师主动自觉的实践性反思。

其四，作为研修资源意义的聚焦。基于实践场景的反思性探究虽然更具有针对性，也是课例研修的常态，但往往指向研修资源的泛化，对相关话题的探讨也因囿于实践场景，不能更加深入地探讨解决。

其五，基于反思作为实践过程方法的师生共振。在实践过程中强调不断引导学生进行总结反思，促进更好地成长。反思作为一种方法融入活动实践的过程，需要教师的反思意识和反思设计。因此，从师生发展共振的角度来探讨，反思性探究作为方法，在设计中要明确发展在何处、在何时、针对何内容。

第三章

主题班会活动的学生分析

学生分析是一切教育教学活动的基础，是有效教育教学活动的逻辑起点。学生分析就是对学生生长特点、生长经验、生长需求、日常生活及生活实践等方面进行了解、认识及判断。教育教学活动要有学生立场，学生立场的核心表达就是在充分理解和认识学生的基础上，根据学生的需求、学生的状态、学生的发展可能来开展相关活动。本章围绕什么是主题班会活动中的学生分析、如何进行学生分析、学生分析的理性认识维度和学生发展方式的共识性认识维度来探讨，并列举了学生分析的案例，以期明确学生分析的具体实践。

第一节　学生分析的内涵与意蕴

班级活动要充分实现育人的可能，就需要建立在对学生整体分析的基础上。通常在学科教学上被称为学情分析，偏向的是学生学科课程知识、技能等的学习基础，为新的学习内容提供设计的起点。而班会活动中的“学情分析”更侧重分析学生生活的全部，是对人的发展的整体认识。由此，笔者认为“学生分析”的表述更符合实践语境。经验对教师成长尤为关键，其实质不是对活动或知识的经验，而是对学生复杂性的充分认识。主题班会活动基于学生的班级日常生活，指向学生的生活经验，基于生活，为了生活。学生分析就是从个体与关系的意蕴上对生活在班级中的学生进行过去、现在和未来的分析，以此作为主题班会活动设计与实施的基础。

（一）对学生分析的认识

主题班会活动开展的起点、过程及终点，必然基于对学生的研究、认识及关怀。没有有效的学生分析，就没有基于学生立场的有效的主题班会活动。

1. 学生分析不等于学情分析

在大多数日常语境中，学情分析成为教师教育教学活动设计的起点或成为一个关键要素。学情分析是为学科教学服务的，从某种意义上说是为知识、技能学习服务的。主题班会活动关注的是学生的日常生活，侧重对学生生活经验的分析，是对学生过去生活经验的唤醒、对当下生活实践的关注和对未来生活的预判与规划。

2. 学生分析不等于学力分析

随着教育教学观念从以教为中心转向以学为中心，不少教师意识到仅仅关注学生的学习基础是远远不够的。由此提出要做学力分析，从学生学习能力水平出发来设计教育教学活动。当然，学力分析是很重要的基础，也能够最大程度地契合学生的发展需要，从而导向学生正式学习与非正式学习的统一，促使学生从接受教育走向自主教育。但学力分析还不能满足全部需要，学力需基于一定的载体，需经验活动做支撑，需根据活动类型、活动方式、活动过程来综合判定。如开展策划活动，如果关注的是策划的文本形成，就需要关注策划的结构化表达能力，对知识及技能有较多要求；如果关注的是策划的实施，就需要更多关注学生的经验预判和对所学知识、经验的转化运用。所以，主题班会活动是对多学科知识、技能学习的实践转化，指向的是学生核心素养的直接形成。

3. 学生分析不等于确定性分析

看待学生，是看待发展的可能性。学生分析的核心不在于形成一个准确的答案，或者得到一个定性的结论，也就是确定性分析。学生分析，是看待学生的成长过程，是动态分析的过程，是不断用结构化的工具来持续更新学生分析的过程，是连续性学生分析与非连续性学生分析的统一。也就是说，不是要关注学生的全部经验过程，而是要从连续的角度来选择学生成长中的关键节点、关键事件与关键过程。

学生分析是综合性分析，是在综合分析的基础上，根据不同的主题活动需要再侧重知识、技能运用的链接式分析，形成实践的基础。学生分析是多模态分析，会因环境、人、事而产生极大的差异，从而显著影响活动的实施过程。学生分析是累计式分析，通过持续的观察、诊断，运用日志、量表、档案、学习表征等方式，不断形成学生成长过程的画像，从而实现对学生班级活动的观照。

（二）学生分析的误区

虽然很多教师明白学生分析的重要性，但在具体实践上仍存在一些误区。

1. 空心化

学生分析的空心化，就是指有形式化的学生分析，但没有实质性的内容，陈述的内容放之四海而皆准。主要表现为：一是重复普遍性的学生成长规律，如学生的道德成长规律和自我意识的觉醒，采用的是普遍性的形成性结论，没有切入具体的班级实际；二是缺乏个体或局部学生经验的分析，将少数学生的现象泛化；三是没有针对具体活动涉及的知识、技能及经验等方面展开分析，所陈述内容不能支撑教育教学活动。学生分析成为鸡肋，致使班级活动的开展缺失了学生立场。

2. 割裂化

学生分析是教育教学活动的基础，其价值在于与教育教学活动的要素产生关联，并与其他基础要素共同支撑教育教学活动的开展。当前学生分析存在割裂化现象，第一个表征是学生分析与主题班会活动设计的其他要素没有关联起来。学生分析无法成为主题班会活动设计的起点和终点，也就失去了实际价值。第二个表征是与学生的真实生活、真实体验与真实感受相割裂，重视形成性结论，而不是从学生视角出发进行描述，不是价值中立的判断。第三个表征是割裂了普遍性规律与具体实践经验的关联，或偏重普遍性规律，或偏重具体实践经验。第四个表征是对学生经验本身的割裂，往往只关注学生发展过程的局部现象，而不能从前移后续或系列化设计的角度来整体分析学生，也就失去了对学生连续性发展的关注。

3. 经验化

学生分析中的经验化问题是最为典型的问题。经验化，就是指往往靠教师自己的感性认识，建立在日常随机观察的基础上，而不是经过科学调研、访谈或观察的分析结果。在很多活动设计的学生分析中，很少看到数据分析，更多的是经验性的、主观性的描述，少数可以看到的数据往往也是没有实际价值的数据。学生分析经验化的问题，主要是由于教师观念固化、工具缺失和研究意识薄弱等。

明确什么是学生分析及当前学生分析存在的问题，进而明确学生分析的价值和意义，为探讨学生分析的具体方法提供基础。

第二节 学生分析的认识基础

学校教育的基础是人的可塑性，而人发展的复杂性又决定了教育的复杂性。人的可塑性是因为人的漫长生长过程，而人的复杂性是源于人的社会性发展的不同，人性是思考教育理论与实践问题的基础。中国哲学中对人性的讨论有“性善论”和“性恶论”两种思想，在近现代西方哲学的冲击下，对人性本体的追问经历了从“人性是什么”到“人的存在方式”的转变。学校教育中的人是如何存在的，必然是学校教育活动深化探索的起点。只有大体明确、认识了学校场域中学生的存在方式，才能更好地省思教育的切入点，更好地解构学生发展的复杂性，从而建构多元化的学校学生工作路径。从这个意义上说，对学生存在方式的探讨，是学生活动设计的起点和终点，而这样的探讨，主要基于学生立场、文化基因及社会境遇三个维度。

（一）具体人：学生个体的教育基础

当省思人是什么样的存在时，不同的哲学家、思想家或教育者提出了不同的思考。李润洲教授提出，具体人具有三重生命——“种生命”“类生命”与“个生命”，其中的“个生命”标志着人作为个体与他人之间的不同与差异，体现着每个个体特殊的价值取向、思维习惯和行为方式①。同时，“新基础教育”研究团队也提出，要关注每一个学生，要求把学生当作“具体个人”去认识和研究，要承认人的生命是在具体个人中存活、生长、发展的②。学校教育中的学生，首先是具体可见的、形象的、可感可触的生命存在，说因材施教也好，说生命成长也好，其实质首先是对成长中的“具体人”的敬畏。

对学生作为具体人的观照，是学校学生工作的基础。这意味着学生工作应聚焦以下几个方面：其一，要关注学生具体实在的当下存在状态，不断研究学生的存在态势，关注每个学生具体实在的生活和具体的生活境遇。其二，

① 李润洲．“具体人”及其教育意蕴［J］．清华大学教育研究，2013，34（1）：49．

② 张向众，叶澜．“新基础教育”研究手册［M］．福州：福建教育出版社，2015：5．

对学生立场的坚持应该着眼于作为具体人存在的学生的成长状态和发展需求。其三，从研究学生作为教育基础出发，在方法使用上，应关注时刻在生长、发展和变化中的学生，形成长期观察记录，其核心是在集体教育过程中，从学生的具体存在出发，关注每一个学生的真实发展和真实存在状态。

（二）生活人：学生经验的教育意蕴

人是过去一切的总和。从时间意蕴上判断，人的当下是根据人的具体过去来确定的。人的记忆是人类生存和发展的基础之一，人的经历是造成当下人的核心。由此，形成了具体的人，是生活人的存在状态。学生在进入学校教育场域时并不是一块白板，不是随便想强加给他什么，他就能成为什么，而是需要观照他的过去存在状态和过去的遭遇，观照他在真实的成长环境中的生活体验，由此构成了教育的复杂性。

作为生活人存在的学生，对学校开展学生工作的启示是：其一，要高度关注学生的潜在经验。这种经验可能来自天赋能力的实践表达，也可能来自学生无意识体验的发展牵连。其二，要重视研究学生过去的生活经历。更多地关怀学生过去的成长体验，能让学校教育从更广阔的视角切入，了解学生的差异性资源，发现和判断学生成长过程中的缺失、优势及潜势，以此为起点设计学生活动。其三，要关注学生当下的生活需要。处于不同生活境遇的人，其当下的问题遭遇和发展需求是不同的，关注学生的生活遭遇，是分析学生行为和教育设计的基本判断。正如李家成教授指出："学生工作需要尊重、认识学生的成长需要，满足学生的成长需要，并在更高发展平台上促进学生生成新的成长需要。"① 而学生成长需要的起点，是对学生过去生活经历和当下生活发展的实际状态的观照，不仅要基于过去的发展，更要基于当下。

（三）抽象人：学生发展的教育场域

抽象，在某种意义上是与具体相对的，但二者要在不同层面上探讨。如果说具体人观照的是人的生活生长，那么抽象人观照的是人的存在属性，具体指向人类社会存在的社会性人，其中社会所涵盖的是复杂的生成关系。西

---

① 李家成．重建学生学校日常生活的教育努力："新基础教育"学生工作的"魂""体""理""脉"［J］．中国教育学刊，2009（9）：20．

方哲学对这一问题有过许多论述，如“人是理性的动物”“人是会言语的动物”“人是符号的动物”“人是寻求意义的动物”等，不一而足。学生作为抽象人的状态存在，指向的是学生发展的空间性，即学生发展的教育场域，是作为种存在的人、类存在的人、群体的人、文化的人、集体生活的人。

从抽象人的角度来说，学生工作要聚焦学生发展的教育场域，从整体视角来认识作为对象的学生。

其一，作为种存在的人，要关注学生的生命辨识度和生存的自然关系。在不断抽象化和专业化的当下，学生离自然的力量和生命生长的伟力越来越遥远，生命的自然之境在学生日常生活境遇中被隔离。因此，要基于抽象的自然生命，通过自然的、生命的活动，引导学生不断增加对生命的体验。

其二，作为类存在的人，要关注教育的民族性。有人说，越是民族的，才越是世界的。教育现实中以所谓的“普世价值”不断消解民族传统的教育力量，实质是不断消解学生对类存在的认同、不断消解学生的自我认同和文化自觉的民族情怀。

其三，作为群体的人，要观照学生群体的权益问题，避免对学生进行道德灌输。不同的成长阶段完成不同的使命，指向的是处于不同发展阶段学生的必然境遇与可能适合。如一年级新生作为一年级群体存在，其特征是入学适应性问题；青春期的男生女生性意识启蒙不同，造成了两个群体具有一些共性及差异性的群体性特征。

其四，人使用工具的能力改变了人在自然界中的生存结构，其核心表达就是文化。教育的核心使命之一是传承人类的优秀文化，文化是抽象的存在，作为文化存在的学生生长，也必然是抽象人的存在。因此，学生工作过程中所采用的载体或形式，势必要关注文化性问题。所谓的直观性教学或案例教学，其意图是将抽象的事物用具象的方式呈现给思维不断抽象化发展的学生。

其五，集体生活的人是指向学生作为班集体存在所应有的共同追求。班集体所在的教育时空及其共同生活过程中所形成的价值追求和发展方式是抽象的存在。虽然班集体是由具体个人构成的，但是集体审视中的学生工作特质是强化集群效应和造成个性潜隐的现实，所以追求的是共同生活的抽象准则。

（四）关系人：学生交往的育人资源

马克思提出，要从人的社会性看人的本质和人性的思想，指出人的本质并不是单个人所固有的抽象物，实际上，它是一切社会关系的总和。“人是社会关系的总和”是马克思主义的经典论述，揭示的是人的社会性存在属性。人的社会性存在基于人在劳动实践中的交往。从学校教育场域来看，交往是学生真实存在的本质属性。笔者将这种在交往中发展的学生状态，归结为作为关系人的学生存在。交往对学生发展具有重要价值，教育的实质就是交往。教育的发生往往是不可忽视的，是心灵与心灵的交往与碰撞，是灵魂的对话，是知识的传承。

从关系人的角度审视学生工作，实质是要发现学生交往过程中丰富的育人价值。发展中的学生交往是多样的，关系是多元的，可能起到好的教育作用，也可能产生坏的教育影响。因此，通过审视学生交往，基于关系人的维度来发现教育的真善美。

其一，生生关系的多维育人价值。同伴交往是学生成长中最重要的关系之一，在不同发展阶段都对学生发展有极其重要的价值。生生关系中的榜样效应，能够激发学生的竞争性生长；生生关系中的生活集合，能够促使学生发展社会参与；生生关系中的同伴对话，能够促使学生发展规则意识并提高社会性交往能力。

其二，师生关系的拓展认识。通常师生交往成为班主任与学生交往的专属。实际上，在学生工作中，要不断引导学生和其他相关教师交往，通过多学科教师的参与，丰富学生的关系资源，拓展学生活动的育人资源，形成不同学科教师在“立德树人”的价值立场上、在整体发展学生素养的层面上的协作，最终建立以班主任为核心的教师团队。

其三，生校关系中的发展空间。学校的学生工作往往着眼于管理，学生的发展空间多数是在班集体活动和学校活动中，缺乏让学生获取更多可能性的发展空间，这种高控式学生工作的核心特质是“管”，而开放式发展空间是塑造生校关系的另一种可能。

其四，亲子关系中的成长支持。通过让学生参与家庭事务，促进学生的主动性发展，是学生工作对学生关系资源发掘的另一条重要路径。父母应在这种关系资源中与孩子共同成长、与学校和谐共生。

其五，生社关系中的社会参与。社会或社区生活也是学生生活不可或缺的一部分。在社会参与中，能够提升学生的社会责任感。通过自主性的社会实践活动，促使学生获得社会性的发展资源。

（五）精神人：学生生命的哲学取向

人之所以是人，是因为人懂得崇高与纯洁的意义，是因为人有理想信念。精神人的第一指向是人的理想信念、人的信仰的发展。同时，作为精神人的存在方式是基于人的意志力和人的主动追求能力，是人对真善美的追求。通常说，这个人有骨气、有追求、有理想、有情怀，这些都属于作为精神人存在的语体。作为精神人的存在方式是由儿童文化的属性决定的。儿童文化是诗性的、游戏的、浪漫的、天真的、充满想象力的，这与成人文化的伦理性、严肃性与确定性截然不同，对儿童文化的认同、对学生精神世界的发展是学生生命的基本哲学取向。学生工作需要关注儿童文化的内在特质，设计符合儿童文化的学生活动。

从精神发展的视角审视，其启示是：

其一，不低估学生的发展可能性。当前，学校教育认为学生的可教育性是因为学生的无知，而非学生的可塑性，这样的观念会导致对儿童文化的忽视和对学生精神发展可能的鄙夷。马克斯·范梅南说："看待儿童其实就是看待可能性，一个正在成长过程中的人。"① 对待学生无限发展的可能性，要突破有限教育的认识，为学生的发展提供多元的空间：多一些自主，少一些强制；多一些自由，少一些管控；多一些探索，少一些标准答案；多一些留白，少一些清楚明白。

其二，不可将成人文化强加给学生。要回归对儿童文化的关怀，基于儿童文化特质，开展适合儿童天性的、符合儿童发展需要的学生活动。应该摒弃华而不实的、表演式的活动。"四好"少年不是表演出来的，也不是被说教出来的，而应是由儿童文化的特质激发出来的，是在事务参与中逐渐显化的。

其三，不断重塑学生的精神发展高度。要不断对学生进行真善美的教育，让学生在崇高的追求中获取发展的主动性及积极性。善待学生天真的、诗性的、浪漫的、纯真的想法，需要教师在活动中、在交往对话中更多地俯下身来倾听，尊重、理解学生的精神世界，不可以用"白日梦"否认学生的精神追寻。

---

① 范梅南．教学机智：教育智慧的意蕴［M］．李树英，译．2版．北京：教育科学出版社，2014：1.

其四，精神人的核心品质是自我教育能力的形成，是对自己、对他人、对社会、对自然、对生命的自我建构。联合国教科文组织国际教育发展委员会在《学会生存——教育世界的今天和明天》一书中强调，受教育的人必须成为教育他自己的人，别人的教育必须成为这个人自己的教育。所以，应让学生更多地、主动地参与事务，将活动的权利和探索的权利还给学生，学会静待花开。

（六）网络人：学生发展的时代挑战

互联网、信息化早已走入我们的生活，也深刻影响了我们的存在方式。我们从真实的客观的世界走向虚拟世界，从确定性时代走向不确定性时代，从追求文化的人走向娱乐的大众，从社会交往走向副社会交往，从探寻科学知识走向信息化知识。如果说我们这一代的师者是伴随着互联网在成长，那么当下的学生就是网络的原住民。网络人是当下学生的基本存在方式之一。网络给学生发展带来了新的视野，也让学生发展遭遇了新的挑战。

针对作为网络人存在的学生，其教育意蕴是：

其一，教育工作者应当接纳网络媒介的功能，借助新兴的网络媒介发展新的学生工作形态。如一位班主任借助“荔枝电台”创建电台班，积极主动地回应挑战，以学生喜闻乐见的方式开展学生活动，有效拓展学生的发展空间。

其二，发展学生的信息判断能力和主动建构能力。信息化知识的特征是非连续性的、领域区分性弱的、即时的、易逝的、没有专业门槛的。因此，成人文化与儿童文化世界的隔阂不断在消解，这意味着纷繁复杂的信息可能对学生产生各种影响，需要通过活动提高学生对信息化知识的判断和甄别能力。

其三，丰富学生的社会交往方式和社会交往空间。将学生引入生活化的、情境化的、自然化的、参与式的交往中，通过更加关注交往中学生的精神世界，规避网络化中潜在的风险，使学生在活动中获得自主、自觉的生长。

第三节　学生分析的实践基础

班集体中的学生是如何生长的？是一种什么形态的生长？通常使用的概念是人的发展，发展一般指的是事物持续不断的变化过程，而班集体中的学生发展往往是指具有德性意义的成长。班集体中学生的成长变化用生长更为合适，凸显德性意义上的不断向善向美的持续变化过程。借助班集体这个独特的时空场域，以日常生活的视角审视学生独特的成长历程，不仅观照作为整体意义上的人，还观照生命生长视角下人的群体关系动力问题。

（一）学生的生长是德性生长与生存性生长的统一

“立德树人”是学校教育的根本任务，“教书”容易而“育人”难。学校教育把道德教育放在第一位，这是由人的本质属性决定的，即人的德性生长是人生命成长的第一属性。这里的德性不是具体的私德或公德，不是某一职业道德或美德，而是从伦理学意义上探讨的天道。老子说：“道生之，德畜之，物形之，势成之。是以万物莫不尊道而贵德。道之尊，德之贵，夫莫之命而常自然。”其中的“道”指真理，“德”指德性、品行。因此，可以把“德性”理解为一种必然性的存在，是真理，是天之道，是规律。学校教育中人的德性生长强调的是关系本身，即人与自我、人与他人、人与群体、人与社会、人与自然、人与世界的关系。德性生长的意蕴要规避的是道德教化，强调在关系意义上审视生命的逻辑，而不是纯粹社会生活实践意义上的外加的、外生的道德。

这里不仅要重新关注学校道德教育的认识基础，还要关注人的生存性生长的认识转向问题。似乎很难否认学校教育是为了人的生长这一事实，但现实观察及对未来省思的时候，似乎又陷入了追问学校教育具体能为个体生存贡献多少的陷阱。生命生长的尊严本身在“德”，但生长进程在“存”。否定了伪善的道德教育，回到德性本身，也就必然要探讨存在的方式及存在的基础和可能性。生存性生长的核心在于自护和他护的自为，即利己与利他的伦理统一。无利己主义，德性无从发展；无利他主义，无德性的基础。这为学校教育中学生的日常生活指引及价值选择提供了可能性，能够规避当前学校教育中学生日常生活设计与实践的虚无化和冲突化。

（二）学生的生长是经验性生长与概念性生长的统一

在人的生长中，知行关系探究是一个永恒的话题。明代著名心学家王守仁提倡“知行合一”，“知是行的主意，行是知的工夫；知是行之始，行是知之成”。这样的哲学认知事实上也是关于人生长的认知。教育教学活动特别是学科教学是以经典的知识、技能为主而建构起来的体系，学生的学习更多地体现为为了知识的获取、技能的习得。当下学校教育中广受批判的应试教育现象，核心就是过度强调知识学习，而忽视生活学习、实践学习，脱离学生的生活实际。实质上，从“知行合一”的视角来看，学校教育中人的生长应当是经验性生长与概念性生长的辩证统一。

概念性生长聚焦科学知识与技能，引导学生建构起关于物质世界、精神世界的系统认知。学习是学生日常生活的第一要义，这意味着知识、技能等概念系统的建构是学生生长的主旋律，也是学校教育得以存在的基础。但同时，应当强调经验性生长，其强调的是学校教育教学过程本身是实践的过程，是获取学习经历的过程，也是学习生活经验的体悟过程。概念建构的过程并不是完全脱离学生日常生活世界的，而是基于学生的日常生活经验的。如在科学课程的科学概念建构中，就十分强调要了解学生的科学前概念，从而进行有针对性的引导，使之形成正确的、发展的科学概念。人因经历的差异性及文化的地域性，使得经验更多地表现为未经逻辑审视的、碎片化的、散点化的。但应当明确的是，经验是生长的基础，也是生长到生活的必然性目标。

从班级学生工作的角度来看，主题班会活动关注的是班集体的建设问题及班集体中学生的发展问题，其关注的核心是学生的班级日常生活以及由班级日常生活拓展延伸出的其他日常生活，实质就是让教育教学活动的资源从学生的日常生活而来，也为学生的班级日常生活服务。

应当进一步明确的是，概念性生长所建构的知识、技能等是为了实践，是为了进一步获取高阶经验，最终是为了实现学习的自组织化。概念性生长的显著特征，或者说其独特的优势就在于学习进程中的系统性与整体性。

（三）学生的生长是实践性生长与精神性生长的统一

实践是一个意义范围很广的概念，似乎处处可用，但又说不清楚。在不同的哲学认知中，形成了不同的哲学关系，如理论与实践、实践与认知等。翻阅词典，大致可以认为实践是人能动地改造和探索世界一切客观物质的活动。从一般情况来看，实践拥有天然的正确属性，或因广为人知的“实践是检验真理的唯一标准”。从本研究出发，通常语境下，偏向于把实践理解为行动、行为本身，也就是具体的“做”。

人的实践性生长是指基于行动、行为的生长，比如技能的练习、观察、提问、反馈、操作等，也如听、说、读、写、做等。对实践性生长的认识，实际上强调的是学校教育中学生的学习应当偏重具体的行为，偏重获得的过程。例如：在学科知识的学习上，学习方式强调实践性学习，强调训练的重复性；在班级日常生活中，强调在具体的行动过程中获取经验、获取体悟，从而得到成长。在人的生长中，实践固然重要，但精神性或精神领域的生长也是不可或缺的。比如人的心理健康问题，当下更多地把心理健康教育作为一门具体的课程来实施，认为它有专门的技术认知与体系，而忽视了心理发展本身就是精神发展的组成部分。基础教育阶段不仅是知识学习或受教育的基础，更是终身发展的基础。

因此，学校教育教学活动要更多地关注学生的精神性生长，培育学生的想象力，为学生的童心童趣留有空间，为学生的发展提供尽可能多的可能，而不能用过度的实践化观点，否定学生的“异想天开”。比如：我们是否允许学生做“白日梦”？是否可以为学生的想象建设“白日梦空间”？是否可以让学生在考试之外懂得崇高与纯洁的意义？是否可以静待学生生长多样性的出现？种种追问，是为学生的发展提供更多的可能性，而这种可能性绝不是实践性生长的，而是精神性生长的。忽视了学校教育中人的实践性生长，就会变成无用的教育；忽视了学校教育中人的精神性生长，就会变成庸俗的、没有未来的教育。正如德国哲学家雅斯贝尔斯所说：“教育须有信仰，没有信仰就不成其为教育。”① 这样的信仰本身就是教育的本质属性，也就是教育活动要促进学生的精神性生长。

---

① 雅斯贝尔斯．什么是教育［M］．邹进，译．北京：生活·读书·新知三联书店，1991：44．

“教育，不能没有虔敬之心，否则最多只是一种劝学的态度，对终极价值和绝对真理的虔敬是一切教育的本质，缺少对‘绝对’的热情，人就不能生存，或者人就活得不像一个人，一切就变得没有意义。”① 只有把握好实践性生长与精神性生长的辩证统一，才能使学校教育化无用为大用，化有限为无限。

（四）学生的生长是个体性生长与社会性生长的统一

何为教育？不同的人、不同的立场、不同的视角，对教育的认知千差万别。从个体与社会的关系来看，教育可以理解为个体社会化和社会个性化的过程。人的意义可以从社会角度来理解——人是社会关系的总和，也就是说：因为有社会，人的意义才成立；因为人的存在方式，才有社会形态的表现。从这个意义上说，人具有社会性，人的生长首先是社会性生长，即人的生长是在社会关系中完成的，教育中人的生长是为了促进人适应、融入社会群体网络。

因此，教育的首要任务是实现社会传承，也就是社会群体的共同常识。这就表现为学校教育中的秩序、规范、教化及教育教学活动的基础，最为核心的表达是文化教育的完成。人的社会性生长也由此表现为社会文化的习得、社会交往的构建、社会实践技能的掌握及社会发展力量的贡献。

同时，社会又是由每一个具体的生命构成的，个体生命具有完整的、独立的生命尊严，个体的生命不可能被社会群体淹没。没有个体生命的构成，也就没有社会的存在。社会的丰富多样、生命形态的张力，都因个体生命的多样性而得到全部的实现。从这个意义上说，人的生长是个体性生长。虽然从社会性的角度来说，人的精神与文化能够在社会群体中得到延续与发展，但个体性特征在生命上无法替代，这也是生命尊严的核心所在。这就要求具体的教育活动要以具体个体的生命关怀为基础，关注个体的经验、个体的生长历程、个体的生长需求、个体的生长可能。在这个过程中，个体生命的生长力量得到彰显，个体性的生长也得以完成。

因此，作为社会人存在的生命个体离不开社会的滋养和社会的约束与限制，作为生命生长实践的个体也必然得到社会性的关怀。从这个意义上说，人的生长是个体性生长与社会性生长的统一。

---

① 雅斯贝尔斯．什么是教育［M］．邹进，译．北京：生活·读书·新知三联书店，1991：44．

（五）学生的生长是必然性生长与偶然性生长的统一

任何生命都要经历一个从出生到生长，到成熟，到衰弱，再到死亡的过程。生长是生命的必然进程，是生命的本质属性。人是万千生命世界中的一种，有生长的必然性逻辑，这是生命的尊严与规律。但在探讨人的生长过程时，不仅要探讨物质层面的生长，还要探讨精神世界的生长。人生长的必然性逻辑，不仅是因为生命的本质逻辑，也是因人类文化社会的自然习得。也就是说，这种必然性逻辑不仅根植于生命本身，还根植于人所处的具体生存场域，因其社会网络而表现出必然的过程。“狼孩”的案例所表达的就是脱离人类社会网络后，没有文化场域而只有动物性的生命生长。

处于特定社会网络中的人，在语言习得、习俗习得及交往习得等方面，都具有特定的场域属性。在这个意义上，学校教育是更理性的、更有效率的文化传承和文化创生。正如杜威所说：“学校环境的职责在于平衡社会环境中的各种成分，保证使每个人有机会避免他所在社会群体的限制，并和更广阔的环境建立充满生气的联系。”① 因此，不必过于夸大教育对人的生长价值，也不应脱离具体的人的生存场域来探讨人的生长，因为人的生长有其必然性。但应当意识到，这种必然性是基于人类社会网络中的群体来探讨的。

知识可教，文化可传承，但这种可教、可传承并不是完全的确定性进程，也不是存储、输出的过程，而要依赖于生命的经历和具体的实践。正如杜威在《民主主义与教育》中所认为的，“思想、观念不可能以观念的形式从一个人传给另一个人。当一个人把观念告诉别人时，对听到的人来说，不再是观念，而是另一个已知的事实。这种思想的交流也许能刺激别人，使他认清问题所在，提出一个类似的观念；也可能使听到的人窒息他理智的兴趣，压制他开始思维的努力。但是，他直接得到的总不能是一个观念。只有当他亲身考虑问题的种种条件，寻求解决问题的方法时，才算真正在思维。”② 这便为人生长的偶然性提供了足够的理据。

通过现实观察或对具体生命的个体分析，我们往往也惊叹于生长的偶然性。这就是笔者接着要探讨的连续性生长和非连续性生长的话题。

---

① 杜威. 民主主义与教育［M］. 王承绪，译. 北京：人民教育出版社，2001：27.

② 同①174-175.

（六）学生的生长是连续性生长与非连续性生长的统一

从某种意义上说，时间因人而存在，生命的意义也在时间的意义上得到彰显，事物发展变化的规律也因时间而有了实际价值。博尔诺夫认为，谁想在世界上适应环境并建立一种正常的生活，那么他必须首先取得对空间的另一种关系，即在空间取得一种新的稳固性。博尔诺夫所谓的空间的稳固性表现为单位时间的节点状态。从时间层面看人的生命生长，往往认为生长是一个连续性的过程，是持续关注、持续体验、持续学习、持续研究、持续发展意义上的延续与传承，这种持续性构成教育中学生生长的主旋律。学校的教育教学设计或学习设计也是依据连续性生长的认识来进行的。

然而，真实的作为个体人的日常生活，从微观上看，并不具有完全意义上的连续性，而是由一系列事件构成的，这样的事件在社会群体动力表现中并不存在完全的因果关系。正如博尔诺夫所言，"教育过程就是连续性和非连续性形式的统一"①。要意识到教育中人的生长有连续性生长和非连续性生长两种形态。连续性生长表现为当前教育的课程设计、日常生活设计、活动设计及学校教育的机制性。事实上，从宏观的角度来看，作为生命生长的人也确实是连续性生长的。人是过去一切的总和，过去的教育历程造就了当下的发展基础，当下的发展状态又为未来的发展创造可能。不管是知识意义上、技能意义上，还是日常生活的境遇上，呈现的都是连续性的发展。

非连续性生长从切片的角度关注人的生长过程中的独特境遇，以及这种境遇给人的连续性生长带来的危机。从节点生长的层面来看，一些独特的节点事件往往造就了人的独特气质，提供了独特生长的可能。日常生活中的遭遇或危机，往往是人生长的重要遭遇，应当意识到遭遇或危机所带来的非连续性的或隔断式的生长，应当充分意识到"人可以通过危机的威胁获得真正的自我，树立稳定的，不怕任何外来影响的，对自己负责的态度，从而可以使自己成熟起来，坚定起来"②。由此，教育者要善于用促进非连续性生长的手段来转化教育价值，"使他们认识危机的本质及其对生活的意义，而不是包办代替，代替学生去承担困难，或者去帮助他们消除危机带来的困难，也不

① 博尔诺夫. 教育人类学［M］. 李其龙，译. 上海：华东师范大学出版社，1999：译序 8.

② 同①译序 9.

是用安慰去掩饰或低估危机的严重性”[1]。这样的方式包括号召、唤醒、告诫，也就是抓住特殊节点事件的危机或遭遇，从影响人发展的角度来放大其可能，从而产生非连续性生长。

（七）学生的生长是应然性生长与实然性生长的统一

所谓应然，是指应当的状态、希望的状态或预计的目标状态。所谓实然，是指实际的状态、真实的状态、当下的状态。应然是未来时的，实然是现在时的。应然性生长强调的是对人生长的愿望，如“大学之道，在明明德，在亲民，在止于至善”，在于“吾爱吾师，吾更爱真理”，在于真善美，其表达的是理想的状态、理想的结果，是人对终极美好的追求。

对人的应然性生长的表达是教育教学活动中的目标设计，教育教学活动是有德性、有真善美追求的活动。无目的的教育活动不是学校教育。有人说，教育是乌托邦，是永远不可到达的理想彼岸，但这并不意味着我们就这样放弃理想的生长可能。对理想彼岸的追求正是教育的意义，人的生长过程，也是对理想的德性状态及理想的生长状态的追寻。对理想的生长目标的实践性追求及表现出来的状态就是实然性生长。

通常来说，人的生长过程或学校教育教学活动，会因为各种因素的影响而无法达到理想状态。我们可以把理想状态和实际状态的差距称为“熵”。探讨学校教育教学活动的质量，就是要不断缩小“熵”，从而努力达到理想状态，这也是人类社会得以不断向美好发展的核心动力。实然性生长的状态指向学生的学习成效，是教育评价活动的结果。人的生长是在应然性生长和实然性生长中不断螺旋式上升的过程，指向应然性生长与实然性生长的统一。

（八）学生的生长是简单性生长与复杂性生长的统一

有哲学观点认为，人区别于动物是因为人会制造工具，用工具来认识世界、理解世界、改造世界，本质其实是人有抽象思维能力，能够赋予事物意义和价值。从世界本质的角度来看，世界是复杂而多元的；从人的智能发展来看，加德纳多元智能理论已告诉我们人类智能的多样性和人类生长的复杂

---

① 博尔诺夫．教育人类学［M］．李其龙，译．上海：华东师范大学出版社，1999：译序 9.

性与长期性。

人的智能及认知世界的方法与具体的工具，能够将复杂事物简单化、具象化、过程化，从而为人类的文化继承与创新提供可能。这种可能体现在学校教育的设计上，就是学科类别化、知识阶梯化、技能程序化、素养优势累计化，使之可教、可认知、可掌握、可创新，从而让在其中接受教育的人能够按照生长的规律实现简单性生长。因此，从微观的角度来说，可教育性就是让人的生长简单化，把纷繁复杂的事物经过抽象化处理后以螺旋式上升的可学的结构体等方式传递给学生。这一切源于简单化的认知能力、思维水平、方法手段与工具运用。

简单性生长的逻辑基于演绎思维，源于逻辑的过程、知识的演绎、技能的演绎，这是由学校教育的任务决定的。“市民社会中，学校的任务就在于：决定先于教育和教育以外的任务、问题和疑难的现实性、价值、意义和意涵。”① 不可否认，文化是学校教育的根本。文化的产生有不同的方式，但是文化继承与创新的基础就在于其可演绎。因此，人的简单性生长可以理解成演绎性生长，但不能因此而走向极端化的行为主义道路。应当深刻警惕，事物本质及事物发展的规律具有复杂性。

什么是复杂性呢？莫兰提出，所谓复杂的东西不能被概括为一个主导词，不能被归结为一条定律，不能被化归为一个简单的观念②。也就是说，复杂性不能用简单的方式来确定并取代，它广泛存在于我们的世界之中。复杂性思想的核心概念是非线性、不可预测性，事物的相互作用或相互关联，自组织系统、混沌的边缘、社会激发者和复杂的、适应性强的体系。复杂性是客观世界的本质属性，也是人生长的本然。同样的教育并不能造就同样的人，不同的人需要不同的教育方式与方法。但不能因此否认教育的价值与实践的可能性，而应该从更广阔的系统理论意义上认识教育的实践性问题。复杂性理论系统不仅为我们提供了广泛而丰富的观察认知现象、事物的思维方式和框架，还为我们产生了复杂性方法论，包括有序性和无序性的交合，复杂、动态、开放的理性主义，确定性和不确定性并存的两重性逻辑思维方式等方法

---

① 布因克曼. 论学校的任务：基于现象学的视角［J］. 彭杰，译. 华东师范大学学报（教育科学版），2020（1）：68.

② 莫兰. 复杂性思想导论［M］. 陈一壮，译. 上海：华东师范大学出版社，2008：前言 1.

论上的拓展。在这个意义上，加之人生长影响因素的多样化与不可控性，任何人的生长都受其生物性历史、特定时空场域及实践遭遇在意识层面的多重交织的影响而变得不可预测，即人的生长具有复杂性。

复杂性生长的启示是教育要有迭代思维。因其复杂，所以探究不可能有做到极致或达成完美的时刻。同时，人的生理发展规律决定了生长的过程是从旧走向新、从简单结构走向复杂结构、从下位概念走向上位概念、从线性思维走向复杂思维、从低阶走向高阶的迭代式生长进程。迭代式生长要求学校教育教学活动要在实践中推进，在实践中提升，在实践中探究，在实践中创生。迭代式生长是复杂性生长的具体表现形式，复杂性生长是迭代式生长的上位概念。

简单性生长是探讨学校教育教学活动的可能性基础，也是学校教育教学活动基于学情分析后的实践逻辑。复杂性生长是探讨宏观层面的人的生长逻辑，从而避免学校教育教学活动陷入自我张扬的陷阱中。对人的生长保持敬畏之心，对实践的张力保持足够的"容错机制"，就能够做到基于全景、全息、全过程、全意识的因材施教。

（九）学生的生长是确定性生长与不确定性生长的统一

推动人类社会发展的一个动力是人的生存意识中对未知事物的恐惧。柏拉图著名的"洞穴隐喻"讨论的是现象与事实的关系。走出洞穴看见了真实世界的囚徒，回到洞穴后企图拯救他的同伴，而他的同伴们根本不相信他，反而认为他是在胡言乱语而绑架并杀害了他。其中也隐喻了洞穴中的囚徒根本不想离开自己已经熟悉的世界。人的自我保护机制和大脑机制天然就是追寻确定性的。遭遇人类社会生存危机的时候，人类往往在确定性的惯习中延续。人类总是对未知的事物、对充满不确定性的事物充满了恐惧。

作为社会文化组成部分的教育活动，从本质属性上说是文化传承，是成功经验的延续，而不是文化创造。正如《学会生存——教育世界的今天和明天》中提出的，教育既有"自我保存"的功能，也有"自我更新"的功能。"教育能使自己再现，也能使自己更新"，教育本身是"保守"的①。确定性的

---

① 联合国教科文组织国际教育发展委员会．学会生存：教育世界的今天和明天[M]．华东师范大学比较教育研究所，译．北京：教育科学出版社，1997：85.

文化机制，造就了学校教育的保守性，也造就了人的生长是确定性的生长。所以，学校教育更多地是用确定性的理念传授确定性的知识、确定性的技能、确定性的方法与工具，学校教育中的日常生活在一般意义上是确定性的重复或迭代式的螺旋式上升。

然而，我们生活在一个不断发展变化的客观世界中，人类社会的发展时刻面临着严峻的挑战。特别是当下社会处于一个前所未有的大变局中，有人说这是一个 VUCA 的时代——易变性（volatility）、不确定性（uncertainty）、复杂性（complexity）、模糊性（ambiguity），可概括为一个充满不确定性的时代。要应对不确定性的时代，就要有不确定性的生长方式。这样的生长方式是指向未来存在的，要求能够紧跟时代不确定性的节奏，在不断迭代实践中调整和积极持续地做出改变。这启发我们要在追求确定性的教育教学活动中，基于未来的发展需要开展更多的思考与实践，探讨不确定性时代中人的生长所需要的素养。

因此，学校教育中人的不确定性生长应当从知识学习走向素养习得，从技能获取走向思维培育，从教学活动走向学习活动。这种形态下人的生长，应当要追寻 4C 素养——创造力（creativity）、批判性思维（critical thinking）、互动（communication）、合作（collaboration）[①]。基于当下时代背景，学校教育教学活动应当追寻促进人的不确定性生长与确定性生长的统一，且必须做出及时的反应。

（十）学生的生长是内生性生长与外生性生长的统一

应当充分意识到，作为生命个体的每个人都具有生长的动力，生长是生命的本来意蕴。不管是“人往高处走，水往低处流”，还是“向死而生”，抑或是如《自私的基因》中所说的“我们及其所有的动物，都是由基因制造的一部机器”[②]，无不显示出，在生命意义上，人的生长是一个自组织系统。从作为动物的意义上说，生命个体的生长应当可以是无序的、自由的、混乱的，可完全由生命个体自由选择。但作为社会网络中人的生长，因为社会群体的

---

① 菲德尔，比亚利克，特里林. 四个维度的教育：学习者迈向成功的必备素养［M］. 罗德红，译. 上海：华东师范大学出版社，2017：99.

② 道金斯. 自私的基因［M］. 卢允中，张岱云，王兵，译. 长春：吉林人民出版社，1999：2.

历史与空间场域的限制而有了独特性。正如道金斯所说，由于文化的出现，我们的人生的终极任务将不只是繁殖，还有文化的创造和传承。因为社会网络的文化属性，人的生长成了规定性的自我生长，这样的生长是内生性生长与外生性生长的统一。

内生性生长的学校教育意蕴是要培养积极主动、健康地自我生长的学生，而外生性生长的学校教育意蕴是学校教育教学目标、内容、方式等的规定性完成。内生性生长需要学校教育关注个体的生长需求、生长经验、生长时空、生长过程及生长期待，由此确定了学校教育教学活动的日常生活视域。外生性生长需要学校教育建立在群体或社会性意义上，对人的社会性生长做出回应，需要关注个体的社会交往需要、社会发展可能及社会贡献。同时，要关注社会文化意义上的传承与创造的需要，也就是群体的协商与互动。在社会发展意义上的共同协作式的发展过程，必然对个体的自我内生性发展提出指向性要求，一般表达成学校教育对个体的规训与教化。正如《学会生存——教育世界的今天和明天》中指出的："未来的学校必须把教育的对象变成自己教育自己的主体。受教育的人必须成为教育他自己的人；别人的教育必须成为这个人自己的教育。"①

因此，人的内生性生长与外生性生长的指向是在社会群体意义上以个体的自我生长觉知为基础，以社会性文化与秩序为养分，促进个体的社会化生长与社会个性化发展的统一。

探讨人的生长方式，才能从更广阔的视野来审视教育的价值，进一步明确学校教育教学活动的导向，明确如何有效运用具体的资源。这里所做的探讨，从学生日常生活的角度切入，期待从生命关怀的视域更好地观照学生日常生活的教育价值和教育边界，从而更好地理解学生工作的内在价值与实践延伸。

---

① 联合国教科文组织国际教育发展委员会. 学会生存：教育世界的今天和明天［M］. 华东师范大学比较教育研究所，译. 北京：教育科学出版社，1997：200.

第四节　学生分析的方法类型

班级日常生活中学生的生活样式和当代班级日常生活中学生的生长方式，是认识与理解学生的共同基础。要刻意规避的是认识学生的成人视角与想当然，要努力做到的是如何在普遍性规律的基础上建构起对学生新的理解与认识，从而为更好地开展教育实践提供基础。那么，这样的学生分析应该如何做呢？笔者从设计的维度探讨学生分析的几种方法。

（一）立场化分析：中立取向的基于事实的判断

“立场”一词泛指观察事物和处理问题时所处的地位和据此而持的态度。所谓立场化分析，实质就是明确学生分析要建立在什么样的基础上，要有什么样的价值取向，要秉持什么样的态度。需要反思的是，教师在学生分析中是以活动推进的需要、教师个人的主观认识、经验的认识还是以学生本身的发展事实为基础。当前教育教学活动中的学生分析，往往是教师基于经验的判断，而不是学生发展事实。即学生分析不是教育教学活动设计的起点，而是教师根据自身的活动设计需要而选择性地对学生进行的分析，更多地体现为教师的主观臆断和大而空、大而泛的分析。需明确的是，学生分析过程中要区分清楚什么是“事实”，什么是“观点”。事实是指“我看到……”“我听到……”，观点是指“我认为……”“我觉得……”“我希望……”。事实是基于描述，观点是基于判断。我们所谈的分析，应当在“事实”的基础上审慎做出“假设判断”。这种“假设判断”必然是正向的、发展的且基于“关怀伦理”的良善，是指向价值中立的、指向证据的，是具体化的、可以具象化表达的。

（二）节点化分析：把握学生生长的最近发展区

正如前文谈到的，学生的生长是连续性生长和非连续性生长的统一。人生长过程中的复杂性、可塑性、不可逆性和多元性，造成了教育的复杂性，我们便很难从科学的维度提供一份评价的技术指标，也就无法为学生的生长提供标准化的、流水线式的培养范本与路径。同时，我们不能陷入学生发展的虚无主义当中，应当秉持的态度是虽然无法追求极致的完美，但可以在一定程度上追寻发展的可能性规律。这是教育教学活动研究的核心，也是追求有内涵的教育教学活动的基础。

对学生进行节点化分析，就是系统地把握学生的发展规律，基于连续性生长的逻辑，寻找学生发展的关键节点。从非连续性生长的视角出发，寻找学生的最大发展可能，寻找学生的最近发展区，通过唤醒、号召、遭遇等方式，促使教育教学活动落到实处。人的心理发展、道德发展、技能发展、思维发展等都有一定的规律性，不同时间节点的发展重点有所不同。因此，教育教学活动需要根据学生的身心发展规律设计相应的活动，这也是教育教学活动设计、开展的逻辑起点。如美国心理学家劳伦斯·科尔伯格基于对儿童及成人道德发展的研究，提出三水平六阶段的道德发展阶段理论。再如，皮亚杰认为人的认知发展是一种建构的过程，并将该过程分为感知运动、前运算、具体运算和形式运算四个阶段。已有的科学研究表明，人的发展是有阶段性的，教育教学活动的设计及实施往往就是根据人的发展规律、知识的内在逻辑、实践的发展逻辑、组织的发展规律等方面进行综合判断。从学生班级日常生活的角度来看，一年级强调学生个体自我意识的唤醒，二年级强调同伴交往，三年级强调组织团队建设，四年级强调非正式交往，五、六年级强调两性交往等，这些都是基于人的交往关系发展节点进行的预设。再如，围绕着人与自我、人与同伴、人与家庭、人与社区、人与社会、人与世界、人与自然的实践范畴，也是基于人的社会化实践程度来判断的。这些节点化的分析，有助于定位学生的发展阶段，从而进行基于节点化的教育活动设计。

当然，以上的节点化分析是系统的分析，除此之外还可以有中观或微观层面的节点化分析。节点化分析让活动设计能够系统化、整体化、课程化，促使教育教学活动的设计与实施更符合学生的发展规律，更好地把握学生的最近发展区。

（三）数据化分析：用数据呈现学生的生长态势

多数时候，教师关注的是学生的考试成绩，或对个体有模糊的认识。较少教师能对班级学生整体进行量化分析，如掌握班级学生近视率、班级学生身高的分布规律等显性的数据，更别说对深层次的性格特点、思维发展特点、家庭教育特点等有准确的认识了。

经验化分析是学生生长分析的常用方式，虽是有效的，但往往会有偏差，不够可靠。所谓数据化分析，就是用数据来呈现学生生长的态势，以期更准确、更有效地把握学生的发展水平，为教育教学活动的有效设计提供支持。

数据化分析是基于证据意识，用数据思维对学生的整体生长态势或某一方面的生长态势进行量化分析，其关联信息采集、数据转化、数据评估、数据分析及数据判断等项目。虽然学生的发展是复杂的、动态变化的，难以用数据来呈现，但可以在一定程度上用数据来反映个体在一定阶段的生长变化，或群体在某一阶段、某一切面的生长态势。数据化分析不能停留在浅层次上，如对学生性别比例、学生近视率的分析，应与具体的教育教学活动相结合，探讨学生具体的生长特点。数据化分析可以通过以下方法来提取数据。

其一，问卷调查法。通过设计问卷来了解学生在某一方面的发展水平和经验基础。如可以通过问卷调查来了解学生对于班委选举的经验及想法，从而为开展班委选举活动提供设计基础。问卷调查法的优势在于覆盖面广、内容多。

其二，访谈法。针对某一主题设计一个结构化或非结构化的访谈活动，以了解学生的认知水平。如对“公民”这一概念开展访谈，了解学生对“公民”的认知基础，从而设计有针对性的“公民”概念建构的学习活动。访谈法的优势在于深入、具体，更有针对性。

其三，测验法。通过标准化的、科学化的试卷对学生的某一技能、思维或认知水平进行测试，进而了解学生具体的发展水平。如要了解学生的学习焦虑水平，可以采用焦虑测试，得出准确的焦虑状况，再分析具体成因，从而为有针对性的活动设计提供依据。再如，要了解班级学生的批判性思维发展水平，可以采用已有的批判性思维发展的测试，从而得出具体的数据。相关的测验工具已经有很多，可以在实践中大量运用，提高学生分析数据的科学性。当前的质量监测、考试等都是采用测验的方式，只是关注的更多是分数本身，而不是分数背后的学生发展水平。

其四，观察法。通过结构化的、基于观察量表的参与式观察和非参与式观察，能够有效地捕捉学生的发展特点，从而得出学生的发展规律。观察法的核心在于观察量表的设计与持续性的阶段观察。

以上方法是数据化分析中比较常用也比较简单的方法，当然还有许多可以运用的方法。数据化分析的核心不是方法，而是数据处理，是量化分析，而不是质性分析。量化分析更容易捕捉群体的特点或具有一定通识性的规律，而质性分析是对个案进行深入分析，两者各有侧重，各有优势。

（四）差异化分析：聚焦学生生长的差异性

虽然教育是个体的社会化和社会个性化的过程，但因为个体起点不同，需要在教育实践中创造丰富的实践活动，促使不同的个体获得适合的生长。前文阐述的节点化分析，要捕捉整体意义上的群体特点，而在具体实践中需要进一步关注微观群体或个体的差异，从而发现差异化的育人资源，实现更好的、更适宜的教育实践。这种聚焦学生已有及可能的发展差异性，捕捉差异化资源的分析方法，就是差异化分析。

其一，关注作为个体天赋的差异。多元智能理论表明人的智能发展是有偏向的，不同的人的智能优势不同。在推进不同类型的主题活动中，要善于发现不同学生个体的智能差异，既要发挥优势智能，也要促进弱势智能的发展，从而丰富学生的发展资源与发展可能。同时，男生和女生在不同类型的学习、活动中的表现差异，也应当是差异化分析的组成部分。

其二，关注学生生活经验的差异。班级日常生活是主题班会活动设计与实施的起点，不同的学生有不同的日常生活经验。这种对学生日常生活的考量，不局限于班级生活，还包括学校生活、家庭生活、社区生活等。以生活经验为建构逻辑的主题班会活动要特别关注学生在生活主题上的经验差异。如感恩主题教育活动中，聚焦孩子参与家务这一事实，不同的学生对家务的参与、体验和感悟有极大不同，如果教师只是片面地提一个普遍的家务要求，而不能够捕捉已有家务体验的学生资源，那么相对来说，活动的有效性就会打折扣。

其三，关注学生社会性发展需求的差异。理想的教育是让每个学生都成为最好的自己，让学生的天赋都得到最好的发挥。但应当充分意识到，学生的未来发展不全是由天赋决定的，还在于家庭、社会环境及所接受的教育。从环境来说，大海与大山给学生的熏陶是不同的，“一方水土养一方人”，正如城市学生和农村学生的发展基础、发展愿景与发展需求是不同的。当一个班集体中有来自不同环境的学生时，就会存在资源选择与活动实践的差异。

同时，不同家庭对孩子的生长期待是不同的，并不全然按照孩子的天性来选择教育资源。如不同的家长会为孩子提供不同的教育资源，特别是对各种兴趣班的选择差异极大，这是主题班会活动中可以充分运用的差异化资源。

差异化分析的核心是以学生生长为主体，发掘班集体中的不同育人资源和不同生长可能，从而使主题班会活动更贴近学生的日常生活，更好地促进学生的生长，提升主题班会活动的有效性。

（五）具体化分析：具体主题中的学生生长分析

如果说差异化分析是基于人的视角进行的较为宏观的分析，那么具体化分析就是基于事理的视角进行的微观分析。差异化分析探讨的是主题班会活动中对学生分析的应然要求，具体化分析探讨的是主题班会活动中对学生分析的水平要求。

具体化分析是指要聚焦具体的主题班会活动实践对学生某一方面的生长态势进行准确判断。它是得出主题活动目标的重要依据，也是评价活动目标达成度的依据。当前一些学生分析存在泛化、空洞、不具体的现象，往往是为了有学生分析而进行学生分析，与要开展的主题班会活动缺乏内在的逻辑关联，或者这种关联是弱关联。要实现学生分析的强关联，就要进行具体化分析，需要围绕班级日常生活的关键遭遇，聚焦某一具体主题对学生的生长态势做出具体的判断与生长可能性的分析。

其一，基于某一具体主题的学生生长基础分析。主题班会活动的生成来自班级日常生活，也就是说其先天具有实践属性，实践属性决定了活动开展要围绕学生的知、情、意、行，即实践能力。因此，需要根据具体主题实践需要，判断学生已有的生长基础是什么。如要推进活动方案策划的主题班会活动，需要了解学生的策划能力、设计能力、预案能力等方面，即需要通过测验或观察等方式具体分析学生的能力层次，从而判断活动的设计起点。

其二，基于某一具体主题的学生经验基础分析。经验不等同于能力，经验决定了对某一事物的感知程度。了解不同学生对某一主题的经验基础，既有助于发现差异性资源，也有助于确保活动载体的有效性。如班委选举这一主题，有的学生担任过班干部，有的学生缺乏这样的经验，在主题活动设计中就要关注这一差异，从而为不同经验层次的学生提供发展可能性。

其三，基于某一具体主题的学生生长适应性分析。对不同的活动主题，不同学生的实践适应性是不同的。如“忆苦思甜”这一主题，多数人尤其是当下的城市学生难以产生有效体验，从而失去主题活动的适应性。但这也不是绝对的，仍需要进行更具体化的分析，如：当下的“苦”与“甜”应当如何表征？不同群体对“苦”与“甜”的认知不同又应当如何表征？再如，一年级学生擦黑板和六年级学生擦黑板有何不同？一年级探讨岗位建设时可为擦黑板的学生设立“黑板小卫士”的岗位，但如果六年级还要设立“黑板小卫士”的岗位，那么这种主题活动的适应性就从生长性变成了服从性，失去了六年级学生生长的适应性基础。

具体化分析的实质就是要强化教育教学活动的针对性和指向性，提高主题班会活动的有效性，从而更好地为学生的素养发展服务。

（六）常态化分析：学生分析功夫在日常

不管是因材施教，还是个性化学习，抑或是精准教学，教育教学活动理论与实践都建立在对学生分析的基础上。教育教学活动设计与实施中的学生分析不仅依靠当下的学生分析，还依靠对学生生长认识的经验，这种经验是基于教师长期的教育教学活动实践而形成的。既有长期与学生交往中对不同学生的普遍性发展特点的认识，如对独生子女发展特点的认识，也有对同一群体学生持续性发展的认识，如对某一班级学生学习方式、学习特点的认识，更有对个体学生聚焦性关注的认识，如对某个学生同伴关系状态的认识。

事实上，在具体的教育教学活动实践中，对学生的生长分析，难免有片面性和基于具体实践需要的指向性。同时，如果所有的教育教学活动都需要很深入的分析，便难免效率低下。因此，真实的实践中更多依赖的是对学生生长状态的常态化分析。这样的分析是动态化的、发展性的、日常性的、经验性的，需要教师为学生建立全方位的发展档案，从而提高学生分析的有效性和持续性，也就是说，实践视域中的学生分析功夫在日常，在教师对学生的常态化观察中，在师生交往的每个时空中。这些是事实性存在的，只不过是隐性存在，没有被教师显性表达出来而已。教育教学活动的全部秘密就建立在对学生无限的爱和了解的基础上。

为提高常态化分析的有效性和针对性，教师可以通过一些具体的方法获取学生生长信息。如为学生建立成长档案袋，通过参与式观察的方法，捕捉学生成长过程中的关键事件、关键信息，形成观察记录表，从而在一个时间范围内了解学生的生长规律。再如通过多角度的访谈加深对学生阶段发展规律的认识，依靠班主任的家访、与家长的日常互动、与任课教师的访谈、与分析对象同伴的访谈及与分析对象自身的访谈等，最终形成多维度的常态化认识。这些事情许多教师都在做，核心是要形成档案袋或发展观测表等，实现持之以恒的信息提取、信息分析、信息判断、信息决策等。

此外，还可以通过记录班级日志或班级史等方式来常态化捕捉信息。如让不同学生在班级日志本上记录自己、同伴或班集体的关键事件、关键感受、关键评价等，从而形成班级学生生长的点滴记录，班主任或任课教师可以通过对班级日志的结构化分析了解班级学生在某一方面的生长状态，从而调整相应的教育教学对策。还可以设置班级学生情绪晴雨表，让学生填写自己当天班级生活的情绪好坏，经过一段时间的记录，就可以有针对性地做出一些调整和改进，同时也可以生成主题班会活动的主题。

诸如此类的方法或工具有很多，需要教师结合实际情况，选取合适的方法进行实践。对学生的生长分析，具有极其重要的教育价值，需要教师进行常态化实践，通过具体的方法、工具进行显性化分析，提升活动有效性。

一切为了学生生长是我们理解教育和提升教育实践水平的共同基础。学生分析是主题班会活动设计与实施的第一要素，也是逻辑起点，决定了主题班会活动的效度与信度。

第五节　学生分析的案例分析

前文从什么是学生分析、如何进行学生分析、日常生活视域下学生的存在方式及学生的生长方式等层面，探讨了主题班会活动中应当如何进行学生分析。具体的实践中，虽然对学生分析有一些有意义的探索和实践，体现出了教育智慧，但整体上对学生分析的认识还存在较多不足。笔者择取了一些实践的案例进行分析探讨，以求共识。

案例 1

六年级的学生已经有了较强的自我意识，对于外界信息有很强的接受能力。近几年来，随着网络媒体技术的迅速发展，娱乐明星的相关信息也充斥着学生们的生活。学生们听偶像的歌曲，看偶像的电视剧，买偶像的相关产品。这些明星，从意识形态到生活追求都影响着学生。某一天，班级有个女生大哭着来找我，说班级有男生欺负她。我赶紧了解情况，原来是这个男生说了明星××的坏话。我好奇地问那个男生："你说了什么坏话?" 男生告诉我，他只是说××长得不好看。就因为这一句话，一场骂战开始了……

无独有偶，在我的调查之下，我发现班级大部分学生都存在追星的现象，有的学生会在自己的文具盒上贴某个明星的照片，有的学生会在作业本上偷偷画某个明星的卡通版画像……学生们还因为崇拜的明星不同而自动分成了几个小团体。这些明星身上有什么特质是吸引学生的呢? 该如何引导学生正确追星? 对于六年级的学生而言，他们已经有了一定的自我认知能力。偶像情结其实是学生们寻找自我认同感的产物，随着来自学习、生活、人际交往等方面的压力，"偶像"成了他们的精神支柱和情感寄托。鉴于此，我们应该积极发掘"偶像文化"中的积极因素，通过系列活动使之产生正向作用，促进学生成长。

(案例来自厦门市演武第二小学黄雅玲老师的"做最好的自己——'追星辩辨变'"主题活动设计)

分 析

这个案例中的学生分析，反映了黄老师敏锐的洞察力。黄老师从班级日常生活非常普遍的学生争端中，发现了班级学生中存在的追星现象。黄老师没有停留在对具体个案争端的解决上，而是就这个问题进行了普遍调查，发现这是班级学生成长过程中的共性问题。同时，黄老师没有就追星问题谈追星问题，而是通过追星这一现象引导学生去发现生活中明星的多面性，发现除娱乐明星之外的其他类型的“偶像”，也进一步引导学生从生活中发现身边的“偶像”，从而促使学生认识到自己应如何更好地成长。在矫正学生价值观的同时，回归学生自身的成长。通过班级日常生活事件的问题解决，进一步发掘其育人价值，凸显了来自班级日常生活、回归班级日常生活，发现了班级日常生活中的学生生长力量。

案例 2

四年级的小学生已经有了自我意识，他们能在别人的评价中发现自身的价值，产生兴奋感、自豪感；有的还表现出强烈的自我确定、自我主张，个别学生对自己的评价也比较高，十分自信。相反，有的学生由于成绩不佳或在某个方面有缺失，对自己评价过低，失去信心。四年级学生生活经验不足，情绪变化也易表露在外。随着年龄的增长，他们对外部控制的依赖性逐渐减少，比以前更加独立，更有主见，表达欲望和表达水平也增强了，但是内部的自控能力又尚未发展起来，因此有时候还不能有效地调节和控制自己的日常行为。

从 9 月接手本班以来，已过去将近 4 个月。本班有 54 名学生，在与学生的接触中我发现，经历了独立意识增强的三年级后，四年级的学生不再那么冒失，显得比较有主见，他们渴望表现自我。每当他们得知班级要开展活动的时候，都表现出极大的兴趣。本班学生热情、积极，表现力和语言表达能力较强，思维也很活跃。但是，活泼上进的同时也伴随着自律性不强的情况。本班学生容易自我满足，自我管理、自我约束的能力较弱，学习、生活、行为都需要不断地监督、提醒。

本班学生敢于挑战新事物，但是都停留在自主解决问题的阶段，班级凝聚力较弱。学生较为情绪化，他们喜欢与伙伴共同游戏、学习的同时，又容易冲动，常为一点小事争得面红耳赤，有时还会引发矛盾和冲突。学生中许多属于“二宝”被娇养或者“大宝”被放养的情况，在生活技能上有所欠缺，不太懂得体谅和宽容他人。在活动中往往依靠自己，较少会主动与人合作。有少部分学生认真、积极、负责，能够承担好自己的岗位职责，但缺少沟通协调的能力。

鉴于以上情况，我确定本学期“成童礼”活动的目的在于引导学生学会主动与人合作、沟通，懂得欣赏他人身上的闪光点，能认识、反思自身和集体的不足，从而学会发扬优点，改进不足。

（案例来自厦门第二实验小学徐舒婷老师的“头脑风暴，小童驾到！——‘成童礼’点子分享会”主题活动设计）

分　析

本案例中的学生分析，凸显了徐老师清晰的学生立场。有如下几个显著特点：其一，聚焦通识性的学生生长规律。不同年级、不同年龄的学生在思维、心理、交往、情感等方面都有明显的阶段特征。学生分析一定要建立在学生的阶段发展规律上，建立在已有理论共识上，不能仅凭班主任的经验认识。其二，聚焦历时性的师生共长。班级日常生活不仅是学生自己的班级生活，还是师生共振的班级生活。学生分析不应只站在教师立场，或教师认为的学生应有的生长立场上，而应是从师生的共同经历中生发出来的对班级日常生活的认识。因此，学生分析需要在一段时间内来分析学生的生长。其三，聚焦学生具体化的时代性特点。不同时代背景的学生有不同的生长规律，在分析学生的过程中，不能模糊地说“独生子女时代”或“二胎时代”，而应从班级学生的日常生活实践表达来看学生的生长特点，从而得出清晰的判断。

案例3

49 个刚进入四年级一个月的学生，虽然具有四年级学生的身份，但心理状态与三年级学生的心理状态比较接近，能力的发展还未实现实质性的跨越。过去一年的岗位服务体验让他们对岗位建设有了比较深刻的体会，也具备了比较初级的管理、合作、策划、反思等能力。

身份的升级对这群学生来说是一个成长的标志，他们对未来一年甚至今后的小学生活有着新的期望和目标，对自己在班级中的作用和位置更加关注。在全班的问卷调查中，有96%的学生希望在岗位建设中有新的作为，为集体出力；有75%的学生想在班级岗位中提升自己各方面的能力；有88%的学生渴望在岗位建设中获得他人的认可。面对新的成长节点，学生的服务意识和责任感在增强，自主管理的愿望也变得强烈。目前的岗位已经无法满足学生的成长需要了，而班级岗位的升级正是一个很好的机会，它不仅能让班级的岗位建设更符合学生发展的需要，还能让全班学生都参与到班集体的决策中，让他们获得存在感和幸福感。

（案例来自厦门市演武小学戴瑶瑶老师的“岗位调查有话说”主题活动设计）

分　析

本案例中的学生分析，有两个显著特点：其一，重视数据化分析。戴老师通过问卷调查了解学生在岗位建设上的思想动态，使学生分析更有针对性，也更科学合理。一直以来，许多教师对学生的认识停留在经验层面或日常观察层面，较少采用问卷、访谈等工具。其二，重视比较分析。戴老师将班级岗位建设一年来学生的生长变化进行比较，发现学生生长的轨迹，这种比较的视角能够更清晰地认识学生的生长状态。在具体主题班会活动的学生分析中，不一定要面面俱到，但一定要针对所要开展的活动，选择最相关的、最直接的部分进行分析。若没有有效的学生分析，提出的主题班会活动就缺了根基。

第四章

主题班会活动的背景分析

学生分析和背景分析是主题班会活动设计与实施的两个重要支点。没有学生分析，主题班会活动便失去了学生立场，因沦为管理学生的工具而失去了育人价值；没有背景分析，主题班会活动便失去了应有的社会立场和内外部资源融通共生的可能。背景分析的核心目的是发现所要开展活动的主题，发掘育人资源，同时为主题班会活动的系列化设计提供逻辑基础。本章围绕什么是主题班会活动的背景分析、背景分析的维度、如何进行背景分析展开本体认知的讨论，其后探讨了背景分析中可以发掘的育人资源及其价值，最后列举了主题班会活动设计过程中背景分析的案例。

第一节　背景分析的内涵与意蕴

事物能够被认知是因为人能够将事物进行结构化处理，进行符号化表征，能够赋予其意义。这种结构化从广义上说，就是范式。“范式是系统之所以成为系统的根源。”① 当然，基于范式的认识并不是绝对的，因为这个世界本来就是复杂的，企图用线性思维来理解一个非线性的世界是不可能的。应当意识到人的认知发展过程是阶段性的，也受限于人类自身的理性能力，即有限理性。从活动设计的角度来看，把主题班会活动作为一个相对独立的系统来思考，必然要借助范式。

（一）对背景分析的认识

背景分析是主题班会活动的核心要素，是一个不可或缺的环节，正如教学设计中的文本分析或内容分析。所谓背景，是指对事物或事态的发生、发展、变化起重要作用的客观情况。背景分析就是围绕即将开展的主题班会活动的前因后果、关系逻辑及可能性进行探讨。背景分析要讲清楚所链接的是什么、为什么、有什么关系、有什么样的内涵与外延、有什么育人资源，与班级日常生活及班级学生生长的哪些方面可以产生链接，如何实现从社会生活迁移到学生班级生活中，用有意义的班级日常生活来有效消解一些消极的社会现象。

（二）背景分析的意蕴

著名的系统思考专家德内拉·梅多斯认为：“世界是普遍联系的，不存在孤立的系统。如何划定系统的边界，取决于你的分析目的。”② 也就是说，说明背景分析在主题班会活动设计及实施中起到的作用与价值，追问背景分析作为核心要素对主题班会活动范式的边界认知的价值，就是背景分析的目的。

---

① 梅多斯. 系统之美：决策者的系统思考［M］. 邱昭良，译. 杭州：浙江人民出版社，2012：228.

② 同①136.

1. 发掘育人价值

发掘育人价值是背景分析的核心目的。学生分析是为了明确学生的成长空间在哪里，背景分析是为了明确哪些内容对学生的成长具有核心价值。对所要开展的主题班会活动所处的具体时空场域的社会属性进行讨论，有助于发现活动开展的价值。有育人价值的活动才是有必要开展的活动，缺失了育人价值，活动开展也就失去了本来的意义。

2. 勾连活动内容

主题班会活动的特殊性，或者说区别于学科课程的不同之处，在于其内容不是规定性内容，而是来自班集体学生的日常生活。日常生活具有普遍性、复杂性、实践性，无法用具体的内容来规定其形态，唯一能审视的就是作为群体存在的关系。那么，要开展具体的主题活动，就必须对日常生活中的这种关系属性进行表征载体的表达。从班级组织意义上，可以表达为班级组织建设、班级制度建设、班级环境建设、班级精神文化建设及班级活动建设等方面。从背景分析的意蕴来看，这些属于班级活动内容的本体表达和关联表达。一方面，是社会性需求与班级群体建设的关联性问题；另一方面，是实践性方式与班级群体建设的关联性问题。把主题班会活动的内容放置在社会背景及实践背景下进行省思，也是活动内容确定的现实背景。因此，背景分析的第二重意蕴是通过关联分析勾连出班级建设内容的本体表达，回应班集体建设的社会化和个性化的过程。

3. 厘定活动形式

如果说学生分析是目标确定的起点，那么背景分析就是目标确定的终点，是回答问题解决到什么程度的依据。哲学上说，形式是为内容服务的，形式与内容也是不可分割的。当通过背景分析来确定主题班会活动的内容时，必然要对作为问题呈现的内容进行实践策略的回答。不同的问题需要不同的解决策略，即表现为主题班会活动的形式不同。不同的活动形式需要不同的育人策略。如为了丰富对班级环境建设的认识，就需要通过不同形式来认识班级环境建设，可采用调研法或头脑风暴法，既是基于现实的学生经验，也是基于实践的空间，更是基于其不同的育人价值。因此，在背景分析过程中，必然导致对活动形式的讨论、选择与确定。

4. 拓展活动张力

从日常生活的角度来看，日常生活是不断变化的实践；从事物发展的角度来看，事物发展自有不同的范式。主题班会活动中的背景分析是基于当下实践活动的分析，是对当下状态前因后果的分析，更是对不同发展可能的分析。因此，背景分析要把握好当下的节点，进而从发展的逻辑探讨系列化活动设计的依据，从而拓展活动张力，避免点状化的活动，延展主题班会活动的整体育人价值。

第二节　背景分析的实践维度

在一些研究中，把背景分析作为主题班会活动设计的首要任务，并把学生分析涵盖在内。从对人生长的回归来看，基于学生立场，笔者认为人的生长是主题班会活动的第一要义，应把学生分析单列出来，把背景分析的焦点放在内容、形式及育人价值上，从而进一步明晰人生长的社会属性及背景分析的真实性。

（一）外部分析与内部分析

日常生活视域下的主题班会活动是以班级日常生活为主要内容开展的促进学生生长的活动。其背景分析可以以班级建设的日常生活实践为界，分为外部分析和内部分析。外部分析是指班级日常生活之外的相关因素分析，探讨的是社会环境、社区环境、学校环境等因素对主题班会活动开展的影响。人是社会中的人，学校教育不仅关注个体的生命生长，还关注人的社会性生长。只有将教育活动放置在社会整体发展背景下来考量，才能让教育更有价值。如疫情笼罩的社会背景，对人生长意义的追寻、对人与自然关系的省思、对线上教学活动的班级群体动力学等产生深刻的影响，与班级建设的理念、内容、形式等直接相关联。

主题班会活动不仅要回应社会发展的状态，还要从中提取活动开展的逻辑。内部分析侧重从班级建设的直接影响因素及班级建设本身的发展状态等角度分析对主题班会活动的影响。不同的班级在自身发展状态及水平上有所不同，同样的事物也会因班级共同体的独特性而表现出差异。同时，生源特点、家长特点、场所文化等因素都会对班级建设产生直接的影响，需要对其进行分析，从而判断主题班会活动的实践性选择。如农村家庭和城市家庭在家校沟通与合作及班级愿景上会有明显的差异，给班主任推进班级建设造成的冲击有所不同，班主任需要根据相应的情况确定班级发展核心、班级活动资源及班级实践形式等。

主题班会活动的背景分析因外部分析而深远，因内部分析而具体，其核心要回答的是时空关系的问题。

（二）显性分析与隐性分析

背景分析从某种意义上说，探讨的是环境育人问题，即在复杂的日常生活情境下，发现不同时空下哪些因素对学生的生长起主导作用。从人认识的角度，可以分为显性背景和隐性背景，也可称为显性环境和隐性环境。

显性分析是指对班级建设过程中与某一主题相关的具体表现形式或表现状态或强相关因素的分析。如有关班级文化建设的主题班会活动，作为班级文化具体表征的班徽、班歌、班级口号、班级公约等都是物化的显性背景，通过分析这些显性表征的实践进程来分析班级文化建设的得失，可进一步探讨班级文化建设的逻辑。

隐性分析是指对班级建设过程中的潜在价值取向、行为方式及过程性精神状态或弱相关因素的分析。同样如有关班级文化建设的主题班会活动，在推进班级文化建设过程中采用的方式，学生的参与度、参与面及参与形式等都是隐性背景，对新的活动设计有直接的影响。再如，一个班级的氛围必然影响班级活动的开展方式。民主型班级更容易导向学生合作实践及自主探索，而威权型班级就较难让学生开展合作式实践及团体协作探索。可见民主是需要在主体实践过程中逐步实现的。

主题班会活动的背景分析因显性分析而直接，因隐性分析而深入，其核心要回答的是资源层次的问题。

（三）理论分析与实践分析

背景分析作为主题班会活动设计的重要基础，将直接影响活动的针对性及有效性。从已有实践来看，主题班会活动背景分析的实践过程及文本表达凸显了经验主义特点，即往往是根据班主任的实际需要随意分析，或根据班主任的经验观察与直觉经验来表达，这样的背景分析缺乏科学性，过度依赖班主任的自觉专业化水平。背景分析不能依靠经验直觉，虽然班主任基于长期的交往而形成的直觉性经验和观察性经验很有价值，但限制因素较多。从科学性的角度来看，背景分析要从理论分析与实践分析两个维度进行。

理论分析是指背景分析需要建立在学生生长、班级发展、组织发展及事态发展等的理论基础之上，以具体的理论来定位背景的价值及发展逻辑。如班级组织建设因学生的年龄阶段发展及组织发展的内在规律而不同，开展部门实践的基础是有小队合作实践，而小队合作实践需建立在不同个体的良性交往上。由此，形成了个体岗位建设、岗位组建设、小队建设、部门建设、班级建设、年级组织建设到学校组织建设的组织建设延展逻辑，其核心在于人的合作分工因年龄发展水平及实践层次而演变的群体关系的发展逻辑。

实践分析是指背景分析要对发展状态进行持续性的、结构化的、方法性的分析，依据真实实践得出较为准确、合理的判断，而非依据班主任的个体经验感知。如班级凝聚力问题，很多班主任会根据自己的感知判断凝聚力的强弱，缺乏具体的实践依据：是常态化的凝聚力不够，还是在具体活动中的凝聚力不够？是局部的凝聚力不够，还是整体的凝聚力不够？实践分析就是要采取具体的方法和措施来提升判断的准确性，如可以采用问卷调查、建立班级日志等方法，提升认识的实践性水平，抛弃背景分析的直觉经验主义。

主题班会活动中的背景分析因理论分析而合理，因实践分析而有效，其核心要回答的是科学水平的问题。

(四) 微观分析与宏观分析

人生长的长期性和实践的过程性，决定了问题解决不是一蹴而就的，需要用整体的视野来审视。也就是说，不仅要关注当前的具体实际，还要从整体的发展视角来定位当下的发展。主题班会活动的开展，既是当下的班级发展需要，也是班级发展的必然选择。这就要求背景分析中不仅要有微观分析，还要有宏观分析。

微观分析是指对具体一次主题班会活动的相关影响因素的分析。微观分析要具体、直接、深入。如围绕班级环境建设的头脑风暴会，就要从微观层面来分析学生已有的对班级环境建设的认识及经验。

宏观分析是指对一个系列活动或一个发展阶段的相关因素的时空过程的分析。宏观分析要整体、系统、长程。如同样围绕班级环境建设的头脑风暴会，既需从班级环境建设主题活动的由来、与班级整体建设的关系、与班级建设主张的关系等方面进行分析，也需从后续的班级环境建设推进的目标、班级环境建设中人的培养目标等方面进行分析。宏观分析的核心指向的是基于课程思想的系列化设计这一目标。

主题班会活动的背景分析因微观分析而准确，因宏观分析而整体化，其核心要回答的是节点张力的问题。

（五）价值分析与工具分析

事物发展的价值是多元的，好的遭遇有其积极作用，不好的遭遇也可能成为新的生长点。不同遭遇的价值不在于价值高低，而在于其作为工具意义上的运用。那么，主题班会活动中的背景分析就有了价值分析与工具分析的维度。

价值分析是指要对主题班会活动开展的育人价值做好坏、是非、善恶等方面的分析，其作用是发现不同背景的不同育人价值，消极的环境也可能对活动的开展有积极的作用，积极的环境未必都导向积极的发展。如某一班级活动开展失败，如果过度强调失败，易因导向批判和推卸责任而无法积极反思并凝聚成功的信念。如果班级活动开展成功却无法及时提取成功的经验，那么成功也可能是骄傲自满的开始。

工具分析是指以工具价值的视角来分析班级建设过程中的遭遇及其工具属性。也就是说，背景分析要强调资源的技术层次，而非纯粹的价值层次。如在班徽设计活动中，跨学科视角可以把握美术、综合实践、信息技术等相关课程学习的工具性价值，方法视角可以把握调查研究法、图像分析技术等方法的工具性价值，从而为主题班会活动的具体开展提供实践的方法论。

主题班会活动中的背景分析因价值分析而升华，因工具分析而实践，其核心要回答的是实践属性的问题。

第三节 背景分析的实践方法

方法是完成思考和实践过程中所采用的各种方式及工具的总称，是按照系统论观照下的某种途径，有组织、有计划、系统地解决问题的方式、工具及支持系统。方法是区分科学性实践与经验性实践的标准。经验性背景分析实践依赖主体的自我认知和经验基础。科学性背景分析实践是通过有效的方法及工具促使背景分析更深入、更聚焦、更融通，从而导向实践中的逻辑理性之路。

（一）关联化分析：回归生活化实践本位

因主题班会活动外部因素的多样性和内部因素的日常性，在背景分析中首先要建立外部世界、日常生活世界及实践世界的联系，然后以具体的活动实践为落脚点，找到基于日常生活的实践可能，这就是关联化分析。在关联化分析实践中，一要定位好活动开展的背景边界，二要实现基于内在联系的关联，三要实现基于实践的转化。没有基于日常生活的实践回归，主题班会活动的开展就可能脱离学生的生活情境，导向空洞的说教或情感的泛滥。如开展感恩教育，是社会生活现实的需要，对班级整体建设也具有重要价值。但如果只是聚焦现实性的感恩，导向泛想式的、情感激发式的感恩父母，那么实际收效甚微。应当把握的是感恩的核心价值——尊重与同理心，回到班级生活中，让学生发现尊重的实际表达，发现同理心的基础是在班级岗位建设中的换位思考，这样的关联与转化就能够立足学生班级生活实际，同时也回归学生生长的实际。再如，职业体验逐渐成为学校的一种教育形式，但如果只是单纯的职业体验，那么多数与班级日常生活难有直接关系，从而失去了成为班级建设内容的意义。因此，需要建立职业体验的价值与班级岗位建设的联系，从班级岗位建设的角度来认识职业的意义。

（二）节点化分析：聚焦系列化核心问题

事物的发展是在具体的时空场域当中的，表现为时间意义上的连续性和实践发展的连续性。然而，人的生长是连续性生长与非连续性生长的统一。这就要求捕捉教育活动中的关键事件，以关键事件来实现人生长的统一。当然，这种关键事件的提取，不是割裂原有的连续性，而是要突出具体节点的价值，从而实现人生长价值的最大化。这就要求进行节点化分析。节点化分析是捕捉活动背景中的关键事件，以人的生长价值最大化为目标，围绕核心问题进行主题选择的过程分析，实质要回答的是主题班会活动开展的时机问题。开展时机受学生发展线、班级建设发展线及活动或事物发展规律线的影响，是三者共同交织的网络节点。如进行班级公约形成的主题班会系列活动，是采取调研分析会、头脑风暴会、提案论证会、公约发布会的形式，还是采取班级建设回顾会、分组立项会、方案论证会、方案审议会、方案改进会的形式？不同的系列活动的形成及不同的节点表达，实质是对节点的不同思考、对时机的不同判断。但无论采用哪种形式，都要聚焦核心问题，如调研分析会对学生形成班级公约经验的唤醒与丰富，头脑风暴会对学生班级生活经验的开发，提案论证会对学生群体共识的达成及理念的融入，公约发布会对学生契约意识及庄严意识的培养等，背后都有其价值判断。

（三）本体化分析：着眼资源化载体知识

主题班会活动源自学生的班级日常生活，既服务于班级建设，也服务于学生的生长。但日常生活是复杂的，没有固定的内容，这就对主题班会活动的内容选择造成了困难。不同的载体蕴含不同的育人资源，对载体本身进行分析，分析载体的育人资源、本质属性及学生实践达成水平，就是本体化分析。没有深度的载体分析，往往就没有准确的把握。这既源于载体的多样性和复杂性，也源于不同班主任的载体认知水平不同。如要开展班级社团建设主题班会活动，社团建设有其固定的认知体系，但不是每个班主任都有社团建设的经历，也不是每个班主任都能理解社团的本质属性，这就需要班主任学习社团的本体知识并进行分析，特别是在班级层面上分析社团建设的意蕴、形态、可能性及实践限制性因素和拓展性因素等。唯有如此，班主任才能有效引导学生开展班级社团建设活动，从而实现育人价值。

（四）差异化分析：发现特色化实践空间

从某种意义上说，存在差异是教育教学活动开展的基础。从班级建设上说，发现活动实践背景的差异性，是实现班级具体性、独特性发展的关键。这就要求对班级建设、学生生长等方面进行差异化分析，其核心是人的生长基础不同以及同样的资源对不同的人的生长价值不同。因此，差异化分析旨在发现不同，发现实践可能，拓展实践空间，实现背景资源的多层次、多维度、多功能的开发。如要开展关于考试焦虑的主题班会活动，不同学生的考试焦虑程度不同，有的是焦虑过头，有的是轻微焦虑，有的是完全不焦虑。考试焦虑对不同学生的影响也是不同的，有的学生因适度焦虑而表现出良好的学习状态，有的学生因焦虑过度而影响学习。在此过程中，如果片面强调疏导学生的焦虑情绪，对部分学生来说必然是无效的活动。通过背景的差异化分析，如何让不焦虑的学生保持适度焦虑，如何让不懂焦虑的学生认知焦虑，如何让焦虑适度的学生不导向焦虑过度，都需要对焦虑资源进行不同程度的开发。要让不焦虑的学生体验焦虑，让能处理好焦虑的学生引导焦虑过度的学生做好心理调适等，对不同类型的学生进行有针对性的活动设计。由此，实现育人价值的多元化，让每个学生都围绕焦虑这个话题满足各自的发展需求。

（五）工具化分析：保障实践化科学水平

工具化分析，就是要借助具体的工具分析主题班会活动背景，对主题班会活动背景的功能进行工具化开发。工具化分析的目的是提升背景分析的科学性、准确性和效益性。正如前文所说的，当前的分析大多是依靠经验主义的分析，无法判断其真实性，因此，要强调运用具体的认知工具对背景资源进行量化分析和质性分析。例如：运用访谈法了解资源的价值，从而判断资源运用的深度与广度；运用问卷调查法分析当前班级环境建设的实际实践水平，明确开展班级环境建设活动应当聚焦的育人资源及实践路径；要推进基于学生兴趣联合的班级社团建设，可以通过问卷调查了解学生的兴趣类型及兴趣需求，为推进班级社团建设提供实践基础。

当然，通过工具化分析，还能进一步实现主题班会活动过程中具体工具、方法的运用，因为工具、方法的运用有其内在的关联。如在前一阶段的活动中引导学生采用调查法了解当下班级环境建设的发展情况，那么在后续的活动中，就必然涉及调研报告的撰写及发布。重视工具化分析，运用工具化分析，能提升主题班会活动背景分析的科学水平，使之成为主题班会活动结构设计和实施的重要基础。

第四节　背景分析的育人资源

主题班会活动源于学生生活，为了学生生活，也是学生生活的组成部分，蕴含着丰富的育人资源，应从主题班会活动结构的视角审视其育人价值。当然，不是要求每个主题班会活动都要实现全部育人资源的发掘，而是说任何一个主题班会活动都应侧重其中的某个方面或某几个方面的育人资源的开发与运用，更好地促进学生素养的发展，导向更有意义的学校生活。

（一）目标性育人资源：活动目标的多维预设

一直以来，主题班会活动的目标多数被定位在解决班级问题，有些会关注建设什么样的班级，会思考如何建设一个团结向上的班集体，从而为学习营造更好的氛围，促使主题班会活动成为学习的辅助性工具。正因如此，主题班会活动质量没有受到应有的重视，甚至连有无开展都成为关系不大的事情。在学生生长指导的育人理念下，应摒弃班级管理“管住人”的理念，要充分意识到主题班会活动对学生核心素养发展的独特价值。

其一，促进学生生长的实践性。学科知识学习因学科的逻辑而受限制，而主题班会活动指向人与事的关系，直接指向的是学生的日常生活实践，即基于实践、为了实践、在实践中改进。人的生长也就蕴含在实践当中。

其二，促进学生生长的多样性。学科课程的知识逻辑有特定的边界，而根植于学生生活的主题班会活动却是无边界学习，可以根据班级个体生长需求确立多样化的发展目标。从育人的根本来说，主题班会活动指向个性化的教育活动，导向个体生长的教育行动。

其三，促进学生生长的整合性。学科课程的问题解决所需要的素养往往较为单一，主题班会活动因生活的复杂性而需要复杂性思维，这就需要学生运用不同学科的学习获得来解决复杂的日常生活问题。

从这个意义上说，必须打开主题班会活动开展的思路，进行多维视角的目标设计。

其一，学生生长层面上的目标设计，要回答的是主题班会活动要发展学生的什么素养的问题，如学生策划能力的培养、合作能力的培养、调查能力的培养、设计能力的培养等。

其二，班级事务解决层面上的目标设计，要回答的是主题班会活动要聚焦解决班级日常生活中的哪些问题，如班级的环境建设、班级的制度建设、班级的活动建设等。

其三，班级组织发展层面上的目标设计，要回答的是班级共同体基于组织的发展愿景，要共同构建什么样的班级生活形态的问题，如民主型班级、生态型班级、创新型班级、自主型班级、温馨型班级等。

当然，从时间维度上说，目标设计也有差异，如指向节点的目标设计、指向长程活动的目标设计、指向系列化的目标设计等。不同的发展取向，不同的时空维度，对目标设计的定位会有差别。对主题班会活动目标设计的多维思考，核心是让主题班会活动指向学生核心素养发展，是基于成事成人的思考，即在成事中成人，在成人中成事。

（二）载体性育人资源：活动内容的特色选择

不同载体蕴含的育人资源是不同的，这就要求班主任在载体选择上进行综合融通的思考，以班级特色创建为目标，逐层推进。

目标需要通过具体的活动内容、活动过程、活动实施及活动评价来实现。学科课程有较为稳定和确切的课程内容，而主题班会活动的内容全部来自学生的日常生活，包括学科课程内容和非学科课程内容。学科课程与主题班会活动的融合，可以体现为某一具体学科知识、学科技能和学科特色活动。例如：辩论在主题班会活动中的运用；主题班会活动与语文综合性学习活动相结合，可以举办班级的汉字书写大赛或“飞花令”等。非学科课程内容指向学生日常生活的时空及行为秩序，如班级环境建设、班级制度建设、班级文化建设、班级组织建设、班级活动建设等，其核心是班级组织中的学生能更好生活的相关要素。

那么，不同载体如何具备不同的育人资源？这取决于事物价值的多元性，取决于任何一个载体都有独特的属性。如要培养学生的策划能力，可以选择班级小组活动的策划，可以选择班级环境建设的策划，也可以选择班级公约的策划。策划能力是目标性育人资源，而小组活动、班级环境建设和班级公约各有其独特的育人价值。小组活动指向的是活动中的规则设计，可以提升学生对活动进程的把控能力；班级环境建设指向的是学生对空间的感觉与认知，可以加强学生与环境的互动；班级公约指向的是组织规范设计，可以完善学生对人际关系的认知，促进学生的社会性发展。

从发展的价值属性来说，主题班会活动的载体主要有：

其一，物质层面载体，以具体的实体物质为核心表征，关注的是物质的使用属性，如童话、小音符等。

其二，事理层面载体，以人的行动逻辑为表征，关注的是不同事件推进的过程，如从"精灵鼠剧组"到"精灵鼠电影公司"，从"银行俱乐部"到"财商学院"等。

其三，伦理层面载体，以人与人、人与群体、人与环境等的关系为表征，关注的是和谐共生的秩序生成，如班级公约、班级制度、班级愿景、班级口号等。

其四，虚拟层面载体，如运用网络电台开展活动。网络媒介作为虚拟存在的载体，是从有形到无形的真实生活，而非模拟生活。

当然，也应当意识到，主题班会活动中的载体选择，不是单一的维度，而是基于师生共同的生长契机，与学生的生长情境、价值选择、心理发展取向以及班主任的自我实践紧密相连，由此形成了指向师生共同发展的特点。

（三）程序性育人资源：结构逻辑的节点设计

首先，应明确事物之所以能被认知，是因为该事物已被人类进行了符号化表征或有了基于逻辑的结构化认知。结构化认知与表达是实践认知和认知实践的核心基础。这种结构化的认知，在主题班会活动的意义上可以表达为议程设置，即活动中设置的议程是如何凸显育人资源的。对议程设置的关注，实质是对活动结构与活动逻辑的省思。正如常说的程序正义，结果正义未必程序正义，程序正义才有结果正义。程序正义必然导向的是认知或规则制约下实践性的结果正义，或者说是价值导向层面的结果正义。如果实践过程中的过程正义不能导向认知的结果正义，那么就需要质疑正义本身的属性。反思主题班会活动的实践成效，可以从议程设置的合理性方面进行审议，同时议程设置的逻辑节点正是育人资源点。

从议程设置的角度看育人资源，认知主题班会活动的结构主要有基于整体的主题班会活动、基于主题的系列化主题班会活动和基于节点的一个主题班会活动。

其一，指向课程意义的认知，即整体性建构的逻辑是什么，是水平逻辑、纵向逻辑、扩散逻辑、螺旋式逻辑，还是复合逻辑或复杂性逻辑。不同逻辑的建构，其育人资源的节点价值必然不同。如水平逻辑是育人资源的迁移，纵向逻辑是育人资源的进化，螺旋式逻辑是某一点的不断深化或基于不同维度的发掘等。

其二，指向主题意义的认知，即要关注系列化设计的逻辑是什么。主题班会活动系列化实践中应有长程意识、节点意识、融通意识、大小系列意识。例如，经常看到教师设计读一读、想一想、讲一讲、练一练、议一议的系列主题班会活动，虽然其意图是从人的行为角度来使活动系列化，但缺失了对载体属性的思考，便成了生搬硬套。再如，一位教师设计了“早操集结令”系列化活动，构建了“少年立志，剑指盟主”“武林各派，闭关修炼”“擂台争霸，牛刀小试”“秘籍切磋，助长神功”“决战沙场，英雄归来”五个活动节点，分别聚焦策划、活动、初展示、反思、再展示的行动过程，这样的系列化设计就能够有效反映基于人的成长和事理的逻辑结构。

其三，指向节点意义的认知，即从“一节课”的角度来看主题班会活动的议程设置。选择了某种形式，就确定了某种程序。

主题班会活动在课时的意义上是“课”。但从课程的角度来说，是“活动”，是“会”，这一点笔者在前文中有较多分析，迟希新、李家成等专家学者也明确了这一观点。系列化的主题班会活动主要存在以下形式：

其一，起点课，如头脑风暴会、讨论会等，主要指向的是系列化主题班会活动的主题生成，是对后续活动程序的预设。

其二，策划会，如方案拟定会、分工会、设计会等，主要指向的是系列化活动的顶层设计，如拟定行动方案，注重小组建设、成员分工、方法选择等。

其三，推进会，如论证会、协调会等，主要指向的是系列化活动的节点推进，是对方案的设计，是对实践过程中出现的问题进行及时的反馈与调整，从而保证主题活动的推进。

其四，评价会，如审议会、辩论会、听证会、答辩会等，主要指向的是学生完成主题活动质量的事理评价，反映的是问题的解决程度。

其五，总结会，如反思会、表彰会等，主要指向的是对学生发展的再引导。如果评价会指向的是主题活动的行为质量，那么总结会指向的就是整体系列化活动中人的生长。

对于不同的形式，设置的议程有较大不同，蕴含的育人资源也不同。如策划会在议程设置中更偏向于用“教结构用结构”的程序，论证会中可以有汇报、质疑、解答、提升、表决的议程，反思会中可以有优缺点提取、改进措施提取、重建路径的议程。应当充分意识到，主题班会活动中的议程设置不同，对人生长的价值也不同，需要在活动设计及实践中更有意识地把握好符合逻辑的节点。

（四）方法性育人资源：行为工具的育人价值

活动性是主题班会活动的第一属性。活动是师生共同围绕一定的任务开展实践的过程，活动是通过行动、操作、体验、感悟、总结等完成人的发展及解决班级发展事务的过程。但凡实践行动，必然会采用一定的方法和工具来助力问题解决。方法和工具本身就蕴含着独特的育人资源。主题班会活动推进过程中，使用的工具不同，蕴含的育人资源也不同。不同的工具有不同的实践行动属性，属性不同就会产生不同的推进逻辑，从而决定了育人逻辑。

从这个意义上说，主题班会活动中的方法性育人资源主要包括问题解决方法和思维工具。

其一，方法意义上的选择。从学生实践行动的角度来看，方法主要有调查法、访谈法、观察法、文献法、实验法等。如在制定班级公约的主题班会活动中，可设计让学生运用文献法了解什么是班级公约、有哪些班级公约，也可设计让学生在不同班级调研班级公约制定的情况，这些都是通过方法的使用来推进班级活动。如果只关注班级公约的形成，而不关注学生在制定班级公约过程中方法的习得，就必然与育人价值的多元性失之交臂。如一位教师设计并实践了关于班级环境布置的系列化主题班会活动，包括班级环境布置启动仪式、班级环境布置调研报告会、班级环境布置方案论证会、班级环境布置活动开展、班级环境布置总结会五个议程，在调研报告会这一节点设计了调研学校班级环境布置、撰写调研报告、提交调研报告至班级委员会、开调研报告会几个步骤，以此促进学生对调研方法和调研报告撰写等的深入学习，从而获得综合性的社会化技能。

其二，行为表现过程中工具的选择。不同的工具蕴含着不同的价值，这里的工具是就思维和表达的层面而言的。如在一次活动中，探讨的主题是小组建设，教师提出，小组建设中很重要的内容是学生能够进行自我情绪管理，于是采用了积极情绪和消极情绪作为载体。为了引导学生区分积极情绪和消极情绪以及介于二者之间的心理感受，教师采用了韦恩图这一思维工具，让学生给不同的心理感受词语分类，以实现对自我情绪的正确认识。在整个活动过程中，教师循序渐进地引导学生掌握、理解并运用韦恩图，推进小组建设中对思维工具的认识与运用，丰富活动的育人资源，使单一活动育人走向多元活动育人。此外，还可以运用鱼骨图、学习地图、结构树等思维工具，戏剧、哑剧、心理剧等表现工具，以及听、说、唱、诵等体验工具。

主题班会活动可以实现育人价值的多样化，促进学生的多元发展，这有赖于丰富的资源引入。

（五）生成性育人资源：互动实践的开放对话

前文主要从设计层面探讨了主题班会活动的育人资源，但更多的育人实现还在于具体的实践中。实践中往往会把育人资源设计在前，把实践当成育人的实现过程，而忽视了实践本身就是最重要的育人资源。主题班会活动过程是动态生成的，是结构开放的，是互动实践的。要在开放的对话活动中实现育人，这就为主题班会活动过程中各种“意外”的产生提供了足够的空间。应充分认识活动中“意外”的育人价值，这是主题班会活动中的生成性育人资源。如何把握好生成性育人资源，是教师教育智慧的核心体现。生成性育人资源主要包括主动的生成性育人资源和被动的生成性育人资源。

主动的生成性育人资源是指教师通过设置开放的对话活动和动态生成来促使学生提出不同的、非预设的问题，助力教师形成新的主题活动资源。主动的生成性育人资源强调教师主动设计、主动引导和开放对话氛围的营造。如一位班主任在与学生共同完成学校的“‘贝’加精彩”活动后，了解到学生略感疲倦和困惑，就引导学生进行互动总结。总结中，一名学生提出“我们成了炮灰”，引发全体学生思考。于是，班主任围绕这一主动的生成性资源设计了“我为‘贝’加精彩提建议”这一系列活动，引导学生思考活动设计的公平性和严谨性问题，也引导学生以更多样、更主动的方式参与学校活动及学校事务。

被动的生成性育人资源是指不在教师的活动预案当中的、不一样的声音，即意外的育人资源。很多班主任往往怕在活动中发生意外，发生不可控事件，从而影响活动的进程和精彩程度，其实这是错误的认识。不发生意外事件、按部就班的活动既是高控的活动，也是低效的活动；充满活力和生命力的活动，必然是各种“意外”迭出的。如小组合作活动中，一名男生和一名女生发生争执，男生突然哭了，打断了活动进程，这时班主任如何处理，便考验着班主任的育人智慧。

从一定意义上说，一场高质量的主题班会活动一定是各种“意外”、各种惊喜迭出的活动，这才是真正的班级日常生活，才能真正实现育人。

（六）结果性育人资源：活动评价的层次反思

在实际的教育教学中，活动目标与活动结果有差异是常态。如果只把差异当成一次活动的失败或成功，就会失去促进学生成长的机缘。这种结果性育人资源是通过活动评价产生的，是通过多层次、多维度的反思实现的，主要包括良性的结果性育人资源和劣性的结果性育人资源。良性的结果性育人资源是指实现或优于目标的情况；劣性的结果性育人资源是指没有实现目标甚至偏离目标的情况。

不管是良性的还是劣性的，活动结果都是客观存在的，都蕴含着新的育人价值。对良性的结果性育人资源，需要提高活动的密度，提高活动的质量，在新的起点上实现更好的发展，或在不同维度上实现更多元的发展。对劣性的结果性育人资源，需要把握好目标与结果的差异，把这种差异作为新的主题班会活动的主题，也可以重新审视主题班会活动设计的质量。但更为重要的是，可以通过反思会的方式让学生找差距、找问题、找原因、找对策，然后再行动，从而实现新的发展。

要实现主题班会活动的多元育人价值，就要讨论主题班会活动中到底存在哪些育人资源。明确了育人资源，再通过活动设计与活动实践盘活这些育人资源，从而促进学生的素养发展。

第五节　背景分析的案例分析

如果说主题班会活动设计中的学生分析是学生立场的表达，那么背景分析就是社会立场的表达。将社会立场与学生立场在实践层面整体关联起来，实现共生共长。笔者将通过一些具体例子来谈背景分析实践的表达。

案例 1

面对班级学生存在的问题，作为班主任的我，很多时候是就事论事地去解决，或者苦口婆心地劝说他们。往往一段时间之后，类似的问题又出现，主要的原因在于一部分学生缺乏主动进行自我反思的意识，还有一部分学生能意识到自己的行为不对，但是面对复杂情况又不知道如何处理。苏霍姆林斯基说过："只有能够激发学生进行自我教育的教育，才是真正的教育。"学生生活在一个复杂的社会环境中，要把他们当作一个具有自我教育能力和管理班级能力的主体。这学期，我也试图让学生参与班级公约建设，在发现、思考、尝试、修正的实践中实现学生的自我发展。

班级公约是全体成员共同参与制定、共同讨论、共同认可的一种约定。班级公约会对生活在这个班集体里的成员起到约束、引导的作用，引导学生形成共同的行为规范和个性品质，促进学生积极的发展。通过前期的调研活动，我发现当前的班级公约存在以下问题：一、很多班级公约的内容只着眼于维护班级的秩序。比如：上课闲聊、干扰课堂，要写说明书。只关注学生是否违反了纪律，而不关注学生的发展。同时，六个年级的班级公约给人千篇一律的感觉。二、班级公约主要由老师制定或者部分学生参与制定，大多数的学生处于被动的接受状态。因此，班级公约的效用不明显。三、班级公约的语言表达存在较多的禁令式命令，缺乏亲和力。低年级的同学不理解班级公约内容，高年级的同学排斥这样的语言表达形式。班级公约的语言特点应该符合不同阶段学生的理解能力和个性特点。

活动中，力求让每一个学生参与到班级公约制定的过程中，激发学生参与班级活动的热情，努力创建一种平等、交流的氛围，让每一个学生都能表达自己的观点；最终要形成班级公约，更需要学生有沟通、协商意识。这学期初，我引导学生深入讨论班级现状。学生能积极反思班级存在的问题，如人际交往、网络信息影响、纪律等方面的问题，并能针对问题进行深入探究。在活动的过程中，我看到了学生前所未有的投入状态，当被问及为什么如此投入的时候，有学生说："平常我们很少有这样的交流机会，这样的调研活动让我们能倾听其他同学的想法。"还有的学生说："这些问题是与我们息息相关的，我们很想解决这些问题。"

结合语文的综合性学习实践活动，我指导学生尝试撰写简单的调查报告。学生根据前期的调查报告制定班级公约。通过多次的讨论交流，学生对班级公约的认识更加深入：它是生活在这个班集体中的人一起遵守的约定，是共同的准则。为了能更好地制定班级公约，学生利用课余的时间学习其他班级的优点，拟定班级公约的草案，提交至班级委员会。班级委员会的成员对草案进行归纳整理，决定提请审议。本节活动是学生对班级委员会整理归纳的班级公约草案进行审议。

（案例来自厦门市槟榔小学林玲玲老师的"班级公约审议会"主题活动设计）

分　析

案例的背景分析主要涉及了四个层面的内容。其一，从班级建设角度，为了增强班级凝聚力，提出需要制定班级公约；其二，对班级公约是什么、有什么内涵进行了分析；其三，对班级公约的制定过程、制定过程中学生的表现状态进行了分析，注重实践过程中的学生成长；其四，在学科整合的视角下，分析了班级公约制定这个主题活动与学科的融合点，并提出了实践的方向。这个背景分析中，既有本体分析、过程分析，也有资源分析、实践分析，最终自然而然地指向育人资源的生成点，主题活动开展的方向与系列活动开展的逻辑也就逐步明晰。

案例2

本次活动是"时光里的观察者"系列活动的一个节点展示，此前学生已分成八个小组，用相机、手机等设备记录了校庆演出筹备过程，感受校庆的氛围，体验集体的付出和努力。

对每个小组而言，能合力完成这次活动就是一次成功，因为全程可以用“麻烦”二字概括。首先，需要耐心。拍摄和记录的过程非常费时费力，在视频素材的拍摄阶段，几乎每个小组都在放学后跟着他们想要采访的人员或团队待到夜幕降临，这样的日子持续了近一个月。其次，需要技术。视频素材的选用和剪辑工作不太容易做，虽然借助“我们的校园规范”系列活动，学生对视频剪辑已经有了一定的了解，但毕竟不常用，技术仍有待提升。再者，需要合作。学生的能力不同，性格也有差异，如何合理分配工作并通力完成，才是最考验小组的。

借学校三十周年校庆的“东风”开展这次活动，影响是深远的。活动的侧重点并不是最后呈现的视频作品有多么优秀，技术有多么高超，而是回归到参与的每一个同学的心路历程上。在观察和记录其他团体的活动过程的同时，也是体验自己的团队活动的过程，收获属于自己的体验与成长，最终一起收获别人给予的尊重，一起收获拼搏的快乐。这种在共同创造的活动环境中磨炼出的同伴友谊，便令人难以忘怀。那时，大家就会发现这所学校值得怀念的，永远不是她给你的，而是你努力拼搏到最后得到的。我、你和你们，我们每个人所在的这个集体，就是最好的我们。在我们手里定格的时光，会是最美好的回忆。

（案例来自厦门市莲花中学方晓敏老师的“‘时光里的观察者’——最好的我们”主题活动设计）

分　析

案例中背景分析的核心特征是把班级建设与学校的整体活动开展结合起来，将学校的节点活动转化为班级建设的有力资源。通常来说，对于校庆类的校园活动，班级往往只是被动地配合，被动地参与什么或提供什么，这其实是一种自我隔离、自我封闭。应当以开放的思想去接纳一切可能的日常生活遭遇，使之成为班级建设发展的契机。方老师借助这次“东风”，开展了一系列有意义的“麻烦”活动，让学生体会到了作为主人翁的参与感和获得感。那么，经历了一系列“麻烦”后，学生们会获得什么样的发展呢？方老师的主题班会活动对学生遭遇的“麻烦”进行价值升华，使之促进班级发展和学生的精神性生长。

案例3

学生进入五年级，非正式群体逐渐稳定，班上性格相合和兴趣相投的同学喜欢待在一起，经常一起交流，结伴活动，开始形成真正的朋友关系。这既是友谊产生的标志，也是个性开始形成的标志。学生渴望丰富多彩的生活和多维的人际交往，兴趣越来越转向社会，而且男女生的兴趣分化越来越明显。

上学期末，学校对假期作业进行改革，提出开展以“乐学，活学”为主题的假期修炼系列活动，让每一个学生根据兴趣爱好自定主题，自行申报。本学期初，针对学生的假期修炼项目，班主任组织班委进行统计和分类，修炼项目和人数主要分为：体育类 19 人，旅游类 9 人，艺术类 5 人，知识类 2 人，综合类 10 人。其中综合类的项目有机器人、解说员、最强大脑、数独、自行车、宠物等。

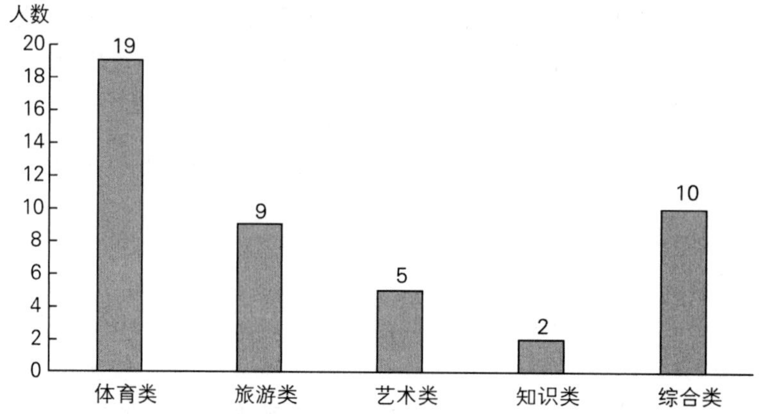

丰富多彩的假期修炼项目激发了同学们浓厚的兴趣。利用晨曦课和活动课，我们邀请了小小解说员上台展示，“最强大脑”的同学邀请指导老师带领全班同学经历了一场头脑风暴；数独修炼者向我们展示了数学的奥秘……同学们一方面沉浸在多彩的假期生活中，另一方面又开始了紧张的学习。为了能继续开展假期修炼项目活动，培养同学们的兴趣，我和班委探讨之后提出组建班级社团的设想，并得到了班上大多数同学的支持。很多同学对既能玩自己喜欢的项目，又能够和自己喜欢的同学一起玩表现出很高的热情。于是，全班同学经过讨论，决定延续假期修炼活动的一些项目：最强大脑、机器人、篮球、手工。班主任组织班委针对“你最想开展的班级社团活动”进行调查后，发现班上一部分男生的课余时间都在玩乐高积木，还有一部分同学希望能在玩的过程中收获知识，开阔视野，提出组建“百科社”的想法。于是，在原来项目的基础上，增加了“乐高积木社”和“百科社”。

班上所有的同学都参加过学校组建的社团活动。对“学生参与学校社团情况”进行调查后发现：69%的同学认为参与社团活动为的是可以参加自己感兴趣的活动；14%的同学认为参加社团是必修课；11%的同学认为参与社团活动能锻炼能力。可见大多数的同学对社团的了解是片面的、被动的。很多学生参与班级社团是抱着可以来玩的心态。为了让学生更全面、主动地开展社团活动，我组织各社长搜集了一些社团成立的相关资料，认为社团前期的筹备工作需要做扎实，如果缺乏社团目标盲目地开展活动，社团将很快失去活力。社团的组织建设对于社团活动的开展起到重要的作用。因此，这一阶段工作的重点是进行班级社团筹备工作，形成社团成立方案。班级社团的成立方案要求学生整体考虑社团建设的基本目标和工作构想，以及个人与组织、人与事等多方面的联系。学生刚介入其中就遇到了巨大的挑战。于是，和社长讨论后，我决定开展班级社团筹备会来突破第一阶段的工作难点。

（案例来自厦门市槟榔小学林玲玲老师的“‘梦响’班级社团筹备会”主题活动设计）

分　析

通过案例的背景分析，可以看到在学校的假期修炼活动中，班级学生所表现出的不同兴趣。再结合五年级学生的小团体意识和非正式团体的产生所引发的班级凝聚力问题，为班级引入了班级社团的概念，从而使潜在的班级非正式团体显性化，使之成为助力学生发展的有益资源。背景分析中还凸显了图表化分析和数据化分析的方式，使分析更有说服力、更科学、更形象。同时，还可以发现林老师并不是替代学生实践的人，而是通过学生群体、班委等按一定的程序开展活动，凸显了实践过程和背景分析表达中的学生立场。

第五章

主题班会活动的主题设计

主题选择与确立是基于学生分析、背景分析、目标分析的相互作用，也就是基于学生发展状态和社会发展背景，在日常生活的维度上，回答“培养什么样的学生”的问题。主题选择与确立起于理性分析、落于生活、根于思考、终于表述，是一个重要的衔接点，上接分析，下接设计与实施，显得特别重要。本章从主题班会活动的主题选择与确立的内涵、意蕴出发，探讨了主题选择的维度、方法及其具体设计表达的原则，并回到日常生活视域中提出主题选择与确立的核心内容是班级建设的主要内容。

第一节　主题设计的内涵与意蕴

主题班会活动从设计到实施是一个完整的活动过程，理应作为整体来研究。但整体是关键要素的综合，这就需要通过对关键要素、关键节点、关键局部的分析来更深层次地理解整体，从而促进整体的发展。“分析的目的，并不是简单地知道事物是由哪些部分组成的，而是要弄清楚这些组成部分是如何相互联系、相互作用，最终组成一个整体的。用数学术语来说，就是整体大于部分的总和。”[①] 因此，对主题班会活动各要素的局部分析，虽然是以割裂的方式来进行的，但实质是通过关键节点、要素的分析，明晰不同节点、要素之间的相互联系与相互作用。

（一）主题设计的内涵

主题班会活动的主题或课题是指所要开展活动的核心内容或核心要素，如同语文学科的课文题目、知识点或某一项具体的活动等。与学科课程内容有教材提供支持和参考不同，主题班会活动的内容是宽泛的，涉及跟学生日常生活或学生发展相关联的一切话题。从主题班会活动设计的整体构成范式来看，主题的选择与确立是基于学生分析、背景分析、目标分析的相互作用，即基于学生发展状态和社会发展背景，在日常生活的维度上，回答“培养什么样的学生”的问题。

主题班会活动的主题选择与确立包含两个方面的内容：主题选择和主题确立。主题选择是指要选择班级建设中的哪个领域来开展实践活动，并从哪些切入点来展开。主题选择是基于学生分析、背景分析及目标导向来实现的，是三者之间相互作用而得出的。主题确立的过程是对所选择的主题进行可行性、适用性的判断的过程，是对节点活动的学生分析、背景分析及目标设计的集中体现。与学科课程有固定的课程标准、教材等不同，主题班会活动的

① 麦克伦尼. 简单的逻辑学［M］. 赵明燕，译. 北京：北京联合出版公司，2016：146.

主题来源广、范围大、灵活性强，既没有统一的内容规定，也没有统一的形态要求，这就造成了主题选择只有大体的范围，且实际的表达千差万别。

（二）主题设计的意蕴

主题班会活动的主题选择与确立不是随机性行为，也没有统一的套路，但有一定的依据与准则。主要凸显以下几个方面：

1. 凸显学生立场

所谓学生立场，就是基于学生的利益、学生的视角、学生的需求、个体的具体生长等角度来考虑和判断，而不是成人立场，不是成人或教师认为，而是学生认为。凸显学生立场的主题设计，其一，要根据学生的发展需求来确定主题，这样的主题能够反映学生的最近发展区，是学生感兴趣的，是符合学生年龄阶段发展特征的；其二，要根据学生的经验来确定主题，这是对学生已有经验的拓展，对学生潜在经验的显性化，对学生碎片化经验的整体化，对学生简单经验的复杂化，核心是促使学生实践能力的提升；其三，要根据学生的视角来确定主题，学生的视角应当理解为是基于儿童文化的，儿童文化是浪漫的、诗性的、想象的，要摒弃成人文化的严肃、逻辑、现实，不能强迫学生接受成人认为重要的，应当通过主题的选择与确立来实现儿童文化与成人文化的统一；其四，要关注作为具体个人和一个单位内的个体集合的立场，发掘差异性，在小范围内寻求共性，主题班会活动的主题设计应当在班级意义上求同存异。

2. 凸显班级特色

从某种意义上说，学校学生经历的班级日常生活在宏观上是大体一致的，但在个体及团体体验上有具体的区别。学校教育实践是使学生个体社会化和社会个性化的过程，其核心表征是学生的生长应当是个性化生长与社会化生长的综合融通。以班级为单位的主题班会活动，会因为不同的班级文化、班级追求、班级资源而在实践层面上显示出巨大的差异，这也是学生立场的具体表达。由此，主题班会活动的主题设计应当能反映班级独特的发展状态，应当能够助力班级特色的形成。这样的班级特色体现在特色活动、特色行为、特色项目、特色表达、特色理念及特色文化等方面。主题设计在根植于班级独特性的基础上，要进一步从不同的、有差异的维度来选择与确立。

3. 凸显生活实践

主题班会活动的实践属性决定了其不能离开学生的具体生活体验而空谈式说教，应当回归到学生的具体班级日常生活，回归到学生的具体实践经验，回归到班级日常生活实践的问题解决。学生每天的班级生活包括学习、交往、组织、实践、协调等等。凸显生活实践，就是说主题的选择与确立要贴合学生每天的生活经历，不管是来自班集体的、学校的，还是来自家庭的、社区的，乃至社会的、世界的，越贴近学生实践，确立的主题就越符合需要。由此，主题选择与确立不是直接高位的架空，而是把高位的要求不断转换成学生真实的实践体验过程。

4. 凸显关键事件

学生的班级日常生活是弥散的、碎片化的、零散的，并不是每一个日常生活的表达都需要或可以升级为主题教育活动，也不是每一个日常生活事件都具有育人价值。不同的生活事件在学生不同生长阶段的价值是不同的。因此，在主题选择与确立的过程中，要把握住基于学生当下发展的关键事件。这里的关键事件是相对的，主要包括既定的关键事件和突发的关键遭遇。既定的关键事件是普遍存在的，是学生生长过程中不可回避的，是学生生长过程中的关键节点。如十岁成童礼活动，十岁是每个学生都会经历的，那么这样的主题就带有必然性；再如每个学生都处在具体的班级组织当中，那么班级组织建设，或者说学生参与组织建设就是具有必然性的主题。突发的关键遭遇是指生活与实践的不确定性，不同的班级或个体在具体的日常生活中都会有一些不可控制的、不可预计的事件发生，有些事件的影响是正向的，有些事件的影响是负向的，但不管是何种关键遭遇，都能够成为学生生长过程中的重要节点。如班级学生转学出去或进来，都会产生异质体验。主题选择与确立过程中，要关注班级日常生活中的关键事件、关键遭遇、关键体验，从而把握好关键生长节点。

5. 凸显价值多元

主题选择与确立的过程中还应当凸显主题的价值多元化，也就是主题的内涵和外延要更加丰富。这源于班级学生的差异性，不同的人有不同的发展需要，有的活动导向只是班级大多数人的需要，而非全体学生的需要，那么就需要将所选择的主题进行多元化处理、多重设计，以使其对不同学生的生长都具有价值。同时，所选择与确立的主题不应是单一价值导向的，单一的价值导向往往容易忽视学生的需求，引发说教。当然，也不能陷入二元对立思维中，价值导向的维度应是多元而丰富的。横向上可以是同一层面的不同维度，也可以是不同层面的同一维度；纵向上可以是一个主题的不断深化，也可以是一个事件的不同实践过程。主题选择与确立的价值多元立场，实质是对差异性资源的准确把握，应建立在精准的学生分析和背景分析的基础上。

第二节　主题设计的实践维度

主题班会活动的主题选择与确立往往成为班主任开展实践的难点，这是由其独特的课程性质决定的。如果按照学科课程的模式制定一个系统的、规定性的主题课程，就会因过于绝对而忽视主题班会活动的实践性、灵活性和基于学生日常生活的学生立场；如果没有一个思考的边界，就会使之泛化，从而陷入虚无主义的境地。事实上，根据主题班会活动各要素的相互作用原则，主题的选择与确立有其既定的思考边界与维度。

（一）回归班级学生的生长状态

人的身心生长与实践是有规律的，知识也有其逻辑规律，学校教育的学科课程正是基于此而建构的，是事先确定的，受起点的制约；而主题班会活动是从实践开始的，受已有发展状态的制约。不同的学生、不同的班级在不同的生活情境下，因不同的利益主体的实践关系，表现出不同的发展状态，面对不同的发展问题，这样的班级学生生长状态是主题选择与确立的基础。如同样面对开展职业体验活动的情境，有的班级可能缺失资源，有的班级可能缺失实践方法，有的班级可能缺失合作开展的基础，针对不同的问题，就需要聚焦不同的主题来开展活动。资源缺失的需聚焦资源开发，实践方法缺失的需聚焦过程的实践路径选择，合作开展基础缺失的需聚焦班级组织建设、团队建设及学生领导力培养等。再如开展十岁成童礼活动，推进过程中可以聚焦班级凝聚力、家校协作、学生领导力培养及活动设计、组织与开展等等。不同的聚焦取决于活动实践过程中，班级学生已有的生活基础和具体的生活状态及在指向班级建设目标的情况下所做出的判断。

（二）回归班级日常的生活内容

虽说主题班会活动的内容是模糊的、多样的，留下了许多的可能性空间，但不可否认的是，在日常生活视域下，回归班级建设本身，班级建设有确定的内容。基于已有研究，可以认为，班级建设的主要内容有班级组织建设、班级制度建设、班级文化建设、班级环境建设、班级活动建设、班级家校社合作建设、班级关系群体的发展建设等，其中包含了班级公约、班规、班徽、班级社团、班级小队、班委、班级活动、班级家委会等方面的内容。也就是说，不管主题班会活动是基于什么样的背景、要解决什么样的问题，都应该回到班级建设上来，以班级建设内容为载体来实现学生的发展，这样不仅能解决学生的素养发展问题，也能解决班级建设中的问题。如前文提到的职业体验教育活动，属于班级活动建设范畴，但不能就这个活动谈活动，而应回到活动开展过程中的团队建设问题，或活动开展中的策划问题，抑或总结反思的问题。再如，有教师开展抗震救灾主题的活动，借助抗震救灾主题资源不应只停留在感叹美好社会、美好生活上，而应进一步从抗震救灾人员的团结协作，迁移到班级活动开展过程中的团结协作问题上。只有回归班级生活，主题班会活动才能贴近学生的真实实践，才能更好地服务于学生的真实生活经验，才能凸显教育价值。

（三）回归班级群体的实践路径

主题班会活动是班级生活实践的节点活动，对班级生活实践起到重要的推进作用，是育人价值升华的关键节点。对此，需要明确两点：一是主题班会活动是关键的班级实践活动，阐明了班级群体生活的实践属性；二是主题班会活动是由实践驱动的，问题解决、生长发展等都是在具体的实践活动过程中实现的。这就意味着主题班会活动的主题形式和主题内容都应是实践活动的，也就是活动主题表述要实践化、活动化。

其一，确立以实践形式为表征的主题。如把主题班会活动的主题形式确立为论证会、反思会、审议会、总结会、表彰会、策划会等，不同的会议形式决定了实践形式，但这不是取决于自由选择，而是基于主题班会活动的本质属性。其二，确立以内容实践方式方法为表征的主题。如把主题确定为辩论赛、头脑风暴、竞赛等具有一定娱乐性质的活动，实践形式为主题班会活动的推进确定了具体的实践路径及过程。这一点笔者将在结构设计和实施设计部分进一步阐明。

在主题选择与确立过程中，明确主题活动开展的形式和主题内容的活动实践路径与形式，能够使主题班会活动更聚焦、更清晰。当然，在具体的表达上，可以根据实际情况来调整。

（四）回归关系群体的发展需求

通常主题班会活动的主题呈现出来的是高度凝练的一句话或一个命题的表述，但实质是串联起整个主题班会活动设计中最重要的部分，起到关键的衔接作用。学生分析、背景分析、目标设计是为了得出主题，系列设计、过程设计、实施设计、评价设计是对主题实践层面的表达。主题是对高度浓缩的主题班会活动的表达，既体现内容、形式、实践等方面，也是一定意义上对发展目标或发展取向的表达。这就要求主题选择与确立要回归班级关系群体的发展需求，这种回归是对发展需求的再显性化，也是课程或系列活动意义上的目标取向的表达。如“生态型班级建设系列活动之班级环境建设”“小太阳班级建设之班级电台建设”等，“生态型班级”“小太阳班级”就是对班级建设发展需求的整体表达与取向表达。

另外，对于生命教育、环境教育、两性教育、习惯教育、禁毒教育、红色教育等主题教育，这样的社会关系群体发展需求具有社会普遍性和社会共识性，需要在主题选择与确立过程中进行班级日常生活式的表达。也就是说，不仅要关注形式价值，也要关注载体价值，即主题班会活动的价值是多元共生的。这些逐步确立的主题与具体内容和形式的关系是整体与局部的关系，是上位概念和下位概念的关系。这个意义上的主题表达，能够实现主题班会活动在主题层面的课程化表征，能够实现对节点主题班会活动的价值定位与实践空间关联。

当然，这不是主题班会活动中主题选择与确立表述的必需要素，但通过显性或隐性的表征，可以让主题班会活动的主题定位更清晰，也能更好地在班级建设中凸显教育的整体性。

第三节　主题设计的实践方法

对主题班会活动的主题选择与确立维度的探讨，是在探讨在不同边界的价值选择中交叉得出需要实践的内容，是圈定主题班会活动的范畴。进一步的明确及表达还需要考虑方法及语言表达。

（一）关联意识：整体生成法

基于人是社会关系的总和、事物是普遍联系的观点，从主题班会活动是关于人的生长的实践哲学出发，在主题选择和确立的过程中应当有关联意识。以人为核心，可以形成人与自我、人与他人、人与家庭、人与社会、人与自然、人与世界、人与实践等关系维度，这些学生的日常生活关系中蕴含着丰富的育人价值，也是主题班会活动作为人的生活教育的全部价值及全部空间。

关联意识就是要把握住学生日常生活实践的关系维度，从中找到主题班会活动的主题。如基于生生关系的班级组织建设、基于师生关系的班级共同体建设、基于家庭关系的感恩教育、基于社会关系的自然教育与实践服务、基于环境关系的春秋游与环境保护、基于实践关系的社会调查与调查方法等。不能有效关联人的生长可能与班级日常生活，会导致主题活动脱离学生生活实际；不能有效关联人的生长可能与社会表征及社会运作，会导致理想主义的、割裂化的学生精神发展；不能有效关联人的生长可能与群体关系的发展共性与矛盾冲突，就无法有效促进团队的和谐共生。通过关联，打开主题班会活动主题选择与确立的视野；通过关联，主题班会活动的育人价值在更广阔的立场上得到更大程度的证实。因此，关联实践，既能实现更好的学生发展，又能为学生的发展创造更多的可能性。

（二）转化意识：重心迁移法

学校的一切实践都是为了学生的生长。但正如许多实践者抱怨的那样，当前学校有较多的工作并不能促进学生的生长，反而是脱离学生生长需求的。从社会发展需要来说，确实存在诸多不是学生生长直接需要的活动或任务。

那么，具体到班级建设层面，如何处理这些看似脱离学生实际生长需要的要求呢？这就需要有转化意识。

将各种要求的主题教育活动，如生命教育、禁毒教育、扫黄打非教育等转化为班级建设活动；将上级部门要求的各项活动，如庆祝中华人民共和国成立七十周年活动转化为班级建设活动；将学校德育活动，如体育节、科技节、艺术节、阅读节等活动转化为班级建设活动；将班级日常事务，如家校沟通、后进生辅导、学生冲突处理、班级日常管理事务等转化为班级建设活动；将学生发展需求，如两性教育、青春期教育等转化为班级建设活动。这种转化主要有以下几重意蕴。

其一，发现相关教育活动与班级建设内容的共生点。如班级参与学校运动会，这个过程中一些班主任往往只是执行学校的要求，没能很好地从班级实际发展需要出发，借助这一关键事件来推动班级各项内容的建设，如推进班级项目组、班级小队等组织建设，推进班级志愿服务等活动建设，推进基于班徽、班歌等的班级文化标识建设等。

其二，发掘相关教育活动的多元育人价值。如开展禁毒教育活动，班级往往进行的是关于禁毒知识的讲解或宣传，或者邀请相关专业人员来做讲座，这类活动缺乏转化意识，不能很好地发挥学生的主体性。通过转化，可以关联学生的日常生活及素养发展，如引导学生举办关于禁毒知识的竞赛、开展关于禁毒知识的社会调查、开展关于禁毒知识的主题宣传活动等。这些活动不仅能达到禁毒教育的目的，还能让学生通过实践活动、体验活动等发展综合素养，提升活动成效的同时也能完成班级建设内容。

其三，实现相关教育活动的实践落地与实践转化。如爱国主义教育，如果对学生空谈爱国主义、空谈要如何热爱祖国，往往会变成直接的说教活动，脱离学生生活实际。应当对爱国主义教育的话题进行分解，从爱自己、爱他人、爱公物、爱国歌、爱国旗等具象化行为和事物开始。再如许多学校开展的国旗下讲话活动，面向一年级到六年级的全体学生，很难想象一年级孩子能在多大程度上听懂主题讲话的内容，而契合一年级学生的内容，六年级的学生又会有多感兴趣。

回归真实、回归学生、回归生活，既是转化实践的根本，也是学校教育智慧的核心体现。

（三）突破意识：悬空搁置法

因为学生的班级日常生活是主题班会活动内容及主题选择的全部范畴，所以事实上主题班会活动的内容及主题包罗万象。即使在主题班会活动设计与实施过程中最大限度地发掘并整合育人资源，也很难实践全部的日常生活内容。这就需要在主题选择与确立的过程中有突破意识，把握住当下班级发展的核心问题。这种突破不是完全无迹可寻的，至少可以从三个层面来定位突破的焦点。

其一，学生的生长规律。每个年龄段学生的身心发展规律是有大体一致性的，如两性启蒙一般发生在小学五六年级，那么在这个过程中就需要关注两性认识问题。

其二，班级群体的组织发展规律。组织建设有其自身的内在规律，也受限于学生的生长水平，如从一年级的岗位建设过渡到二年级的小队建设，再过渡到三年级的班委及项目组建设，四年级开始，非正式群体组织的发展可引发班级社团建设等。

其三，当下班级的实际发展状态。如班徽、班歌、班级公约等都是班级文化的重要表征，在同样缺失的情况下，哪个先哪个后，需要考虑班级学生的具体实际，班级学生的特质决定了选择哪个更具有价值。再如，在同样的十岁成童礼活动中，有的班级缺失凝聚力，有的班级缺乏行动力，那么就要按照不同的发展需求来选择突破点。

（四）融通意识：主次区分法

在学生的生长过程中，任何一种素养的发展都不是单一渠道的；在学生的生长经历中，任何一个事件的发展都不是孤立存在的；在学生的生长实践中，任何一个活动的开展都不是在独立时空中的。班级日常生活中的学生生长是综合融通的，这就需要在主题班会活动的主题选择与确立过程中有综合融通的意识。

其一，主题内容的综合融通。不同的班级建设内容不是孤立的，不是没有关联的，而是在整体意义上相互作用与相互制约的。因此，主题选择从某种意义上说，只有主次之分。同时，从长程意义上看，要能够相互促进。如班级文化建设与班级岗位建设的综合融通，班级岗位在不断深化推进的过程中，逐渐形成班级合作的群体意识与群体特质，这些都是隐性的班级文化表征。而在推进显性的班级文化建设过程中，需要借助已有的班级组织建设的相关积淀，并借助一定的组织形式来完成，从而实现主题内容的共生共长。

其二，主题形式的综合融通。不同主题可以选择相同的形式推进，同一主题可以选择不同的形式推进。如关于追星的主题活动可以通过辩论赛的形式来推进，关于感恩的主题活动也可以通过辩论赛的形式来推进；关于感恩的主题活动还可以采用实践体验的形式来推进。

其三，主题方法的综合融通。主题方法有策划、论证、审议、协商、表彰、总结、反思等，具体的方法依赖于形式，而形式与内容是相辅相成、共同为目标服务的。融通意识实质是在时空的维度上进行探索，使主题更聚焦、更凸显，其核心意蕴是要让学生的生长弥散在班级日常生活的全部时空、全部路径中。

因此，融通意识需要通过一个主题班会活动的节点来弥散思考，从而实现主题的定位。这就必然要探讨前置活动、节点活动、后续活动的逻辑关系。

（五）全纳意识：交叉覆盖法

从主题选择与确立的实践来看，前面四种意识是基于正向的思考，而全纳意识是基于反向的思考，实质是一种对主题聚焦的消解。实践中，这是基于主题覆盖面的反思性追问，并在不同覆盖层面交叉而形成的关于主题选择与确立准确性的判断方法。全纳意识是指要在主题选择与确立的过程中，省思在主体、内容、时间、空间、生长维度等层面上是否实现了全纳。

其一，主体的全纳。主题班会活动应当关注的是班级建设的相关主体利益，而非局部的、个别的群体利益。如果不同主体的利益有冲突，如当教师的利益、家长的利益、学校的利益和学生的利益发生冲突时，首先应关注的是学生的生长利益。如果只服务于教师管理需求的利益或学校管理需求的利益，那就必然要对主题的全纳性进行重新思考和判断。

其二，内容的全纳。正如前文所谈到的，禁毒教育等有关主题教育的内容，首先来自社会性需求，但实质是脱离学生生活的，需要通过转化的方式，基于学生的班级生活发展实际，从禁毒教育的内容维度进行分解，使之包含不同层面、不同维度的内容；在满足社会性需要的同时，也要关注学生需要的内容维度。

其三，形式的全纳。主题班会活动是师生的共同实践，教师的实践取向或实践便利不能取代学生的实践过程，也就是要让学生的学习、实践逻辑和教师的实践逻辑相互共生，不能让学生趋向教师实践，也不能让教师趋向学生实践。如一年级的主题班会活动中，为了凸显学生汇报的精彩，学生在教师指导下使用课件的方式呈现，但制作课件显然超出了学生的认知及实际水平，往往是由教师或家长代工的。

其四，时空的全纳。时间维度上，考虑是否基于长程设计，即能否推导出前移后续的活动主题；空间维度上，考虑是否基于导向中心化，是否在不同实践平台上有同等的关注，而不是只聚焦舞台中心。

其五，生长的全纳。一个主题活动起到的生长价值是单一的维度还是多元的维度，能否为不同的学生提供不同的实践价值，这是对班级活动中学生生长的全纳性判断。如某一主题针对的是未经历相关实践的学生，而对于已经经历的学生如何在活动过程中实现不同层面的生长，这就要求在进行主题选择和确立的过程中，要有形式表达的预设。

当然，全纳意识是具体实践方法，但其实现的路径不是直接性的，而是通过交叉覆盖实现的。

主题班会活动中主题的选择与确立是简单的，也是复杂的，这取决于从什么层面来探讨。基于整体设计范式来讨论，主题选择与确立是所有要素的集中性表达，需要慎之又慎。同时，这里探讨的不是一个确定性内容，而是一个范畴性内容。

第四节　主题设计的表述原则

前文探讨了主题选择与确立的内涵、意蕴、维度与方法等方面的内容，主要聚焦客观认识方面。那么主题班会活动的主题要如何表达？逻辑思维的要领，就是“思想要确定”；辩证思维的要领，就是“思想要具体”；批判性思维的要领，就是“思想须质疑”。语言表达往往是逻辑思维、辩证思维、批判性思维的结合，想明白、认清楚、理顺畅了，还要表达得信、达、雅。在具体表达上，应当遵循以下原则。

（一）确切性原则

主题班会活动的主题表述，应明确、清晰、确切，让人一看就能够明白该主题班会活动的主要内容是什么。主题表述不宜模糊不清，不宜引起歧义。主题表述的确切性体现在：

其一，内容明确。主题表述要能够明确该活动的主要内容是什么，如是班级公约制定、班级小队建设，还是班级环境建设、项目组建设。不同的主题在活动内容上有较大的差异，因此需要明确表述。

其二，形式明确。该次主题班会活动采取什么样的活动形式，这是主题表述的核心内容，能够让人快速明确活动开展的特点。如活动形式是策划会、论证会、总结会等。

其三，用词用语准确。不同的词属性不同，指向也不同，用词用语不能有歧义，不应让人费解。如是班级公约还是班规，是论证会还是审议会，这些有本质区别。

确切性原则实质是表述词能达意，能够清晰地反映主题班会活动设计的想法和思路。

（二）简洁性原则

主题表述应当在能够表达意思的基础上尽可能地简洁。其一，表述不宜太长，应短小精悍，如“做最好的自己——‘追星辩辨变’之班级辩论赛”

这一主题表述就过于复杂，虽然设计者希望通过“做最好的自己”来表达自己的班级建设愿景，但实际上没有必要。这个主题的表述实质是“追星辩论赛”，内容是“追星”话题，形式是“辩论赛”，主题已然清晰明了。其二，用词要尽可能精练，同样如“做最好的自己——‘追星辩辨变’之班级辩论赛”，设计者想通过这个方式来凸显活动意图，但事实造成了语义重复，不够精练。其三，要简洁但也要表达核心指向，不能为了简洁而丢失了确切的含义，如“七彩六一”这一表述虽简洁，但意义指向不明确。

简洁性原则是要通过主题表述，让人一看就能够明确主题活动的指向性和可能性。

（三）系列性原则

主题班会活动作为一种活动性课程，与学科课程有极大的不同，没有清晰的课程架构和课程知识技能体系。因此，多数时候很难判断主题班会活动课程整体的推进路径，在设计中大多时候只能看到一个节点的活动。由此，需要通过系列化来凸显长程设计，通过系列化来凸显活动的课程化设计。在具体主题的表述上，也可以通过一定的形式来显示系列设计的逻辑。

其一，通过组合表述主题的方式来凸显系列性，如“成童礼之调研反馈”这个主题，可以看出设计者在实践关于成童礼的系列活动。其二，通过前移后续的行为方式来凸显系列性，如“策划方案论证会”这个主题，由论证会这一形式定位可以推导出之前的活动有方案策划活动，之后的活动有方案实践活动等。其三，可以通过班级特色品牌活动或特色理念的表述来凸显系列性，如“做最好的自己——我看追星”，把班级的发展愿景“做最好的自己”凸显在主题表述上，有助于对整体系列活动定位的理解与认识。

（四）形式性原则

主题的表述要关注具体活动开展的形式，要将所采用的具体活动形式直接呈现在标题中，形成活动内容加活动形式的范式，从而使表述更加清晰。一般来说，主题班会活动主要有主题生成式、方案策划式、活动体验式、方法指导式、复合结构式、实践探究式、展示交流式、评价反馈式等几种基本的活动结构范式，这部分内容笔者将在结构设计部分详细阐述。主题班会活动的结构范式，在具体表达时应以“会”的形式呈现。

从一般意义上说，主题班会活动中“会”的形式主要有点子会、策划会、讨论会、论证会、审议会、协商会、发布会、庆祝会、总结会、反思会、表彰会等。不管系列主题班会活动发展到哪个阶段，不同主题班会活动所选择的方式，都可以并应当将具体的活动形式表述在标题中。即使转化了提法，也应当能让人产生直接的关联，这样有助于明确主题班会的范式并形成群体性共识。

（五）艺术性原则

艺术性原则是对语言表达本身的要求，即主题的语言表述要有韵味，要能吸引人的眼球，能够凸显出班级的特色文化和独特的文化品位。

其一，主题语言表述要“新”。“新”可以引发新鲜感，让人有新异的刺激。如“武林各派，闭关修炼”这样的表述让人有一股扑面而来的“江湖”气息，似乎把人直接引向了对广阔的“江湖”世界的联想，从而在文化上给予人更多的新意。

其二，主题语言表述要“特”。特别的表述、特别的理解总是能够给人特别的思考，凸显出特别的智慧，凸显出设计者的创造力及有趣好玩的灵魂。如“追星辩辨变”这一主题表述，活用“辩”字，凸显了主题班会活动开展的三层意蕴、三个层次、三个阶段，这种特别的表述容易引起共鸣。

其三，主题语言表述要“美”。美的事物容易让人产生心情愉悦之感，也容易让人产生美好的情感，以美动情、以情促美，主题语言表述上的美能让人产生无限美好的愿景。美的主题语言一定是充满韵味的，一定是文艺化的，一定是充满情感色彩的，一定是充满想象空间的。

主题班会活动设计中的主题起于理性分析，落于生活，根于思考，终于表述。主题的选择与确立是一个重要的衔接点，上接分析，下接设计与实施，其确定与表述就显得特别重要。当然具体的表述应当在具体实践中具体判断，在具体判断中具体创生。

第五节　主题设计的内容范畴

探讨主题班会活动的主题选择，必然要回到对班级建设理念、班级建设形态的思考上，而其基础是班级的日常生活。也就是说，主题班会活动的开展是基于班级日常生活的，是为了促进班级建设理念及实践形成的。要达成这样的目标，就要回到班级建设的日常生活内容，也就是回到班级时空场域、班级组织、班级群体关系、班级活动及班级文化建设等层面。班级建设形态的阐述指向的是整体班级最后的发展状态及发展愿景，而班级建设内容是从人与人、人与物、人与事的关系出发探讨实践的载体及实践的切入点。应当意识到，对班级建设内容的主题实践包括提出、创建、运用乃至熏陶的全过程。

（一）班级环境建设

这里探讨的班级环境建设是指教室环境建设，主要包括教室墙壁的布置、标语口号的拟定、桌椅的摆放、环境卫生的打扫与保持等，也可以直接认为是指基于一定主题、一定目标的班级自然环境的布置、创设、形成、运用及动态演变。教室是学生班级日常生活的主要空间，是学生学习、生活、交际的主要场所，也是教师教书育人的主阵地。不同的班级环境特点往往凸显出不同的班级气质。聚焦班级环境建设，不仅因为良好的班级环境能够熏陶并影响学生、影响班级风貌，还因为班级环境建设过程本身就蕴含丰富的育人资源。正如苏霍姆林斯基说的："用环境，用学生创造的周围环境，用丰富的集体精神生活的一切东西进行教育，这是教育过程中最微妙的领域之一。"由此可见，通过主题班会活动，把教室环境建设作为班级群体活动的重要内容是必然的选择。

其一，教室环境建设内容应贴近学生的生活生长实际。如叶澜教授提出，使教室成为丰富学生课余生活和反映学生成长、精神面貌的空间，改变过去教室环境主要用来贴名人名言、宣传画片和学校规定等班级生活世界之外的文化产品，而且很少更换的状态。[①] 不同的教室环境布置体现了不同的班级建设特点，体现了不同的教育理念。

其二，教室环境建设凸显班级的价值追求。如绿色班级建设、书香班级建设等，对教室环境的主题式建设凸显班级发展理念，从而影响学生生长的隐性价值。

其三，教室环境建设过程中的学生实践活动。在教室环境动态演变过程中，学生的实践能力得以发展。把教室环境建设主导权还给学生，让学生参与到环境建设中，从而实现多元发展。教室环境建设主要关注如何实现“让每一面墙壁都说话”的显性目标，关注教室环境布置中学生的参与面与参与方式、黑板报的更换周期与多元价值、学生在参与教室环境布置中的能力发展与才华展现、教室环境布置与班级日常工作，尤其是评价工作和主题活动之间的沟通等。[②] 学生的参与实践，如策划、实施、反思评价、改进等实践活动，都是重要的实践方式。应当抵制的是，当前许多实践追求所谓的美化、评比、统一等，却忽视了学生素养发展立场、日常生活立场等。由此，在主题选择上，可以是教室环境建设的构想、设计、实践、更新、发展等。在系列推进中，可以以学生的实践参与节点为资源来开展相应的主题班会活动。

（二）班级组织建设

班级是一个组织单位，是一种组织形态。作为组织的班级必然存在组织建设问题，良性的、有效的、生长的组织建设是班级建设的重要领域。“班级的组织结构亦是一种组织中的工具性角色结构，它对班级中学生的人格和能力的发展将产生重要的影响，应引起我们班主任的重视。”[③] 班级组织建设包括组织和自组织两个部分，要探讨的核心是班级的组织形式、组织发展及组织运用问题。

从更好地促进班级日常生活的维度来看，班级组织建设不仅有岗位建设、小队建设、班委建设、社团建设、项目组建设等基础组织形式，还有临时性

---

① 叶澜．“新基础教育”论：关于当代中国学校变革的探究与认识［M］．北京：教育科学出版社，2006：317.

② 李家成，王晓丽，李晓文．“新基础教育”学生发展与教育指导纲要［M］．桂林：广西师范大学出版社，2009：98.

③ 于新斌．班级组织结构对学生人格和能力的影响［J］．教学与管理（中学版），2004（2）：27.

的、非正式的、社会化的、模拟性的组织形式等，如模拟法庭、班级电台、班级电影公司、班级银行等。

班级的组织建设应当通过具体的实践活动来完成，并在具体的班级日常生活实践中起到组织、协调、引领、管理等作用。这就需要通过主题班会活动来实践，成为主题班会活动的重要内容，也是推进主题班会活动开展的重要资源与动力。在具体实践过程中，班级组织建设应当遵循以下几个原则：

其一，顺应学生的能力发展规律，不能脱离学生的能力基础来建设某一组织形式。如一年级学生尚无法实现自我管理，若设置班长、学习委员等班干部组织或设置项目组等，显然是不符合学生的生长规律的，是无效的组织建设。

其二，组织建设要循序渐进。如没有扎实的岗位建设基础，便很难有效或顺利地推进小队建设；小队建设过程中如没有小队长的培养、小队分工与合作的形成、小队机制与文化的形成，也难以形成好的小队建设。越是高级的、跨度大的组织建设，越需要稳固的、扎实的基础组织建设。

其三，组织建设是动态变化的，固化的组织建设无法激发班级活力，让班级组织产生动态变化，也就无法有效促进不同学生的多维发展，如值日班长制度、定期的岗位轮换等。

其四，组织建设应关注班级建设的特色。根据班级建设理念、班级实际需求及班级建设实践需要，采取不同的组织建设形式。组织建设虽然调节的是班级中人与人、人与群体、人与组织的关系，但在具体表现形式上可以是千变万化的。

（三）班级制度建设

有效的班级组织建设是探讨班级社群的运作方式，其核心是班级运作的规则制定。制度既是组织建设的结果表达，也是班级组织有效运作的基础。班级制度由此可以理解为班级社群的共同契约。有研究者认为，班级制度主要包括班级民主制度、班务公开制度、学生渐进式发展支持制度、班级量化奖惩制度、班级活动制度、班级管理制度及班主任（指导教师）联系制度等[①]。当然，还有班级公约、班级评价制度、班规等方面的内容。班级制度是

① 诸葛福民，石南．“六位一体”的高校班级建设工作体系框架建构［J］．中国成人教育，2015（19）：73.

班级建设过程中不可或缺的组成部分，班级制度建设就是班级制度形成、运用及更新变化的过程。

班级制度建设是主题班会活动的重要内容，通过主题班会活动来进行班级制度建设也是重要的策略。通过主题班会活动，可以探讨制度形成过程、制度运用过程、制度演变过程等方面的育人价值，也可以探讨班级中有哪些类型的制度，不同的制度是基于什么样的背景形成的，每种制度的独特价值在哪里以及班级制度与学校制度、社会制度的共性与区别、联系与融通等，其实质是聚焦班级视域中的制度教育、规则教育问题。形成班级制度、运用班级制度并更新班级制度是主题班会活动的目标，其实质是通过班级制度话题的探讨来促进学生的生长，核心是引导学生制定规则、运用规则、改进规则、遵守规则，并在此过程中调节班级社群关系，促进高效能班集体的形成与生长。

（四）班级精神文化建设

班级文化是班级相关利益主体在班级日常生活中不断激荡、交互从而逐渐积淀、凝聚、创生形成的，是班级所有相关利益主体共有并认同和实践的价值观念、行为范式、情感态度、价值选择与生活方式的总和，特别是为班级学生与班主任所共有，表现为班级风貌或班级气质。

从广义上说，班级环境建设、组织建设、制度建设、活动建设等都是班级文化建设的内容。这里所探讨的是狭义的班级文化，也就是班级精神文化。班级精神文化是一个在班级核心价值体系基础上形成的具有延续性的共同的认知系统和行为方式，是一个班级气质、个性和精神面貌的集中反映。班级精神文化有隐性和显性之分：隐性的表现为精神气质、精神风貌和群体行为等，显性的表现为班级舆论、班徽、班名、班歌、班级口号、班训等。这些呈现既是班级精神文化建设的成果表达，也是班级精神文化呈现的载体或外显形式，形成后也在具体实践运用中“影响、制约、规范着每个学生的行为，能对学生产生潜移默化的教育作用”①。班级精神文化的育人价值不仅在于其形成及后续的运用，还在于其本身通过班级群体的形成过程和班级精神文化表征实现的全过程和全系统。忽视了系统认识、忽视了实践过程，班级精神

① 陈国平．班级精神文化的构建［J］．教育评论，2008（1）：71.

文化会成为形式化的文化，也会成为虚无化的文化。所有文化的终极表达一定是实践活动本身。

从育人视角来审视，通过主题班会活动实践的班级精神文化建设应有如下维度：

其一，聚焦符号表征范式。班级文化符号表征是班级意义的表达，如班徽、班歌、班训等，符号化才能让意义显性化，才能将群体意识表现出来、凝聚起来，从而有了共同的象征意义。

其二，聚焦行为表征范式。班级精神文化不仅是符号的，还是群体性行为的，如唱班歌、班级仪式等。班级群体性行为同样是班级精神文化的表征形式，也是班级精神文化的群体实践表达。

其三，聚焦过程表征范式。很多人关注了班级精神文化的形成状态和运用状态，但较少关注它形成的过程、形成的实践逻辑等。一方面，班级精神文化表征的形成应是全体班级成员的实践过程；另一方面，班级精神文化探索形成的过程也是班级精神文化凝聚并形成的过程，也就是说，班级精神文化形成是一个动态生成的过程。关注过程范式，不仅超越了班级精神文化载体的育人价值，还发掘了班级文化符号设计、实践及群体交互中的育人价值。实践过程对人的培育往往是多维度、多方面的，这跟实践方式和实践逻辑的选择有直接关系。

其四，聚焦系统表征范式。班级精神文化表征不是割裂的系统，不是局部的或各种表征的叠加或组合，而是在班级系统中进行的理念探索与实践建构。由此，系统表征就具有了文化表征的范式，系统就具有了整体实践的价值。如先实践班徽符号表征，再实践班歌符号表征，二者应当是有内在一致性的，而非不同的、割裂的、点状的。

班级精神文化建设是主题班会活动的重要内容，也是重要的表征载体。在关注文化表征的同时，更应当关注文化表征背后的行为范式与实践行动逻辑，这才是班级建设中育人的根本。

（五）班级活动建设

可以认为活动是人的社会实践过程的总称，人的生活与实践本身是一种活动形式。学校教育中所进行的日常生活，是一种有意义的、有价值导向的学习活动。学者田慧生认为，学习活动是指“学校教育教学过程中学生自主参与的，以学生学习兴趣和内在需要为基础，以主动探索、变革、改造活动对象为特征，以实现学生主体能力综合发展为目的的主体实践活动”①。班级活动是指以班级日常生活实践为核心的学习活动，这也就规定了班级活动以育人为目的，重点在于如何更好地服务于育人。

班级活动建设是探讨如何基于班级活动解决班级实践问题、班级发展问题、班级育人问题及班级服务学习活动问题而开展相关活动，也是对班级日常生活实践的范式探讨。班级建设是通过班级活动实现的，班级育人是通过班级活动中的实践完成的。不仅班级活动的成效对人的生长产生影响，班级活动的过程也对人的生长产生影响。由此，班级活动建设是基于个体的班级社群实践的群体性生长与个体性生长的统一。

班级活动建设作为主题班会活动的主要内容，其意蕴主要有：

其一，主题班会活动本身就是班级活动的形式之一，而且是班级建设中最重要的活动。开展主题班会活动不能按课堂教学来思考，而是要置于班级建设中的实践性学习活动来思考。

其二，班级的日常管理、日常卫生、日常教学、日常交往与互动等常规活动实践弥散在班级日常生活中，但问题的解决或常规活动的发展需要在主题班会活动等专门的活动中强化，从而实现育人价值的显性化。

其三，班级建设内容的活动实践，如通过班级活动制定班规、制作班徽、制定班级制度及实施班级组织建设等。

其四，班级活动范式的建设。班级活动范式也是班级文化的表征之一，不同的班级在活动中会呈现出不同的活动水平、活动质量及活动气质，班级采取的活动范式是根植于班级活动历程形成的独特行为方式或思维方式。

其五，班级转化活动的建设。在班级建设中经常遇到很多上级行政部门及学校布置的相关活动，这些活动往往在主题、内容、形式、目标等方面都有一定的规定，如果只是被动执行，很难起到应有的作用，只有主动进行活动转化，使之贴近班级实际发展需要和班级独特活动气质，才能彰显班级文化，促进人的生长，从而达到多维统一。

其六，班级创生性活动的建设。班级的教育属性决定了班级不可能是固化的组织建设，而应是生长意义上的组织建设，这就需要有更多以班级组织

---

① 田慧生. 关于活动教学几个理论问题的认识 [J]. 教育研究，1998，19 (4)：48.

为核心的创生性活动和探索性活动，从而使班级真正成为学习型组织。

由此，必须充分重视并把握好班级活动建设，把实践作为班级探索、班级建设的重要内容。

（六）家校社合作建设

传统观念以为班级建设就只是班主任和班级学生的事，认为是班主任为了更好地管理班级而进行的管理活动。实际上，这是一种狭隘的观念。必须意识到，班级不仅是班主任和班级学生的班级，也是班级其他任课教师、学校、家庭及社区的班级，任课教师、学校教育主体、家长及社区都是班级建设的利益主体，他们都是直接或间接的班级利益共同体。推进班级建设，应当重视不同主体的利益关系，既要充分运用不同利益主体的资源，也要调和不同利益主体的利益需求和利益冲突。因此，要从“班级是管理组织”转向“班级是共同体组织”，从“班级是学习组织”转向“班级是生活生长组织”，从“班级是师生共同组织”转向“班级是家校社合作共生的组织”。当前，许多实践也充分意识到家校社合作的重要性，意识到充分运用家校社资源对班级建设的价值，也意识到班级建设实质是基于家校社合作中不同利益主体的共生共长过程。

在主题班会活动中，推进家校社合作建设，并借助家校社资源来促进学生生长应有如下意蕴：

其一，家校社合作的组织机制建设。让家长、学校、社区参与到班级建设中，并让学生到学校、家庭、社区实践，需要依靠一定的家校社合作的组织机制来完成，那么在主题班会活动中就需要以家校社合作为主题推动组织机制建设。

其二，家校社合作的认识及合作空间建设。家校社合作不是自然存在的，而是社会发展过程中提出的新课题，既需要通过具体的实践来转化认识，也需要通过协商、沟通及活动来探讨合作的空间与可能。

其三，家校社合作的活动建设。家校社合作能够促进学生的生长，促进家校社形成教育合力，同时也是对教师、家长及社区教育的再认识过程，三方应是相互生长、相互促进的。这样的目标达成不是被要求的或自我觉醒的，而是需要以班级建设为核心，以具体的活动形式来推进，如家庭假日小队活动、亲子共读活动、家校社共贺新春活动等。

对于家校社合作中的班级建设，其目的不仅仅在于学生的生长，更在于组织生长和学生之外的其他利益主体的生长，这是终身教育理念实践的必然要求，也是真正更好地实现学生生长的需要。

探讨基于班级日常生活的主要内容，了解班级建设应当回应的内容，能为主题班会活动的主题选择提供一个基本的认识框架。但真实的实践，需要基于主题班会活动的实践过程来做具体的判断与选择。了解它，才能认识它；认识它，才能理解它；理解它，才能实践它；实践它，才能育人。

第六章

主题班会活动的目标设计

凡是育人活动，必是基于育人价值发掘而进行的有针对性的活动。教育教学活动的目标性，是学校教育活动的本质属性。主题班会活动是基于日常生活的班级建设，其目标涵盖了班级建设目标和班级学生素养发展目标两个层面。目标设计对主题班会活动起着引领作用，影响着整体活动的开展。由此，本章着重探讨主题班会活动目标设计的维度及其表述原则，并从班级建设和学生素养发展两个维度出发，分别探讨了基于班级日常生活的班级建设形态和学生可能的主要素养发展。

第一节　目标设计的内涵与意蕴

目标性是学校教育教学活动的本质特征，而有德性要求的有目标性的育人活动与训练等非教育活动有显著区别。古人言：“凡事预则立，不预则废。”这里的“预”，实质就是目标、期望。学校教育活动与日常生活的本质区别就是前者指向有意义的、有价值的目标活动。

（一）目标设计的认识

目标设计是一个教育教学活动的基础，没有目标的活动是不存在的。目标不清晰的活动，其育人价值也是值得商榷的。追问教育教学活动的目标定位，是有效开展教育教学活动的前提。一般来说，学科课程的教学目标通常来自课程标准、教材、学科知识结构等，而主题班会活动的目标则来源于学生班级日常生活，也预设了目标指向是日常生活中学生的发展意义。主题班会活动的目标是从课堂意义上探讨一个活动时空中的节点性目标、阶段性目标。基于学科素养的学科课程往往有比较明确的目标确立依据，而主题班会活动因其源于日常生活的特质，在目标确立上有着更多的复杂性。

（二）目标设计的意蕴

要进行目标设计，是因为目标的独特属性。主题班会活动的目标在班级建设事务层面是清晰的，但在人的发展层面上是不被人认知的。也就是从管人的层面来说，目标是既定的；但从育人的层面来说，目标有着更丰富的内涵。

1. 目标是定位器

目标决定过程、载体、形式、手段及程度的选择，目标是定位器。在主题班会活动中，对同样的活动载体、活动形式，根据不同的情境、发展方向及班级需要，会有程度的差异和引导方向的差异，这就需要通过目标来明确具体活动设计的相应变化。如同样是关于班级环境建设的调查设计部分，是倾向于发展学生的团队协作能力还是发展学生的调研能力，会有不同的关注点，也各有侧重的引导方向。

2. 目标是指南针

目标表述要呈现的是人的生长方向和班级建设的发展方向，是对班级建设观、学生发展观的回应，是对发展方向的具体化。主题班会活动不是为了管住人，不是对班级管理的资源调配，而是对人的核心素养发展有着重要的责任与使命的活动，是学校教育促进人整体发展的不可或缺的组成部分。目标表述应体现这样的价值取向与功能。从这个意义上说，目标是指南针，目标设计与表述是对主题班会活动的深层次思考与判断。

3. 目标是转接口

主题班会活动从班级日常生活而来，通过具体多样的载体进行实践，从而实现人的生长及班级的发展。目标的设计和表述指向的是作为主体的学生与学生主体构成的班级的发展，就必然需要从具体的活动载体、活动过程、活动内容及活动成效中转化，实现从输入到输出过程的转变。

4. 目标是度量衡

活动目标的设计与表述应当能够作为活动实践成效测评的依据，要有可操作性、可测量性，是对活动到什么程度、对人生长到什么层次的精准描述。由此，目标设计与表述应当尽可能量化，不能只是模糊的质性表述，要有限度地表达。

（三）目标设计的问题

虽然每个人都知道教育活动首先要有目标，在实践中也有对目标的思考与追问，但当前目标的设计与表述仍存在诸多问题。

1. 空心化

空心化原先是用在城市发展或乡村发展中的概念，如城市空心化、农村空心化，主要是指中心地带的人、机构等逃离中心的过程。目标设计的空心化就是指把非核心的目标设定为核心目标，而将主题班会活动的核心目标边缘化的现象。多数情况表现为作为教育活动核心指向的学生立场的缺失，作为班级建设的发展目标的缺失，指向了非主题班会活动本身的目标。如一个主题班会活动探讨班级绿化建设问题，设定了这样的目标："通过交流互动，帮助学生了解植物与我们生活的关系，拓宽学生的知识面，培养学生爱护植物的责任心，增强环保意识，培养学生热爱大自然的情感，为班级增添绿色，净化、美化环境。”这一主题应该指向学生通过活动所要发展的日常生活能力和班级发展的目标，而这样的目标设计过于宽泛，并没有凸显学生实践过程的能力发展。

2. 箩筐化

箩筐化就是指把主题班会活动当成一个箩筐，什么都往里装，导致主题班会活动承载的目标过多、过大、过泛，从而让目标的表述缺乏准确性，也使目标空洞化。如在一个主题班会活动中，设计的目标是“组织学生根据自行拍摄的校园十个好习惯的短片进行反思、总结；通过组际间的互动对话，进一步提升学生的策划能力、组织能力和反思能力，培养学生团结协作的精神；明确活动的意义，激发学生对母校的感恩之情”。这里的目标不仅包括发展反思、总结、策划、组织等方面的能力，还有学生团队协作精神及感恩品质的培养，这远远不是一次主题班会活动能够承载的。许多能力素养如感恩、策划、组织等的培养，不是一次活动就能够达成的，而是需要多方面的长期教育才能够实现的。

3. 表皮化

活动目标表述的表皮化主要是指目标设计缺乏针对性，相关目标的表述放在其他主题班会活动上也可行，对具体主题班会活动的定位力度不够，从而失去了区分度。如“提高解决问题的能力；通过分享快乐，让孩子们感受自己在玩中学的点滴成长；通过思考解决方法，意识到小队合作中倾听和沟通的重要性，学会有效地倾听和沟通，培养小队合作能力”，这样的目标表述让人很难判断这个主题班会活动的内容是什么，要解决的问题是什么，很多活动、很多实践探索都可以有这样的目标，从而导致目标设计表述的虚化与失效。

4. 错位化

错位化最典型的表现就是没有理清目标的指向是什么，出现不同目标的错位、不同主体的错位、不同逻辑的错位。如同一个主题班会活动目标的表述中，既有教师作为主语，又有学生作为主语。目标设计表述的错位本身也是因为活动设计的不清晰和活动实施的模糊，缺乏学生立场和基于学生日常生活需要的判断，实质是教育观念的问题。如一名班主任在对参与学校运动会进行总结的主题班会活动中设计了这样的目标：“认识到巨大进步的背后是每个同学的真诚投入和共同努力，增强班级凝聚力和主人翁意识；提高所有学生参与班级管理的积极性，提高学生的工作能力；培养学生对自己的班级产生认同感和自豪感”。“认识”与“增强”部分主要体现的是学生作为主体的发展目标，“提高”与“培养”部分又是从教师立场出发的目标设计，整个目标表述有错位与矛盾。此外，“参与班级管理的积极性”与“提高学生的工作能力”并没有因果关系，放在同一表述中缺乏逻辑合理性。

对主题班会活动目标设计的内涵、意蕴及现实实践的观照，是为了加深对目标设计与表述的深度思考，从而引发对目标设计的关注与研究，形成规律性的认识，不断提高主题班会活动设计与实践的水平。

第二节　目标设计的实践维度

主题班会活动来源于、服务于、实践于、发展于学生的班级日常生活，由此决定了其目标设计基础不是某一学科的知识体系或技能体系，而是班级关系的生活实践。目标的落脚点是促进学生的发展，指向的是班集体的日常生活，同时不应该忽视班级发展和事务发展意义上的目标设计。从关系的维度、实践的维度及日常生活的理论角度来看，目标设计应包括以下四个维度。

（一）班级组织整体发展目标

班级发展目标要回答的是班集体要过什么样的生活、要形成什么样的班集体的问题。班级作为一个组织形式存在，组织的成长必然有一个共同的发展目标或发展愿景。作为学校教育组织单位的班级，因教育的正向取向而拥有正向的发展目标或愿景。班级发展目标贯穿于班级的日常生活当中，是有意义的班级日常生活的核心表征，是班级中相关主体的独特性的共同表达。主题班会活动是班级建设的核心载体，承载着班级发展目标，其目标是显性的、宏观的、整体的、持续的，并不是以碎片化的方式割裂地存在于每一次的主题活动中。从追寻上说，班级发展的目标可以是生态型班级、创新型班级、生长型班级、学习型班级、民主型班级、全纳型班级、自主型班级等。有什么样的班级建设发展目标，取决于班级相关利益主体的融合性表达。

（二）班级日常事务发展目标

如果说班级组织整体的发展目标或愿景是宏观的、整体的、持续的，那么班级日常事务发展目标则是微观的、碎片的、阶段的。主题班会活动是基于具体的班级日常事务发展而发起的教育活动，围绕着班级日常事务的解决。因此，班级日常事务的解决是主题班会活动的显性目标，也是主题班会活动开展的基础，没有日常事务的解决而空谈学生发展是没有意义的。学生的发展渗透于班级日常事务的解决过程中，是对主题班会活动育人价值的发掘。如围绕班级岗位建设开展的主题班会活动，要解决的是班级岗位活动的顺利开展问题。再如围绕班规、班级公约、班级制度等开展的主题班会活动，要解决的是班集体生活制度、文化、约定等的形成问题。班级日常事务的目标指向的是组织的群体关系，协调的是群体关系的冲突与发展问题。

（三）学生群体发展目标

不管是班级发展目标，还是班级日常事务发展目标，核心都是为更好地促进班集体学生发展提供良好的基础。同时，在日常生活实践过程中，必然孕育着人的成长，群体的目标也就蕴含着学生群体的发展。如追寻民主型的班级发展目标，需要班级中的学生理解民主、学会民主、运用民主、建设民主。如在班级制度的建设过程中，可以通过小组分工与合作，通过调研、协商、审议、论证等活动来推进。问题解决的过程，也是班级学生群体学会如何分工与合作，如何开展调研、协商、审议及论证的过程。实践过程的暗线是学生的素养发展，素养发展与知识获得是不同的，知识可以通过纸笔测试，素养是不易被看到的，但人之所以能走向成功、能够获得幸福生活或能够有效解决问题，核心就在于素养。其中包含的合作素养、沟通素养、策划素养、实施素养、应变素养、论辩素养等符合学生生长需要的素养，更是贴近学生未来实践品质的素养。

（四）学生个体发展目标

学科课程关注的是学科知识或技能逻辑，主题班会活动关注的是基于人的关系的发展问题。人的关系中除了作为组织发展目标意义上的群体发展外，还有作为个体的发展。学科课程更关注学生已有的知识基础和技能基础，主题班会活动更关注班集体中的个体已有的生活经验和日常生活体验，也就是说，主题班会活动的开展既要关注具体的人的经验与基础，也要关注具体的人的成长。正如“新基础教育”研究提出的要关注每一个学生，把学生当作“具体个人”去认识和研究，“要承认人的生命是在具体个人中存活、生长、发展的”①。这源于具体意义上的个体发展的独特性。在群体关系中，具体的个体也有不同的基础和不同的发展需求，合理的主题班会活动应当为不同的具体个体提供独特的发展资源和发展可能。

① 张向众，叶澜．“新基础教育”研究手册［M］．福州：福建教育出版社，2015：5.

第三节　目标设计的表述原则

通常追问一个活动是否有效，最直接的方式就是追问活动的目标是否科学、合理，追问目标达成度。活动目标是主题班会活动的定位器，是影响主题班会活动成效的核心要素。

当前的主题班会活动目标表述主要存在以下问题：主体错位，是教师目标而不是学生目标；目标过于宏大，不具体、不明确；目标层级不清，将系列活动目标与单个主题班会活动目标混淆；目标表述内容错位，将价值及意义等内容杂糅；目标表述与具体的内容选择、过程组织没有必然的联系。从更清晰地指向学生核心素养发展的角度来看，主题班会活动中的目标表述应当遵循以下原则。

（一）主体性原则

目标表述要凸显学生的主体性。主题班会活动目标指向学生，为的是促进学生的发展，学生是班级活动实践的主体，在目标表述中应是学生发展了什么、学生获得了什么，而不是教师要培养学生什么，也不是教师指导学生什么。比如常见的“培养学生……”与“指导学生学会……”就是目标表述的主体错位，以教师的主观意识来确定学生的发展目标，应当表述为“学生学会了……”“了解了……”“认识了……”“能够……”。只有主体意识明确，才能凸显学生在教育教学活动中的主体地位，强化学生的自主性发展。

（二）可行性原则

合理有效的目标表述应当是可行的，也就是通过活动可以达成的，是符合学生发展需要的，而不能脱离学生的发展可能。如让一年级的学生查找资料并用制作课件的方式来汇报，显然是脱离实际的。可行性的目标表述应当满足以下几点要求。

其一，目标设计应符合学生的发展特点，不能低于学生已有的发展水平，也不能远超学生的发展水平，应基于“最近发展区”原理，在学生已有的知识基础、能力上，促使学生通过活动取得进步，“跳一跳能摘到桃子”。其二，目标设计不能超出学校现有的资源及可供选择的时间，要有现实的基础。其三，不能超过教师的实践能力范畴，知行要合一。这个方面的可行性容易被忽视。如要开展班级社团建设，但是班主任并不了解社团建设的基本逻辑，以想当然的方式来开展，必然成效不佳。

（三）具体性原则

主题班会活动目标的表述应当是具体的，否则就可能以偏概全或不切实际，也可能与具体的主题班会活动没有必然的联系，脱离活动设计与开展的应然逻辑。如“学生学会分工与合作”这样的目标表述，过于宏观，看不出与活动本身的关系，很显然在一次具体的活动中也是无法充分达成的。目标表述在符合学生的实际情况和发展需求的基础上，要力求明确、具体，有可操作性和可监测性。在表述中，应把随意推论的动词换成对学生的行为作直接观察的行为动词，使活动目标细致化、具体化，能够观察、测量和操作。如通过一些限定条件说明学生的某一能力发展的具体水平：学生对知识的认识水平是了解、理解，还是运用、评价；对某一技能的具体水平及观测等级，可以描述为“通过……活动，学生能够初步了解……”，以“通过……活动”来限定具体的活动，以“学生能够……”来凸显学生的主体性，以“初步”来表达程度，以“了解”来限定发展层次。活动目标的表述越具体，就越有针对性、指导性，越能够为具体的活动开展提供方向。

（四）多维性原则

多维性原则是从活动目标表述的内容维度来谈的。前文提到主题班会活动的目标设计有班级组织整体发展目标、班级日常事务发展目标、学生群体发展目标和学生个体发展目标四个维度。但是，在具体的表述实践中，许多教师受学科教学的三维目标影响，往往只关注了学生目标，而忽视了其他目标。同时，在目标表述上往往只关注群体发展目标，缺乏对部分群体或个体目标的关注，从而造成对学生主体性的忽视。关注群体的同时，更应关注部分群体发展和个体发展的需求，凸显活动的针对性、有效性及主体性。每一个学生的发展水平是不同的，基础不同，所获得的发展可能也不同。目标设计中要充分考虑不同水平学生的发展需要，体现层次性。主题班会活动对学生发展的影响是多层次、多维度的。当前比较流行的三维目标的设计方式有一定的可取性，其核心是关注育人资源的多样化，从而提高育人价值。

（五）关联性原则

关联性原则谈的是目标表述与主题班会活动设计其他组成部分的关系，也就是从系统要素构成的角度，思考目标作为一个链接要素的关系问题。目标确立来自准确的学生分析、背景分析与主题选择，目标与此三者的关联程度决定了目标设计的有效性。同时，目标是愿景的具体化，是活动内容选择及过程设计的依据，也就是说，活动目标与具体的活动过程及形式选择有着直接的关系，准确的活动目标设计通常基本确定了活动的形式及进程。另外，目标设计也是活动评价设计的指南针，活动评价设计是为了活动目标的达成。

（六）准确性原则

准确性原则是指目标表述除了要具体、明确外，还要准确，语言应高度凝练。目标表述用词要准确，应符合规范，是能够有效表达真实的行为动词和结果动词，或者是情感表征词汇，能体现发展的不同层次。目标表述语句要准确，应体现活动内容，前后表述也应一致。比如，开展辩论活动，学生的发展目标是“了解”“理解”还是“鉴别”，不同发展层次意味着活动过程中的引导深度会有所不同。

主题班会活动中的目标设计既依赖于具体的班级日常生活，也依赖于学生的具体发展水平。从某种意义上说，其与学科课程目标设计相比更复杂，但也有着更高的自由度，凸显了目标设计的重要性。

第四节　学生生长的核心目标

进入新世纪以来，世界教育的大趋势是走向核心素养时代，这是一个崭新的教育认知的标志性进程。一些发达国家和联合国教科文组织相继提出了学生发展的核心素养框架。2016 年，林崇德教授领衔的团队发布了中国学生发展核心素养研究成果，以培养“全面发展的人”为核心，分为人文底蕴、科学精神、学会学习、健康生活、责任担当、实践创新六大素养，细分为国家认同等 18 个基本要点。此外，北京师范大学中国教育创新研究院与美国 21 世纪学习联盟（P21）开展合作，在 P21 提出的 21 世纪核心素养 4C 模型（审辨思维、创新、沟通、合作）的基础上，新增文化理解与传承素养，构成 5C 模型①。虽然当前针对学生核心素养发展并没有完全统一的认识，但学生核心素养发展已成为学校教育无法回避的话题。基于此，需要追问学校的教育教学活动对促进学生核心素养发展起到了哪些作用，不同的教育教学活动对学生核心素养发展的价值在哪里。

主题班会活动通常被认为是服务于班级管理的，是为学生更好的学科学习服务的，对学生核心素养的发展不具有实际价值。这种认识和看法是狭隘的、片面的。作为一种不可或缺的教育教学活动，主题班会活动的导向应当是有效促进学生的素养发展。同时，主题班会活动作为班级日常生活实践表达的主要载体，是学生实践性学习、实践性生长的重要方式，对学生素养发展有着独特的贡献。

（一）转型变革时代的终身学习力

放眼世界，我们面对的是百年未有之大变局，当前社会对人的生长提出了新的挑战。从知识经济时代到信息化时代，从全球化时代到物联网时代，从互联网时代到人工智能时代，一切都在快速发生变化，以至于时刻都在淘

① 徐冠兴，魏锐，刘坚，等．合作素养：21 世纪核心素养 5C 模型之五［J］．华东师范大学学报（教育科学版），2020（2）：83.

汰过去，淘汰跟不上时代的事物。以前有人说，文盲是不识字的人；后来有人说，文盲是不会英语的人；前些时候有人说，文盲是不会用电脑的人；当下有人说，文盲是不会学习的人；有人预测在不远的将来，文盲是不会人工智能、不会编程的人。这样的变革，对学校教育提出了挑战，学校不能只以知识教育为主，而要以学生学习力培养、学生素养培育为主，核心是要让学生学会学习，在生活实践中学习生活，在生活实践中掌握实践能力，从而培育终身学习力。

这样的终身学习力是积极主动的自主学习能力。学生在生活中获取积极主动的力量，不断探索和学习，学习不再只是学校中的学习，不再只是课堂上的学习，不再只是学科课程中的学习，更是在日常生活广阔天地中的学习。

这样的终身学习力是自我更新的能力。避免自我固化、自我满足，在应对生活的变化中探寻与时代共呼吸、共命运的能力，是与时俱进，不断更新知识、素养、能力的过程。

这样的终身学习力是自我迭代的能力。自我迭代的能力，是一种在变化中取胜的能力，是在面对外部环境变化时，能够不断自我调整、自我学习的能力，其核心就是要在实践中、在行动中发现生长的力量和变革的力量。不是等学成了再实践、再行动，而是以行动、以实践来学习，在素养的螺旋式上升中跟上时代发展的步伐。

主题班会活动及其延伸世界，正是这样的学习——从日常生活中学习生活，在日常生活学习中更新生活实践，从而更新学生自我的学习。

（二）复杂性时代的复杂性思维品质

有学者提出，当前是一个具有复杂性的时代。这意味着社会对个体而言是不稳定的、模糊的、多变的、没有边界的，给人的学习生长带来了新的挑战。由于越发复杂的社会现实和不断涌现出来的社会复杂性，20 世纪末兴起了一种研究复杂系统和复杂性的交叉学科理论，即复杂性理论。复杂性理论的核心概念是非线性、不可预测性，事物的相互作用或相互关联，自组织系统，混沌的边缘（秩序的边缘），社会激发者和复杂的、适应性强的体系。莫兰在《复杂性思想导论》中提出，所谓复杂的东西不能用一个关键词来概括，不能归结为一条规律，也不能划归为一个简单的思想。也就是说，复杂性不能用简单的方式来加以确定并取代简单性的东西，它是广泛存在于我们的存在世界之中的。在现代信息论、控制论、系统论的基础上，加上被称为“自我的——依靠环境的——组织”的自组织，构建了复杂性理论的基础。

复杂性理论遵循了两重性逻辑、回归和全息的原则。复杂性时代需要复杂性思维品质，复杂性思想的核心是倡导一种复杂性思维方式。复杂性思维是对传统经典科学简单化思维的批判，将人的认知思维带到了一个更广泛和丰富的框架中，在社会实践上的反映是一种整体性的、系统性的、混合性的思维品质。培育复杂性思维品质的核心是要反对日常生活实践中的线性思维、非此即彼思维、二元对立思维和确定性思维，这些都是简单范式的思维，对日常生活的复杂性缺乏足够的考量，是对日常生活实践的过度简化。这样的思维方式无法让学生有足够的思维品质来应对现实生活，这样的思维培育脱离了生活实践的本质要求，限制了人对复杂性社会的丰富想象。

主题班会活动要培养的复杂性思维品质是非线性的、系统性的、整体性的、多元性的、多重逻辑的，能让学生更好地应对复杂的日常生活现实。

（三）不确定性时代的确定性实践素养

当前我们处于一个不确定性时代，表现为：其一，不断涌现的知识及信息，让人的认知宽度无限放大，使人有不可知或未能知的无力感；其二，伴随日新月异的变化、不断迭代的发展，确定性的认知不断被颠覆；其三，急速变化所引发的不可预测性和复杂性混合造成的不确定性，让人陷入无知的焦虑中，并让人无时无刻不处在应付新形势、新形态的创新性的焦虑中。不确定性带给人的焦虑感和恐惧感，深刻影响了人的行为选择和人的幸福感。虽然人的本性中有求新求变的基因，但当现实社会的变异程度超过了人的能力边界时，就会引发对不确定性时代的恐惧与焦虑。从根本上说，人是追求确定性的，是靠希望和预测实现幸福和行为选择的，这就是人们常说的“习惯”，人依靠这样的“习惯”不断生长。约翰·杜威认为，人性有着追求确定性及逃脱不确定性的潜意识，这导致了认知过程对肉身的摒弃和对心智主体作用的充分信任。只有摒弃身体的参与、世界的在场、经验的内化以及实践的价值，才能确保心智对确定性、客观性知识的表征与映射。

面对人的确定性需求和不确定性社会境遇，需要基于日常生活来培育学生在不确定性时代的确定性实践素养。这样的素养包含了信息选择与判断能力、信息统整与分析能力、实践性方案设计与策划能力、危机应对与管理能力、转化与迁移能力、关联与回归能力。班级日常生活是不确定性时代生活的缩影，主题班会活动要在这样的缩影中培育学生的确定性实践素养。当然，不是规避或者杜绝不确定性，而是要对不确定性进行确定性实践转化，让学生可以在充满不确定性的日常生活中实现确定性实践。

（四）新感性时代的钝感力

当前人被信息裹挟着、席卷着、充斥着，无法规避、无法不融入，只能主动迎接。这种数字化丛林给人的生长带来的冲击让人进入了一个新感性的时代，人似乎更理性、更强大、更能应对社会生存了，然而实质是人的精神越发脆弱，心理禁忌越发多了。有研究者认为，这样的新感性与传统感性的区别主要表现为"'虚拟与现实'之别、'缺场与在场'之别、'逻辑与非逻辑'之别、'行为思维与符号思维'之别、'时空非同构与时空同构'之别、'网络关系与物质生产关系'之别、'感性理性化与理性感性化'之别"①。新感性时代给人的生长带来了许多挑战，如游戏瘾、网瘾和数字瘾，缺乏耐挫能力的"玻璃心"，知识焦虑症等。这样的挑战往往让学生陷入对成功的体验、即时刺激、即时获得的无限追求，导致忍耐性、恒心及刻苦奋斗的精神缺失。

学生的日常生活一般不可能有持续性的成就刺激和不断的新鲜体验，日常生活更多是日常化的、无趣化的、碎片化的，这既要求主题班会活动要探索和创生，也要求通过创生性主题活动培育学生的钝感力。"钝感力"一词是渡边淳一在《钝感力》一书中提出的，其核心观点是现代人不要对日常生活太过敏感，要有"迟钝的力量"，即从容面对生活中的挫折和伤痛，坚定地朝着自己的方向前进，钝感力是"赢得美好生活的手段和智慧"。他提出钝感力的五项铁律：迅速忘却不快之事；认定目标，即使失败仍要继续挑战；坦然面对流言蜚语；对嫉妒讽刺常怀感谢之心；面对表扬，不得寸进尺，不得意忘形。② 主题班会活动应当重视学生钝感力的培养，让学生拥有这种"迟钝的力量"，从而有效应对新感性时代带来的各种焦虑、敏感、脆弱。

---

① 齐鹏. 新感性：虚拟与现实［M］. 北京：人民出版社，2008：导论 7.

② 渡边淳一. 钝感力［M］. 林青华，译. 海口：南海出版公司，2013.

（五）大众创新时代的创生性行为能力

人工智能的快速发展，给现代社会带来了许多挑战和机遇。最大的挑战可能是：当下的很多职业，特别是很多常规的和非个人化的工作将被人工智能机器人取代。人工智能时代的人类要做的应该是非常规的和个人化的工作，也就是难以自动化和难以离岸的工作。相较于基于数字化信息的人工智能而言，人的独特性在于人有审美的智能和创新能力。因此，人工智能时代人最需要的素养就是审美素养和创新素养，未来人类要应对的是创新化生存。创新是人类应对未来社会挑战的必然路径，也是人类必备的素养。虽然创新素养或能力是人类的本质属性之一，但大体上，从人的社会属性来说，追求确定性和依据习惯生存是主流。所以，需要大力培育和发展人的创新素养。创新素养的获得是艰难的，对于一个有着既定发展秩序的社会而言，不断打破既有秩序实现完全的创新化生存是不太现实的，或者说是不可能自然而然发生的。这需要不断的、持续的培育过程，需要以创生、创新作为教育活动实践的根本。

作为实践性活动，主题班会活动需要以创生和创新为目标，通过创生和创新的实践方式来践行日常生活或解决问题，在不断的创生性行为中促进学生的创新素养的发展。因此，创生性行为能力的培养应当成为主题班会活动中学生发展的核心追求。

（六）娱乐化时代的生成性精神品质

进入消费主义时代后，社会的一个典型特征就是娱乐化。正如尼尔·波兹曼在《娱乐至死》中指出的："一切公众话语都日渐以娱乐的方式出现，并成为一种文化精神。我们的政治、宗教、新闻、体育、教育和商业都心甘情愿地成为娱乐的附庸，毫无怨言，甚至无声无息，其结果是我们成了一个娱乐至死的物种。"娱乐化时代表现为将一切事物，严肃的、庄重的、传统的、文化的、正义的，用娱乐的方式消解，以娱乐的方式呈现。他人的苦悲成了另外一些人茶余饭后的谈资，生活的悲悯成了一种娱乐的方式被人消费。追求娱乐化、用娱乐的方式、践行娱乐成了人的消费精神品质。

这样的现实对主题班会活动的启示是，要培育学生的生成性精神品质。可以通过适度娱乐化的方式来践行教育活动，但不能被娱乐化牵引，不能让娱乐成为教育活动的全部，应当关注如何从娱乐化的活动形式当中生发出可贵的精神品质。同时，传统的精神品质更多地通过不断熏陶来产生潜移默化的影响，这是持之以恒的教育结果，也是个体不断自我强化追求的结果。在娱乐化背景下，人的精神生长需要在碎片化中重构，需要在消解中坚守，需要在实践中生成。另外，娱乐化时代提出了“休闲教育”的课题，即如何引导学生通过良性的休闲活动来培育生成性的精神品质。

（七）孤独时代的乐群素养

有人说过，21世纪最大的敌人是孤独。一方面是越发便捷的信息化时代给人提供了无边界交往与对话的可能，另一方面是过多的爆炸性信息使人失去了深度交往与对话的能力。传统熟人型社会进入陌生型社会，天然的邻里或社区交往已然被匆忙的、非信任化的、消费主义的竞争性社会交往取代，学校班级日常生活中的交往也越发格式化和被动化，过度的管理和竞争又让传统的游戏式、生活式、碎片式的交往成为过去。在这种情况下，人似乎不会有交往缺失症，但事实上人在浅表化的交往中走向了孤独。因此，学会沟通、学会合作、学会交往等成了各种核心素养表述及教育主张的核心目标。

国际21世纪教育委员会向联合国教科文组织提交的《教育——财富蕴藏其中》中指出，教育要使学者“学会求知”“学会做事”“学会合作”和“学会生存”。前文提及的5C核心素养模型也谈到了合作和沟通两个素养领域。中国古代教育名著《学记》提出：“一年视离经辨志，三年视敬业乐群，五年视博习亲师，七年视论学取友，谓之小成。九年知类通达，强立而不反，谓之大成。”这提示我们要把乐群和交往、交友作为学业考核的重要指标。不管是从现实的角度，还是从历史的角度，促进学生的交往与合作，培育学生的乐群品质，都是重中之重，也是主题班会活动的重要目标，是班级日常生活的核心资源，其中包含了对真实的生活交往时空的保障、促进真实交往与合作的技巧与方法、多向度多层次交往的引领等。既要有共生的乐群班级，也要有跨班级、跨年度的混合式乐群群体，让学生在广泛的日常生活中学会交往、学会沟通、学会合作，从而实现乐群素养的培育。

生活性的、实践性的、研究性的班级日常生活视域下的主题班会活动对学生生长有着丰富的、多元化的价值。我们应当充分认识到这一点，并努力在践行中提升其可能性。一切教育活动、生活实践都应对学生的素养发展有更多的期待。

第五节　班级发展的价值主张

班级是育人活动的载体。在实践中，我们需要不断追问实践的目标是什么。在以班主任为核心的家校社合作共同体推进班级建设的过程中，我们需要不断追问："你要促进学生什么样的生长？""你要引导学生一起完成什么样的班级建设？""你要和学生过什么样的班级生活？""你和学生将要实践什么样的班级活动？"这些追问的终极指向是学生在班级共同体的生长，载体是班级日常生活实践，班级日常生活实践的质量影响着学生会获得什么样的生长。主题班会活动是践行班级建设的重要时空载体，也是其主要的方式路径。同时，班级日常生活建设是主题班会活动的实践内容。因此，追问主题班会活动的育人价值，必然需要追问建设什么样的班级。建设什么样的班级，不仅是主题班会活动的目标，还是其全部的实践内容及载体。

（一）集体型班级——集体主义的价值导向

集体主义是指一切从集体出发，强调集体利益高于个人利益的思想。集体主义教育是我国学校教育的重要基石。习近平总书记在党的十九大报告中指出，学校教育中，要加强思想道德建设，加强集体主义教育。集体主义教育不是关于集体主义及集体内容的教育，而应当在集体中实践教育活动，在集体中培育学生，通过集体生活及集体建设渗透集体主义，最终促使学生认可集体、认可集体主义、践行集体主义、在集体主义中生长、确立集体主义实践道德，达成集体主义教育的目的。

班级是学校教育集体的基础形式，也是学校践行集体主义教育的核心组织。因此，集体主义教育观的班级建设应当是集体型的班级建设。学者胡麟祥认为，"班集体是在学校教学班基础上，在教师教育指导和集体主义价值引导下，在共同活动中形成了文化心理共同体的学生主体"，"是一个规范化的社会组织”①。集体主义是班级建设的价值引导。从某种意义上说，学校教育中的集体型班级建设是基于班级日常生活的班级实践的共同基础。有学者认为，集体型班级的特点主要有：一是集体应具有共同的目的；二是集体应具有组织性和纪律性；三是集体应具有相应的组织制度，拥有集体的组织机构；四是集体的各部分间应有一定的相互关系并相互依赖，并与其他的集体有机联系着；五是有正确的集体舆论。由此可以明确，集体型班级建设应有的基础是集体主义的价值观念、集体的共同愿景、集体的组织建设，并在集体日常生活实践的教育活动中实现。以集体主义思想为导向，通过一定的组织形式，在具体的实践活动中实现集体的共同愿景，就是实现集体型班级建设的过程。

（二）学习型班级——班级组织的生长逻辑

学习是学生在校生活的核心任务，学习就是学生在校日常生活的“本性”，是学生在校日常生活的起点、过程、表征，也是目的之一。这一本质属性是“班级建设必然导向促进学生学习生长的班集体，也就是学习型班级”这一观点的基础。甚至可以说，不能更好地导向学生有效、有意义学习的班集体既是违背班级建设的核心价值的，也是违背教育的基本规律的。

从班集体建设角度提出的学习型班级建设，重点还在于组织生长方式的路径选择。在信息化时代、知识经济时代，社会发展瞬息万变，充满不确定性。弗瑞斯特教授提出，组织需要不断实现层次扁平化、组织信息化、结构开放化，实现组织的不断学习，不断重新调整结构关系，从而适应组织生长的需要。彼得·圣吉是学习型组织理论的奠基人，他在《第五项修炼——学习型组织的艺术与实务》一书中提出了学习型组织的五项要素：建立愿景、团队学习、改变心智、自我超越、系统思考。在此意义上，学习型班级“以学习型组织理论为基础，把学习作为其建设的核心”②。高蓓莉进一步提出学习型班级是一个由“学生、教师、家长等在共同愿景基础上构建起来的，以扁平化为基本组织特征，通过系统思考的方式来发现问题解决问题，具有终

① 胡麟祥. 班集体的涵义、结构及教育功能：现代班集体建设系列讲话之二［J］. 中国德育，2007，2（3）：71.

② 李朝辉，郝淑玉，李改凤. 学习型班级文化建设的理念与策略［J］. 教育探索，2013（9）：91.

身学习能力和自我管理能力、合作学习精神和创新精神，呈现动态发展与和谐发展的专业学习共同体”①。学习型班级建设既是班级的发展目标，也是班级的实践路径。学习型班级建设具有如下属性：

其一，从个体学习到组织学习，个体学习是组织学习的基础，组织学习是由个体学习集合在共同学习这一愿景下实践达成的。

其二，个体智慧和群体智慧融合共生。如果个体智慧没有在一定的共同目标导向下及组织形式中就很难达成有效的社群建设。

其三，组织需要在不断的动态变化中学习，不断实现自我迭代、自我发展。一成不变的组织形式、固化的组织结构、缺乏学习能力的社群组织，必然是没有生长动力的班集体，也就无法通过组织学习来促进个体学习，无法在班级日常生活实践中实现学生的学习素养发展。例如，班级通常都要建设班干部队伍，如果采取任命制，没有动态生长变化，也就无法形成有效的组织力量，无法促进班级的生长，更无法借助班干部队伍建设这一重要育人资源来促进学生的领导力发展。

应当明确，学习型班级建设不仅是基于班级组织更好的发展，更是教育意义上的班级建设。

（三）特色型班级——班级气质的实践选择

要理解特色型班级，得了解特色、班级特色及特色班级三者的关系，理顺逻辑关联及概念联系，方能更好地提升认识并传递认识过程。“特色”一词在《现代汉语词典》中的解释是：“事物所表现的独特的色彩、风格等。”即可以理解为是一种事物显著区别于其他事物、优于同类事物之处，这种基于区别的特殊是由事物赖以产生和发展的特定且具体的环境因素决定的，显示其独特性和优异性。

班级特色是指班级在某一方面、某一状态或某一项目具备独特性或优势并形成局部特色，是特色班级创建的初级阶段，也是特色班级形成必经的实践性、阶段性的过程。关于特色班级的定义，不同研究者的界定差异较大，但大体具有思想上的共性。如有研究者提出特色班级是在班级长期的发展过

---

① 高蓓莉. 学习型班级的构建实践与策略研究：以苏州工业园区某中学某班级建设为例［D］. 苏州：苏州大学，2015.

程中，形成的优质的、稳定的、独特的班级文化与班风班貌。① 笔者认为，班级特色是特色班级建设的一个发展过程，特色班级形成后是整体的，而班级特色是局部的。特色班级指向的是最终的形态，是班级特色持续发展后形成的，呈现的是班级建设理念或主张的特色。

在具体的特色型班级的建设过程中，班级特色和特色班级是不可分离的，是相互共生的。特色型班级提出的意蕴在于，启发实践过程中班级最终形态愿景及过程路径的选择，具体为：其一，从隐性实践到显性实践的唤醒过程；其二，从被环境左右或偶然性实践到主动的或必然性实践的价值实践过程；其三，从无序的潜在特色到有序的特色项目培育的过程；其四，从班级管理的特色项目实践到发展情境的特色理念形成过程；其五，从局部项目或理念的特色实践到整体的、系统的特色熏陶过程。这样的认识是基于实践效能的必然考量，只不过很多时候被各种其他目的侵袭或被功利化实践效能耽搁。提出特色型班级建设是基于过程哲学的思考，也是对班级气质的实践选择，是遵循人的社会个性化的生长规律的。

（四）全纳型班级——社群育人的理念基础

全纳教育作为一种教育思潮，兴起于 20 世纪 90 年代。1994 年，联合国教科文组织颁布的《萨拉曼卡宣言》中，首次提出了“全纳教育”，并提出全纳教育的五大原则：每个人都拥有受教育的基本权利；每个人都有其独特的特性、兴趣、能力和学习需要；教育必须考虑到这些特性和学习的广泛差异；学校要满足有特殊教育需要的儿童；学校要接纳所有儿童，反对歧视。虽然全纳教育理念最早是基于特殊教育提出的，探讨的是特殊教育与普通教育的融合问题，但其给人的启发不仅仅在于特殊教育，还在于教育微观公平视域下学生群体中的个体生长需要的被发现与被关注的问题。

全纳型班级以全纳教育理念为指导，综合运用班级建设过程中的相关影响因素促进相关主体的发展。全纳型班级是一种班级建设的理念，是一种班级建设的愿景追求，是一种班级建设的过程，也是一种班级建设效能的评价指标。全纳型班级建设应有如下追求：

---

① 李赛阳．普通高中特色班的班级管理叙事研究［D］．南昌：江西科技师范大学，2018.

其一，班级建设主体的全纳。一些班级建设的过程往往是少数学生和班主任的活动，既缺乏全体学生的参与，也缺乏班主任以外的教师的参与，更缺乏学校组织及家长、社区的参与。应当明确，班级共同体是以班级时空及组织为核心的全体利益相关者的共同体，是需要全体学生、教师、家长、学校、社区共同参与的共同体。

其二，班级建设内容的全纳。班级建设要以班级日常生活为主要内容，要围绕班级建设中的班级文化、班级组织、班级制度、班级活动等相关内容展开，但这只是班级日常生活的显性表征，而不是全部表征。探讨的内容应当回到人的关系维度中，涉及人与自己、人与他人、人与自然、人与社会、人与文化、人与世界、人与实践等，避免用简单思维、线性思维、二元对立思维来实践班级建设内容。

其三，班级建设发展的全纳。不能单一地基于学生的某一方面，特别是要摒弃“班级建设是为了学生学习成绩”这一观念，应当意识到班级建设对学生素养的发展有独特贡献。同时也应关注到全纳视域下的发展不仅是学生发展，还是教师发展、家长发展，也有可能是社区发展。

此外，还要关注到发展的丰富性问题，也就是既要关注社会性的、共性的发展需要，也要关注特殊的、个性的发展需要。虽不一定是全纳式的发展可能，但应是尽可能丰富的发展可能。全纳型班级建设，不仅是一种基础理念，更应当是一种实践、一种过程。

（五）民主型班级——过程实践的结果表征

民主是社群关系协调及社群发展决策的一种方式，也是对一种社群关系处理状态的表达。从已有的研究来看，“民主型班级”并没有一个非常明确的定义，其最根本的是关注学生个性、理性的生长，即以每位学生的自身健全发展为追求。可以通过对应概念来进一步认识民主型班级。民主型班级建设反对的是威权型班级建设，不是教师对学生的集体训导与教化，而是回到班级利益共同体的角度达成相互协调的、共同生长的、多元利益主体的生活教育实践。民主型班级建设反对的是放任型班级建设，不是无目的的自主实践或自主调和，而要在生长的理念下、在集体主义思想的引领下、在教师的指导下，通过具体日常生活实践来达成。民主型班级建设实践有如下意蕴：

其一，民主型班级培养的是民主的、自主管理的、自我教育的学生群体及班级其他相关主体。

其二，民主型班级建设强调的是班级建设实践过程的方法民主，强调少数服从多数的原则，通过协商、对话、互动、包容的方式来解决班级日常生活实践中的生长问题。

其三，民主型班级建设强调的是实践过程的民主化，包括实践起点的民主、过程的民主和结果的民主，其核心是以公平正义为理念基础，在实践过程中关注过程的民主化。不能以结果的民主来否定过程的民主，也不能以起点的民主来否定结果的民主。

其四，民主型班级建设是从生长的角度，在不断的民主实践过程中，强调最大公约数的民主化，强调民主生长的本身过程，在不断的民主化发展中解决生长的问题。这也是班级育人的核心要求。

因此，民主型班级建设不仅是实践的、结果的，更是过程的、育人的。

（六）生态型班级——班级实践的整体“位育”

很多事物从浅层次来看，是局部问题；但继续追问，就会发现是系统问题，是复杂问题。系统问题需要系统性思维来解决，复杂问题需要复杂性思维来解决。班级虽然是学校教育系统中最基础的组织单位，但“麻雀虽小，五脏俱全”，班级建设涉及心理学、政治学、社会学、人类学、教育学、经济学、文化学、管理学等诸多学科领域的知识与技能，对作为班级建设主导者的班主任来说是巨大的挑战。因此，在推进班级建设过程中，需要以整体的、综合的、复杂的视野来看待班级、研究班级、建设班级。其中的一个视野就是借助生态学的理念来观照班级。

《辞海》中对生态学的定义是：“研究生物之间及生物与非生物环境之间相互关系的学科。”生态是指生物的生存状态及它们之间的关系和它们与非生物环境之间的相互关系。基于此，提出生态型班级建设，即“以生态世界观观照班级管理，认为学校和班级是整个系统的组成部分，应与社会生活保持一致，必须加深同家庭、社区及身边的人沟通，整合学校、社会、家庭教育资源，同时，更要关注班级内部的生态系统以及班级成员每个个体的生态位"①。生态型班级提供了一种认识班级建设的视野，也是班级建设的一种状态表征，这与强调关系育人的班级日常生活实践是一致的，也就是强调班级中相关个体的存在状态及发展需要，并强调个体在相互关系中生长，在相互关系中开展实践，在不同系统的相互关系中发现不同个体的"生态位"，从而践行"位育"理念。"生态型班级的存在不是割裂、单项、封闭的，而是由单项式向多元式发展，由封闭式向开放式发展，具有开放性、灵动性、关联性、生命性的特点。"② 生态型班级建设的意蕴主要有以下几点：

其一，强调基于个体或班级子系统的生存状态，也就是要建立在已有的经验基础上，即个体的"生态位"。

其二，强调个体的相互关系，从相互关系中发现育人价值，也在相互关系中实现育人。

其三，强调开放式生长，而非封闭式生长。不仅有班级内的个体或子系统的交互，还有内部与外部的交互，如班级与班级之间，班级与家庭、社区之间的交互关系。在交互中实现能量互动，从而促进生长。

其四，强调多元化生长，而非单一的、割裂的生长。不同的个体、不同的子系统有不同的阶段发展需求，不可能有完全统一的整体的生长实践，因此必须在交互中渗透多样化，从而满足不同的生长需求。

其五，强调动态平衡的生长。生态是动态平衡的，是不断发展变化的，虽然有突变式的、剧烈动荡式的生态，但其整体是在动态中变化的，而且突变往往是为了达成新的更好的平衡。班级建设过程中，也应该追寻这样的动态变化，不应是固定不变的，或是静止固化的。同时，要防止大的突变，要抓住有益的突变，促进班级裂变，以实现班级及学生的非连续性生长。

（七）创新型班级——班级生存的时代必然

谈起创新或创造，人们总觉得离自己特别遥远，认为是天才式人物的专利，与自己没有关系。事实上，创新是人类的本质活动之一，创新素养是人类的本质素养之一。多数人在社会生活中并没有感觉到创新实践，或者认为

---

① 古良琴. 生态班级：儿童德性生长的诗意宇舍［J］. 扬州教育学院学报，2008，26（4）:39.

② 蓝美琴. 小学一年级生态型班级建设：以金华市武义县熟溪小学一（1）班为例［J］. 教育视界，2018（6）：40.

自己没有创新能力，这不是因为身上没有创新的基因，而是因为被社会生活及个体社会文化遮蔽了。心理学家罗洛·梅认为，人要自我实现，得到关于存在的终极价值感，只能通过创造性劳动。创造所带来的快感，远大于其他。创新或创造能够带来这样的终极价值感，是因为创新或创造是人的本质需求，也是本能。当前人工智能给社会及人的生长带来极大的冲击，创新或创造性素养成为人应对实践或生存危机的必备素养。创新源于人的本性需求和社会发展需求，决定了这是一个创新或创造化生存的时代。

一般来说，对创新或创造的探讨更多地是基于个体素养或个体行为的，将创新引入班集体建设中，提出建设创新型班级，实现的是从个体到组织的迁移，要回答的是如何让组织具有创新或创造的动力的问题，在组织创新或创造实践中促进班级个体的创新或创造性发展，也就是在创新或创造性实践中培育创新或创造性素养。由此，创新型班级建设中应当有以下几个方面的判断：

其一，有具有创新或创造意识、勇气及行动的教师，尤其是班主任。不可否认的是，班级中的教师尤其是班主任是班集体建设中的重要合作伙伴，甚至是灵魂人物，一个班级的精神气质往往就是班主任的精神气质。没有创新或创造性精神的教师很难建设创新型班级。正如叶澜先生所说："没有教师的创造性劳动，就不可能有新的教育世界，而教师只有进行创造性的劳动，才会体验到职业的内在尊严与欢乐，才能在发展学生精神力量的同时，焕发自身的生命活力。"班主任需要觉醒创新意识、创新素养，需要不断培养创新能力与方法，不断引导班级学生开展有创造力或创新性的活动。

其二，要进行创新性的实践。把创新作为班级日常生活实践的方式。创新化生存，首先要唤醒个体的思考，或者说"创新之心"，进而用创新的方法解决班级日常生活问题，也就是用不一样的视角、不一样的维度、不一样的方法解决问题。

其三，要进行创新性的表达。创新是理念，是实践，更是表达。在表达形成中，凸显创新的气质和创新的成效，从而通过创新带来的成就体验，进一步刺激创新性行为。这就意味着创新不能停留在理念上，不能停留在口号上，而应有具体的实践行动。

其四，创新型班级建设实践意味着充分的包容、充分的动态变化、充分的发展可能性；追求不确定性，追求不一样，追求发展变化。没有变化的班集体建设不可能出现创新性行为。

(八) 共生型班级——多重意蕴的和谐共生

“共生”这一概念最初来源于生物学，是由著名真菌学家、植物病理学家德贝里在1879年首次界定的。“共生”最初指生物体间的一类生存关系，两种不同生物个体之间任何形式的共同生活的现象（包括互惠共生、共栖和寄生现象，其中既有互惠的联合，也有有害的联合）都可称为共生现象，共生的个体称为共生体。其后，该概念被广泛引入不同学科，不仅有自然学科，还有金融学科、社会学科、人文学科等，从生物关系到人类社会关系等都广泛运用了共生理念，形成了共生理论。共生理念也被广泛引入教育学领域，描述教育实践中不同关系主体的共生共长关系，被赋予了超越生物种际之间的关系内涵，着重指人与人、人与自然之间的物质、精神方面相互依存、共同生活的关系，包含着生命性、生活性、过程性、关系性、中和性、异质共存性等内容。① 在此认识基础上，提出了共生型班级的概念，提出要推动共生型班级建设，共生型班级是所有班级类型建设中共有的属性。

前面所探讨的生态型班级，更多强调的是内在的、系统之间的关系和一种整体的生长状态。探讨共生型班级，更多强调的是个体与个体之间的相互作用、相互依存，是以班集体为核心的不同利益相关主体的共同生长以及生长过程中的关系。共生型班级建设的意蕴主要有：

其一，强调生长的状态与过程。共生型班级首先是生长的班级，是以生长为核心基础的班集体。

其二，强调不同关系主体的共同生长、相互依存。不仅是班集体中学生的共同生长，还是班主任及任课教师，乃至家长、社区等的共同生长，是彼此生长的能量累积的过程。

其三，强调基于班级日常生活意义上的共生共长关系。促进生长的内容及载体是多样化的，但共生型班级强调的是基于日常生活实践的、源自班级生活的资源。

其四，强调异质共存性的共生共长关系。在生长这一意义上，不一样的生长方式、生长状态、生长追求都应当被全纳、包容在班集体当中，核心追

① 李燕. 共生教育论纲［D］. 济南：山东师范大学，2005.

求是求同存异，在非零和博弈中，促使班集体的不同利益主体都能够获得各自不同的利益生长。

其五，强调过程的共生共长关系。班级建设是过程的表达，共生共长不只是结果的表达，更是在过程中不断调和、不断实践而达成的。共生型班级建设最终呈现的是班级相关利益主体在实践载体上和实践过程中的和谐共生。

以上几种班级建设类型，既是基于班级日常生活视角的描述，也是对主题班会活动实践愿景的一种回答。从共生理念来说，这些班级类型不是对立的，也不是截然不同的，只是不同维度、不同角度上的表达，是在具体班级建设过程中共生共长的，能形成优质班级建设，也能由此创生出更多不同类型的班级。

第七章

主题班会活动的系列化设计

系列化设计是基于日常生活的主题班会活动的整体框架构成要素中不可或缺的部分，这不仅来自对主题班会活动实践成效的判断，更是由主题班会活动作为活动性课程的属性决定的。系列化设计的实践根植于活动课程逻辑、学生生长逻辑、日常生活逻辑及实践成效逻辑的需求。本章围绕系列化设计，对什么是系列化设计、为什么要进行系列化设计、系列化设计有哪些基本类型、系列化设计有哪些方法等方面展开讨论，以期形成对系列化设计的整体认识。同时，列举了一些主题班会活动中的系列化设计案例，并通过点评分析来丰富对系列化设计的认识。

第一节　系列化设计的内涵与意蕴

当前实践中的主题班会活动往往是点状式的、碎片化的，较少能够从整体设计的层面来探讨主题班会活动的课程化问题。而在以追求确定性为目标的班级课程实践中，又固化了主题班会活动，让其失去了灵动性。主题班会活动应当是灵动的、变化的，是基于班级日常生活、班级建设主要内容及学生素养发展目标等几个方面的综合模型构建而成的，没有确定的内容及形式，也就不存在什么教材，即使有名义上的教材，那也是班级日常生活这本“活教材”。对于这种意义的课程化属性，可以通过系列化设计来呈现。

（一）系列化设计的内涵

系列化设计是主题班会活动整体框架的重要组成部分，是指基于一定时空环境对两个及以上的主题班会活动的整体设计与实施，使同一时间序列上的主题班会活动在一定程度上形成某种逻辑关联。系列化设计使活动从点状到整体、从割裂到融通、从碎片到整合、从单一到多元，能够对一段时间内的班级日常生活进行融通思考，进入准课程化逻辑的实践当中，形成学生生长及生活实践的实践化课程属性，从而实现价值的最大化。这样的系列化设计不是孤立存在的，而是基于对背景、学生、主题的分析得到的，其实质是遵循学生的身心发展规律、遵循事物或事件及班级建设实践的发展过程，其核心要求是有严密的推进逻辑，需要对学生发展的特点和主题的内涵及外延进行分解，并进行结构化的思维表达。

从单次设计来看，系列化设计主要是对该节点的主题班会活动定位在何时的回答，能够明确该次活动在前移后续中的作用与价值，从而使单次活动更清晰；从整体系列来看，系列化设计主要是对基于班级建设实践的主题班会活动的长程推进，从而使人的实践有日常生活的持续性和连贯性。基于整体视角，这种主题班会活动的系列化将学生班级日常生活中的连续性发展和非连续性发展统一起来。人的发展是持续不间断的长期过程，而一个活动是对学生发展过程中关键节点的把握，能实现关键遭遇的价值最大化。

系列化设计是在学生的身心发展规律、人的实践发展规律、班级建设的实践规律及事物本身发展演变的规律的相互作用下形成的。主要有以下几种逻辑层次：

其一，并列逻辑层次。系列化设计中不同节点的主题班会活动可看作同一领域或同一范畴下的子概念，属于同一维度上的不同内容，如班级组织建设下的小队建设、班委建设、社团建设等属于并列逻辑层次。

其二，递进逻辑层次。系列化设计中的同一主题内容或同一个话题在探索时间序列上不断深化，如岗位建设，从单人单岗到双人单岗，到多人单岗或多人多岗，再到轮岗，再到部门化，就属于岗位建设在不同发展程度上的递进逻辑层次。

其三，实践逻辑层次。人所开展的日常生活实践自有其逻辑规律，是时间、空间及人的行为能力和价值选择的共同作用。由此，系列化设计应当遵循人的日常生活实践过程，如主题生成、方案策划、方案论证、实践探究、总结反思等一系列实践过程。当然，在不同的实践能力发展水平下，人的实践过程也有差异，需要根据具体的情境来探讨基于实践逻辑的系列化设计。

其四，混合逻辑层次。混合逻辑是指在系列化设计中遵循前面三种中的两种或三种逻辑，或不同逻辑偏向的混合，必然导向复杂系列化设计或大系列化设计。

（二）系列化设计的旨趣

系列化设计具有丰富的内涵，能够在极大程度上解决当前主题班会活动实践中无序化、碎片化的问题，让教师在进行主题班会活动实践时有清晰的逻辑可依。但系列化设计并不是创生的或附加的，而有其深层次的原因。

1. 基于活动课程逻辑的需求

主题班会活动属于学校教育的活动课程，与学科课程有一系列的课程标准、教材及评价体系不同，活动课程基于学生的实践经历，为了学生的实践发展，通过具体的实践活动来助推人的发展。作为课程意蕴上的活动课程，显然也有课程的基本要素，如课程理念、课程目标、课程结构、课程内容、课程实施及课程评价等。基于课程意义展开讨论，这样的活动设计应能够融入学生的生长，与学生在校的课程学习及课程生活紧密相连，与学生的学习实践过程共生共长。另外，课程设计绝不是点状的活动设计，即课程意义上的活动不是一个节点的活动，而是基于学生生长过程及实践过程的系列活动。因此，系列化设计是基于活动课程逻辑的需求。

2. 基于学生生长逻辑的需求

学生生长是连续性生长与非连续性生长的统一，这是学生生长的核心规律之一。连续性生长是指在时间意义上，人的生长是不可逆的和不可停留的，只能朝着某种生长方向不断前进。非连续性生长是指在连续性生长的过程中，会遭遇一些波澜或曲折，从而改变学生的生长节奏或生长方向。从学校教育的角度来看，要把握好连续性生长的日常生活节奏，让学生在健康自主中顺利生长。

因此，设计一些基于关键成长节点的关键遭遇、关键活动、关键介入，或因学生遭遇而因势利导，能让学生在自然生长之上有更好的生长。那么，这种生长逻辑就必然要求实现教育意图的关键活动应当基于学生成长规律的关键节点。也就是，一是时间序列上的关键节点规律系列化，二是人的身心发展规律上的关键节点规律系列化，三是教育意图上的关键节点规律系列化。

3. 基于日常生活逻辑的需求

一般来说，人的日常生活是弥散的、碎片的、随机的、不可捉摸的，但当前学校教育制度下的学生日常生活是有其特定规律的，是基于班级生活、学习生活、交往生活等的结构化生活。这样的结构化生活又高度集中表现在指向学生有益生长的班级日常生活中，班级日常生活是以班级建设为驱动的。由此，可以把学生的日常生活理解为基于班级建设实践的日常生活。班级建设实践主要包括班级环境建设、班级组织建设、班级制度建设、班级精神文化建设、班级活动建设及基于班级的家校社共同体建设等。

因此，学生的日常生活就有了两个层面的逻辑。其一是作为建设实践的逻辑，建设是一个过程，也是一系列行为构成的实践过程，建设实践的日常生活要遵循其不同建设范式的逻辑；其二是作为班级建设内容的逻辑，不管是围绕哪个方面或哪个主题开展的主题班会活动，都需要映射到班级建设内容当中，需要通过日常生活实践化表现出来。社会大系统微观化为班级系统，社会实践运用转化为班级建设实践，这些是基于人的生长的需要，也是针对教育活动有效性的要求。从这个层面上看，班级日常生活逻辑对系列化设计提出了显性化的要求。

4. 基于实践成效逻辑的需求

主题班会活动的开展除了要解决班级日常生活中的问题、提升班级建设实践水平和学生的生活品质之外，还要培育学生基于日常生活的素养和改进与提升学生的价值观念。通常来说，简单问题容易解决，一般的班级建设实践也容易达成，但学生的生活品质提升、素养的培育及价值观念的转变等，不是通过一次活动或点状活动就可以实现的，它需要一个长期的过程。更何况，学生不是生活在一个单一的简单环境中，班级日常生活的复杂性、学生生长的复杂性等，共同构成了学校教育教学活动的复杂性，导致了教育实践成效的长期性。由此，传统点状的、碎片化的、一次性的主题班会活动并不能很好地取得成效。这就对基于主题班会活动的系列化设计而开展的一定内容、一定主题、一定目标的系列化活动提出了要求。比如说，策划、对话、论证、协商、反思等实践方式是对学生成长有益有效的，也是学生未来生长过程中必备的素养。那么，要通过实践活动让其深入人心，并在实践中不断提升相应的水平，需要长期的实践，需要系列化主题班会活动来反复践行。

系列化设计是课程的必然属性，也是基于日常生活实践的必然逻辑。因此，系列化设计不是可有可无的，而是与主题班会活动相伴相生的。任何成功的主题班会活动一定内含系列化设计的逻辑。在具体设计过程中，需要把隐性的、潜在的系列化设计显性化、精确化、深层化。

第二节　系列化设计的主要类型

系列化设计来自对背景分析的多元认识、对学生身心发展规律的长程认识及对具体某一主题的多角度发掘。三个维度的系列化设计原则，让系列化设计的路径充满无限的可能。只有进一步探讨设计的类型，也就是不同的系列化设计可以有什么样的设计思维，能否形成较为统一的范式，才能在具体实践中提供可参考的实践路径。

（一）能力范式：以实践能力发展为主轴

能力范式，也可称为素养范式，是指以学生的某一种或多种能力素养的发展为核心所进行的主题班会活动的系列化设计。能力的指向偏向实践，素养的指向偏向状态，就主题班会活动的实践来说，能力的表述更贴近实践本身。爱因斯坦说“把学校教给你的都忘记，剩下的就是教育”，其实质是指向学校教育中人的素养发展；也有人说，学校教育的目的不是让学生学会多少知识，而是学会思维方式；还有人说，学校教育应当偏重学生精神品质的发展。这些都诠释了学校教育的一部分真相。事实上，学校教育是知识学习、技能掌握、价值熏陶、情感获得、精神领略等综合的实践性活动，但基于学生班级日常生活的主题班会活动，更偏向的是实践的能力。也就是说，主题班会活动对学生实践能力的培养是重中之重，这是学生立场的体现。同时，人的能力发展是有一定规律的，大体遵循从单一能力到综合能力、从简单能力到复杂能力、从低水平到高水平、从浅表能力到深层能力的发展规律。

以学生的能力素养发展过程来建构的系列化活动，必然遵循能力的发展规律。如学生的策划能力培养，就需要经过认知策划、简单策划、策划案撰写、策划案论证、策划案的预案设计等过程，那么系列化设计就需要围绕策划能力的发展过程设计一系列的实践活动，让学生在不断的实践行动研究中逐渐掌握。再如学生的领导力培养，可以从自我领导力、小团体领导力、班级领导力，乃至年段领导力、学校领导力、社会领导力等方面，从小范围到大范围，以螺旋式上升的路径培养。此外，领导力的培养不仅可以依据范围拓展，还可以从不同维度展开，如价值领导力、行动领导力、协商领导力等。

探讨系列化设计的能力范式，需注意：其一，人的能力发展需要通过具体的实践活动来展开，不能就能力发展谈能力发展；其二，人的不同能力发展往往是交互的，不能完全割裂开来谈能力的发展；其三，实践活动的开展是明线，能力培养是暗线，这是能力范式的系列化设计的特点；其四，不同的人在同一能力的发展上有较大差异，想把握好全体学生的发展价值，主题班会活动中就要有多重能力发展的设计。

（二）社会范式：以社会现象转化为表征

社会范式也称群体范式，是指以某一社会现象或班级群体交往现象为核心所开展的主题班会活动系列化设计。社会是由群体交往、实践构成的，社会范式可以理解为群体交往与实践的日常生活化表达。社会性是人的本质属性之一，人在社会中生长、在社会中生活、在社会中实践，脱离了社会环境，人也难以成长为真正文化意义上的人。社会环境对人的生长有着举足轻重的影响。系列化设计的社会范式体现的是社会立场，体现了主题班会活动对社会现象、社会事件、社会交往、社会实践的关注。主题班会活动通常关注学生的班级日常生活，但这种班级日常生活不仅是社会生活的组成部分，还是社会发展的一个缩影。主题班会活动要坚持学生立场，但不可摒弃社会立场，应是学生立场和社会立场在学生班级日常生活实践中的统一。

社会范式的系列化设计应有以下几种立场表达：

其一，社会现象的学生立场表达。社会现象纷繁复杂，虽然很多是脱离学生生活实际的，但也在学生的生活世界里留下了印迹。如追星现象，追星是所有人都可能有的行为，只不过每个人对“星”的认识不同。主题班会活动可以围绕追星现象展开系列设计，充分发掘其育人价值，改变学生过度追捧娱乐明星导致价值取向扭曲的现象，还可以通过相关活动的开展促进学生多元能力的发展。

其二，社会事件的学生立场表达。关键社会事件不仅对人类社会的发展至关重要，也在当下影响着每个人的生长。如2020年突如其来的疫情，极大地影响了每个人的生活，如果只是开展关于个人疫情防护的主题班会活动，虽然十分有必要，但显然价值发掘就窄化了，围绕疫情开展生命教育、自然环境教育、卫生教育、心理健康教育、社会实践教育、亲子教育和自主学习教育等都是应当考虑的范畴。

其三，社会实践的学生立场表达。社会实践往往通过一些上级文件或行政命令传递给学生，如果单纯开展应付式的活动，反而弊大于利。如爱国主义教育、学雷锋教育等主题活动，不能就爱国主义而空谈爱国主义，不能一到学雷锋活动就做好事，如果不能把相关活动转化为学生的班级日常实践，那么形式主义、表演主义、虚假主义就是不可避免的。

社会范式的系列化设计主要有以上三种立场表达，但不仅限于这三种。社会范式的核心是将社会的相关现象、事件、实践等转化为学生的日常生活实践，从而回归班级建设实践，让社会立场与学生立场达到统一。

探讨系列化设计的社会范式，需注意：其一，不宜就社会现象、社会事件、社会实践而谈，应当转化为学生的班级日常生活实践；其二，不宜停留在问题解决阶段，不宜局部、浅层化地转化实践，应当深度实践，让学生在发现问题、分析问题、形成对策、解决实践的过程中丰富活动价值；其三，不宜停留在说教层面或感受体会阶段，人的价值观念一定是在实践中转变的，应当让学生在社会缩影的系统中充分体验、充分实践、充分感悟，方能起到作用。

（三）实践范式：以实践行动过程为逻辑

实践范式是指以班级建设过程中人在日常生活实践的实践方式为核心所进行的主题班会活动系列化设计。在马克思主义哲学中，实践指人能动地改造客观世界的物质活动，是人所特有的对象性活动。马克思主义认为，实践是人的社会的、历史的、有目的的、有意识的物质感性活动，它是人类社会发展的普遍基础和动力，人们的实践活动构成了全部的人类历史。谈人的日常生活，实质就是谈人的实践活动。一般意义上的日常生活实践活动就是人的全部生活总和。学校教育中的班级日常生活实践与一般意义上的实践活动有较大不同，它是在一定范畴中的实践活动，是指向学习生活的实践活动。

由此，系列化设计的实践范式的内涵应有如下几个方面：

其一，导向学习生长的班级日常生活实践，以人的学习性实践活动为驱动。没有学习实践中的生长实现，班级日常生活的实践活动也就失去了教育的本质意蕴。

其二，导向班级建设内容的实践活动。如班级环境建设、班级活动建设、班级组织建设、班级精神文化建设、班级交往活动等方面的实践活动，内容来自学生的班级相关要素，形式是建设实践。

其三，导向系统实践过程的班级日常生活实践。日常生活实践一般凸显随机性、碎片化、无序化，而班级日常生活实践有既定的实践内容和实践方式，也有系统的实践过程。

基于班级日常生活发展的主题班会活动实践，其系列化设计范式主要有如下几种基本构成要素：

其一，策划实践。对所要开展的活动进行方案策划，从而提升活动质量，这不仅是学生整体素养发展的重要方式，更是开展班级建设实践不可或缺的部分。

其二，体验实践。主题班会活动中的学生生长建立在学生充分实践体验的基础上，蕴含着来自实践、通过实践、为了实践的逻辑。

其三，论证实践。对所要开展的班级活动及活动方案进行论证审议，既是班级实践的完善，也是班级共识的达成，更是批判性思维养成的重要形式。

其四，探究实践。主题班会活动作为节点活动，是日常生活实践的衔接，但探究实践本身也是主题班会的表现形式之一。

其五，反思实践。这里的反思实践包括展示、总结、表彰、省思、归纳等活动，是对实践探索过程的回顾、省思、经验提取、成果表达，以及获得成就体验的过程。

其六，创生实践。把创造、创新精神融入班级建设实践的全过程，助力班级建设实践创新性发展。

其七，参与实践。主题班会活动需要蕴含全纳思想，应做到人人参与，在参与班级实践活动的过程中，各自获得发展。参与实践并不属于班级建设实践的本体活动，是参与主体范围与对象层面的要求。

探讨系列化设计的实践范式，需注意：其一，系列化设计的实践活动是多种类型组合并按照一定的实践逻辑形成的；其二，实践范式可以直接通过主题表述体现出来，使主题更清晰，也能凸显主题班会活动是实践化活动，是学生实践活动驱动的实践；其三，实践范式的系列化设计需要基于一个主题展开，即围绕一个主题或一个活动开展系列化实践活动；其四，实践范式的系列化设计必须遵循班级建设过程中事物的发展规律。

（四）学习范式：以学习行为方式为逻辑

学习范式是指以班级日常生活中学生的学习方式及学习行为为核心所进行的主题班会活动系列化设计。人是如何学习的，这是学校教育要研究的课题。班级日常生活中的学生学习是在实践中学习、在体验中学习、在交往中学习，是润物细无声式的学习，而学习的成效或发展是通过具体的主题班会活动实践来呈现的。因此，要追问主题班会活动中人的学习是如何进行的，主题班会活动的实践方式中哪些能凸显人的学习方式或学习行为。

一般成人在日常生活中较少会谈到学习行为，大多停留在对终身教育或终身学习的探讨上，事实上成人世界的学习是非正式学习，是潜在学习，是指向生活实践的学习。而学习作为学生日常生活的主旋律，不管是正式的课堂活动，还是日常生活交往，都应当渗透学习方式及学习行为，从而驱动学生的班级日常生活实践。也就是说，学生应过一种学习导向式的生长生活。在广义的班级日常生活中，学生学习行为或学习方式是人类学习行为或方式的全部。在主题班会活动本体意义或延伸意义的实践中，学生的学习方式或学习行为主要有具身式学习、对话式学习、操作式学习、沉浸式学习、展演式学习、省思式学习、合作式学习、创生式学习等。对具体学习方式的探讨，将在实施设计部分展开。

如果说基于能力的系列化设计范式是目标导向，基于社会实践现象的系列化设计范式是内容探讨，那么基于学习的系列化设计指向的是学生的实践过程。

其一，解剖式的学习实践过程系列化设计。每种具体的学习方式都不是由某一个学习行为构成的，而是由一系列的学习行为共同构成的学习方式体系。所谓解剖式，就是对具体的学习方式要有深入认识，了解其由哪些具体的学习行为、学习过程、学习边界等构成，再按照一定的逻辑进行系列化设计。

其二，迁移式的学习实践过程系列化设计。学习方式是由具体的学习行为构成的，不同的学习方式在局部的学习行为上有交叉。同时，不同学习方式的思维逻辑往往具有一定的相似性，如何从一种学习方式迁移到另一种学习方式，如何实现一种学习方式在不同类型活动中的迁移，这些都属于迁移式的系列化设计。

其三，卷入式的学习实践过程系列化设计。卷入式的系列化设计，实质是以关联的思维，在一定条件下以实践目标为导向来映射学习行为的处理方式。卷入式探讨的是卷入的速度、卷入的类型、卷入的程度等。

其四，迭代式的学习实践过程系列化设计。不同的发展阶段、不同的思维水平，学生的学习方式与实践能力是不同的。对学习方式的学习也应当从简单的学习行为学习或简单系统学习，到复杂的学习行为学习或复杂系统学习，这个过程在系列化设计上呈现的是迭代式的系列化设计。

其五，组合式的学习实践过程系列化设计。人的一次学习活动，并不一定是由一种学习方式来完成的，而可能涉及多种学习方式。因此，在系列化设计中，需要考虑如何把不同的学习方式组合起来运用，或者说如何基于不同学习方式的学习行为中的某一实践活动来进行设计。

当然，这种探讨未必能穷尽，可能还存在许多可能，需要将理论思考与实践探索相结合。探讨系列化设计的学习范式，需注意：其一，主题班会活动的实践是以学生的学习行为或学习方式来驱动的，因此，系列化设计要把学习范式作为优先项；其二，学习方式或学习行为的系列化设计通常是以具体的活动形式呈现的；其三，一般的日常生活实践往往是复杂而多元的，需要将多种学习方式或学习行为作为组合开展。当然，有效的设计与操作还有待对具体实践情境的分析。

(五) 评价范式：以评价活动功能为支点

评价范式是指基于一定的目标导向，以评价活动为核心所进行的主题班会活动系列化设计。评价范式是将评价活动与结果作用于班级活动实践，通过多样化的评价方式和评价活动来实现班级活动实践的推进与发展。评价具有鉴定、导向、激励、诊断、调节、监督、管理及教育等功能。

评价范式的开展就是通过对不同评价功能的实践运用，促进班级实践的发展与变化。班级实践活动在班级日常生活中弥散式地存在。事实上，班级建设实践更多来自常态化的班级生活，主题班会活动更多是作为班级日常生活实践问题出现或实践难点的节点化呈现。因此，主题班会活动开展过程中的一个显著特征就是要不断回到班级日常生活实践中，回到学生已有的探索和已有的实践经历中，通过共同确立发展目标的方式来促进下一阶段的实践。评价范式的开展主要有如下几种类型：

其一，回顾式评价。对班级实践活动过程的回顾，不仅是对学生经验的唤醒，更是对某一方面的经验提取和总结。回顾式是经常使用的方式，通常用在主题班会活动导入中。

其二，反思式评价。通过建立一定的框架体系，对实践的过程进行监控，对一些关键要素、关键指标进行反思，反思为什么活动会失败、为什么实践无效，反思是否违背基本原则、是否有更好的实践举措。在反思中促进班级日常生活实践的迭代发展，也促进学生的实践水平提升。

其三，表彰式评价。表彰式评价导向的是激励，通过表彰活动提取成功经验，激发学生的自信心，从而树立班级日常生活实践的发展导向。表彰式评价要关注成功的经验、成功的榜样，树立学生生长和班级实践的榜样，从而激励学生生长和实践。

其四，进阶式评价。班级实践活动是随着实践的进程及学生的生长进程不断发展的，开展进阶式评价能够促进实践不断深入发展。如岗位建设的发展，要经历设岗、定岗、选岗、轮岗、升岗等过程，其核心是岗位建设的进阶式发展，那么就可以通过设计进阶式评价的主题班会节点活动，促进向下一个阶段的岗位建设发展。

探讨系列化设计的评价范式，需注意：其一，应有评价标准，这个评价标准应是师生共同确立的，是在开展日常实践之前已然明确的；其二，目标导向下的评价方式，其目标应当随着实践发展而不断迭代，也就是说，作为节点的主题班会活动应有评价目标的更新与再确立的过程；其三，这种评价范式是过程性评价范式，而不是终结性评价范式，评价的目的是促进发展，而非得出一个结论；其四，要注重评价工具的开发与评价方法的运用，评价式主题班会活动的开展要强化仪式感，并用显性的行为方式来凸显清晰的系列化评价过程。

围绕基于课程思想的系列化设计探讨了以上五种范式，期待能为主题班会活动系列化设计提供一些参照。具体实践中，系列化设计可能还有更多的范式，一个系列化设计也不一定只归属某一种设计范式，可能是多种范式的组合，特别是大系列活动。

第三节　系列化设计的实践方法

多数主题班会活动聚焦班级当前的现实问题、具体事件，直接表达是一周一节的“班会”课时。这样的主题班会活动关注的是班级建设中的即时性问题，主要通过号召与唤醒的方式促进学生在某一方面的发展或某一种精神的顿悟式成长。但是，这样也忽视了事件发展的过程性、学生成长的复杂性和教育成效的长期性等规律，不能更有效地促进学生的多元发展，无法充分发挥活动的育人价值。为了解决这个问题，必须实现主题班会活动的系列化实践，使主题班会活动逐步向准课程化方向发展。

（一）长程意识

所谓长程意识，是指从时间的维度上，拓展对主题班会活动的认识，着眼于从一个阶段的发展和推进实践来进行活动设计，着眼于过程和几次活动的时间维度上的长程设计，而不仅仅是以一个课时的活动呈现来进行应对式的准备。

长程设计要基于以下因素：其一，主题班会活动指向的是学生的班级日常生活，而学生的日常生活是弥散式的，是“习惯性的、常规性的、一天又一天的生活的本性”①，这必然导致主题的选择难以实现一次性的综合呈现。其二，人的发展是一个持续性的过程，是一个复杂多变甚至反复的过程，因此没有对活动进行长程设计，企图一次就解决所有问题是不可能的。其三，教育成效的长期性决定了教育往往难以马上见效，需要经过时间的发酵。为了使之更有成效，需要聚焦学生成长问题的解决或某一素养的持续发展。

这样的长程设计，必然要关注以下几个方面：其一，活动设计时间上的阶段性，不能为了呈现一个课时的主题班会活动而倒着准备各种材料或做铺垫，应从一个整体时间段来考虑活动的开展；其二，主题班会活动实践中需

① 刘怀玉. 现代性的平庸与神奇：列斐伏尔日常生活批判哲学的文本学解读［M］. 北京：中央编译出版社，2006：38.

前移后续，使当下的活动开展是基于前期推进的节点选择，同时为后续活动的开展做好引导，一个主题班会活动的结束不是活动的终止，而是活动的延续；其三，主题班会活动关系着学生的日常生活，是学生班级日常生活的集中表达。

主题班会活动设计的长程意识基于学生的日常生活实践，聚焦过程，是系列化设计的基础。

（二）节点意识

就节点意识来说，首先要明确的是把主题班会活动当成什么的问题。是一节课、一个点状的活动，还是一次师生的互动性实践？是不是为了班级生活发展的需要？其次要明确的是节点的选择。节点是散点状的节点，是线性发展上的节点，还是网状结构中的节点，抑或是多维时空结构下的节点？不同的选择取向，会有不同的认识、不同的实践路径。节点意识是要把握好长程设计中的关键事件、关键问题、关键要素、关键发展及关键举措，以提升活动的质量和有效性。

节点意识的提出是指向：其一，学生发展是连续性发展与非连续性发展的统一，所以学生发展会遭遇关键时期及关键事件，学生生活的阶段化需求是节点选取的核心依据；其二，事物发展呈现从萌芽、兴起、兴盛、衰败到消亡的普遍规律，必然存在关键发展时期、关键发展要素，主题班会活动在事物发展的关键节点上选取突破点，可以更高位地推进班级和学生的发展成效；其三，活动的实践属性是复杂多变的，实践过程必然会遭遇一些关键问题。在实践中遭遇困难后得出结论，让它进一步破解核心问题，或进一步提炼观点，或进一步策划，或进一步总结，都是为下一步的发展奠定基础，是关键节点的表达。

因此，选择一个好的节点应做到：其一，聚焦事物发展的转折点，如某班学生在综合展演结束后突然说“我们都是炮灰”，班主任敏锐地捕捉到事件发展的转折点，进而设计了“‘炮灰’逆袭记”系列活动，较好地把握住了学生发展过程中生成的转折性资源，抓住了契机，不仅转化了学生的消极思想，更通过进一步开展系列活动发展学生的多维素养；其二，抓住事物发展的关键问题，如为了让学生更好地开展基于活动实践的调研分析，着手设计调研与统计分析的节点性主题班会活动；其三，抓住学生素养发展的关键时期，如在学生进行了大量的团队合作分工实践后，通过号召、唤醒等方式进一步凝聚学生的团队精神，推进学生的发展。

选好系列化主题班会活动的节点性活动，是系列化活动有效开展的保障，可以更好地促进问题的解决、活动多元目标的实现及学生的持续性有效生长。

（三）融通意识

主题班会活动系列化难有真正的内在逻辑，主要原因之一是各主题班会活动间的影响因子窄化，活动的关联力度不够，走向了单一性、割裂化、碎片化。从这一点来看，系列化设计中应有融通意识，要有事物普遍联系的理念，要有综合融通的思维方式。综合融通思维方式的提出，就是为了解决线性思维、割裂思维、单一思维及纯粹的活动思维带来的问题，实现对事物与人的关系和发展的多元认识和判断。综合融通思维方式的运用，促使一个主题班会活动设计中的容量和影响因子足够多，根据事物发展规律和推进逻辑来进行，在不同的设计过程中关注不同的节点。

系列化设计中的融通意识应体现在：其一，融通一个主题活动中学生素养的多维发展，关注不同过程中学生的不同发展可能，也关注同一个过程中不同学生的不同发展可能；其二，融通一个主题活动的发展过程与呈现方式；其三，融通不同节点活动推进的整体性与节点目标的阶段性统一。如在“我是剧迷”系列活动中，通过活动的系列化开展来推进班级小队建设。如果只是纯粹地进行小队建设，将显得十分枯燥，而以活动为载体来进行，能使小队建设目标在活动的过程中自然实现。再如某班级结合学校的“‘贝’加精彩”活动，设计了“畅想‘贝’多分”“筹备‘贝’多分”“备战‘贝’多分”“冲刺‘贝’多分”“畅享‘贝’多分”“回眸‘贝’多分”系列主题班会活动，阶段化培养学生的发散性思维、调研能力、初步统计与分析能力、初步策划能力、自主项目组实践能力、综合表达能力等。

在主题班会活动中强调融通意识，就是要拓展主题班会活动的育人价值，是对人发展的复杂性的回应，是充分运用班级的差异性资源，为满足学生的不同发展需求提供条件，是保障学生个性化发展与班集体建设的和谐统一。

（四）大小系列意识

限制系列化主题班会活动实效性的另一因素是对时空维度的认识窄化。若没有拓展对主题班会活动时空维度的认识，没有从不同时间的纵深层面来设计活动，就会陷入活动时间与空间统一的陷阱中；实践中不能较好地呈现系列化活动的本质意蕴，缺失逻辑，变成为了系列化而系列化，也就无法实现系列化活动的教育价值。因此，系列化主题班会活动设计应有大小系列意识。所谓大系列，是基于学生立场来反映学生能力、思维、素养发展的特点，设计长程系列活动；小系列是关注事物发展的背景、事情发展的内在逻辑，具体说明一个活动怎么衔接并推进下一个活动。大系列活动是多个类型的小系列活动的组合、叠加与有机融合，具有载体的异质性特点，而小系列更多地是基于活动载体本身，实现载体内在逻辑的统一。

从时空维度出发，主题班会活动系列化设计的大小系列意识主要有以下表征：

其一，基于节点活动与班级日常生活的系列化。以节点活动、班级学生自主实践和教师常态化介入为要素，构成连续性班级日常生活实践的单一模块化活动，是时间维度的连续与空间维度障碍的打破。

其二，基于事件发展的跨时间维度的节点活动的系列化。以一个主题活动的不同节点推进来呈现完整的发展过程，如在班级岗位建设中，从“设岗”“定岗”“选岗”“评岗”“轮岗”“组岗”几个节点活动来推进班级岗位建设，是立足于项目主题的分解。

其三，基于班级生活的阶段主题设计。关注学期或学年的整体设计，表现为多元主题的统一，是立足于不同主题项目的组合统一实践。如二年级以小队建设为主题，可以将小队组织建设、小队文化建设、小队实践建设、小队当家实践及小队间合作建设等作为不同载体。

其四，基于纵向时间维度的跨年级活动主题设计。以螺旋式发展的方式设计大系列活动，如以“我”的发展为核心，从一年级至六年级分别可以设计“我与自我”“我与同伴”“我与班级”“我与学校”“我与家庭”“我与社会”系列活动，从“我”的活动参与范畴展开，关注学生不同阶段的发展需求和社会性发展的逻辑。再如从学生合作层面考虑，从一年级至六年级可以设计“一年级岗位建设”“二年级小队建设”“三年级部门建设”“四年级班委与项目组建设”“五年级年段建设”“六年级学校活动建设”的大系列活动。

大小系列意识是指在系列化活动设计中要有纵深拓展的意识，不能就当下谈当下，要提升主题班会活动设计的学生立场表达。大小系列意识能使对主题班会活动的实践与认识和对学生发展的认识，不断地从微观的、点状的、割裂的走向整体的、综合的、融通的。

第四节　系列化设计的案例分析

对于主题班会活动的系列化设计是什么、怎么做，前文已经有较详细的阐述。其中最核心的是让主题班会活动脱离纯粹的日常班级事务解决，从人生长的角度来思考，如何让学生在更深入的体验、更丰富的实践、更多元的价值当中获得更多的生长资源。系列化设计是主题班会活动作为学校教育活动性课程的重要表征，也应当从课程的视角来审视并实践。笔者列举几个系列化设计的案例，期待通过点评分析，能给予读者实践性启示。

案例 1

“早操集结令”系列活动设计（二年级）

活动一：少年立志　剑指盟主（提出问题，定下目标）
活动二：武林各派　闭关修炼（执行计划，各自训练）
活动三：擂台争霸　牛刀小试（队际比赛，成果验收）
活动四：秘籍切磋　助长神功（秘籍整合，队际协作）
活动五：决战沙场　英雄归来（早操比赛，力争冠军）

（案例来自厦门市深田小学洪尤卓老师的“早操集结令”系列活动）

分　析

早操是学生熟悉的日常生活内容，广播操比赛是很多学校运动会的必备项目。为了比赛，各个班级都要尽力去准备，去提升，但实际成效难以保证，不管是班主任还是学生都怨声载道。如何把这种不可回避的活动通过主题班会变成育人活动呢？这需要转化思维，需要整体设计，需要有敏锐的洞察力。事实上，真正有效的育人活动并不是各种新的、高大上的活动，真正的育人存在于学生每天的日常生活实践当中。洪老师也遭遇了班级广播操提升训练的挑战，但她没有强制学生进行枯燥的、刻板的训练，而是通过设计系列主题班会活动，使之变得有趣，变得有极大的生长价值。她的系列活动设计以小队建设为核心，关注了团队问题的提出、团队方案拟定、团队比赛及协作、总结提升及实践操作等方面的育人节点，在完成广播操提升训练的同时，也让学生的各方面能力得到了发展。同时，在系列活动设计的表述上，她采用学生喜闻乐见的“江湖门派”概念来替代小队概念，促进小队文化的形成，这让学生不仅感觉新鲜、有趣，还能够积极参与实践，从而获得生长的力量。

案例2

“我是剧迷”系列活动设计（二年级）

一、成员竞聘会，促进小队初形成

二、岗位反思会，实现小队再合作

三、聚焦小导演，发展小队领导者

四、精彩表彰会，形成小队内部文化

五、玩转新童话，激发小队常态化建设

（案例来自厦门市前埔南区小学陈莉恒老师的“我是剧迷”系列活动）

分　析

班级小队建设怎么开展、怎么推进、怎样落到实处，这是评价小队建设有没有育人价值、有没有成效的重点。如果只是就小队建设谈小队建设，只用一次节点活动来组建小队，或者小队建立起来但没有在具体的实践中运用，那么有小队也是毫无意义的。小队建设是二年级班级建设的核心内容之一，陈老师把小队建设融入班级活动、学校活动的组织开展当中，通过参与学校的童话故事展演活动，构建了“我是剧迷”系列活动。在活动的过程中，以小队建设的形式来推进，分别在节点关注了小队组建、小队岗位、小队领导力培养、小队文化及小队常态化活动等方面。从实践的表现上看，完成了一个班级主题系列活动，但实质是把小队组建到形成凝聚力的过程渗透在实践活动中，从而让班级活动生活化、小队建设落地化，也规避了小队建设的形式主义，让团队建设的理念逐步融入学生的素养中。这样的系列活动设计以活动推进为明线，以小队建设为暗线，以问题解决和活动品质提升为结合点，构建了一个有效的、有趣的、有特色的班级品牌活动。

案例3

“‘梦响’班级社团”系列活动设计（五年级）

（一）“梦响”班级社团因你们而来

1. 班级学生日常生活调研
2. 社团大探究
3. 策划班级社团
4. 班级社团筹备会
5. 班级社团成立大会

（二）“梦响”班级社团有你们才精彩

1. 班级社团日常活动方案策划
2. 班级社团活动筹备
3. 班级社团活动开展

（三）“梦响”班级社团为你们喝彩

1. 班级社团活动调研
2. 班级社团活动反思
3. 班级社团成果展示

（四）“梦响”班级社团升级

（案例来自厦门市槟榔小学林玲玲老师的“‘梦响’班级社团”系列活动）

分　析

林老师的“‘梦响’班级社团”系列活动关注了学生的非正式小团体的显性化问题。到五六年级后，学生的自主意识进一步增强，同伴关系越发重要，开始有了自己的兴趣追求和自己的实践认知。良性的非正式小团体能促进学生积极正向的发展，但一些学校的学生霸凌现象也跟非正式小团体有关系，那么应如何进行有效引导呢？核心就是把潜在的、私下的小团体显性化，让他们在具体的自身兴趣和实践探索中转移注意力，在具体的实践活动中实现有益的同伴交往，林老师正是从这个意义上设计了以“梦响”为主题的班级社团系列活动。但班级社团的建设不是成立了就算完成，还应当通过具体的活动及组织让其运作起来，从而真正实现班级社团的日常生活实践价值。因此，林老师采用了大小系列的设计方式，关注社团从成立到有效运作的四个关键节点——成立活动、日常活动、总结活动、升级活动。这四个关键节点需要有具体深入的实践活动，因此，她又把每个节点活动作为一个子系列活动来设计，这样能够充分发掘班级社团建设的育人资源，真正促进社团在学生班级日常生活中的展开，从而提升系列活动开展的成效。事实上，基于整体班级建设特色理念的不同系列活动也可以在大小系列活动意义上实现统一，从而构建出由一系列短距课程结合而成的整体班级课程。

案例 4

“做最好的自己——我看追星”系列活动设计（六年级）

系列一：做最好的自己——“追星面面观”调查准备会

系列二：做最好的自己——“追星辩辨变”班级辩论赛

系列三：做最好的自己——“我为明星代言”方案进行时

系列四：做最好的自己——“我为自己代言”梳理反思会

（案例来自厦门市演武第二小学黄雅玲老师的“做最好的自己——我看追星”系列活动）

分　析

黄老师的“做最好的自己——我看追星”系列活动围绕班级中普遍存在的“追星”现象展开。通常的主题班会活动对这一现象的处理办法是专门开展一次主题班会活动，以求让学生转变思想观念和价值取向。虽然已有较多较好的实践探索，但从人的价值观转变这一视角看，企图通过一次活动就解决这样的问题，实际成效是不尽如人意的。同时，单纯应对式的主题班会活动没有跟学生的班级日常生活实践相结合，这种开展方式也是不可取的。笔者认为，价值观念的转变需要有一定的过程，需要有具体的实践转化过程，需要有替代的方式。从这个角度出发，黄老师结合班级“做最好的自己”这一愿景，设计了系列活动，从对班级“追星”现象的普遍性和差异性调研开始，让学生认识到“追星”是成长共性，认识到不同的人所追的“星”有着极大的差异，从而为学生导入不同的成长视角；接着通过辩论赛的形式让学生进行观念的碰撞，在辩论过程中促进学生思想观念的转变；再次，让学生在设计“追星”方案的过程中明确应该如何“追星”，思考“追星”的可行性和价值性问题；最后，在学生“追星”实践与反思的过程中，引导学生悦纳自己，回归自身生长的角度来正确“追星”。在这一系列活动设计中，表述上的“做最好的自己”不需要重复出现，这样可以让系列设计的表述更简洁。

案例 5

“成童礼 · 我们十岁啦！”系列活动设计（四年级）

系列一：成童礼调查分享会

系列二：成童礼方案策划会

系列三：成童礼方案听证会

系列四：成童礼分工动员会

系列五：成童礼活动进行时

系列六：成童礼梳理反思会

（案例来自厦门第二实验小学徐舒婷老师的“成童礼 · 我们十岁啦！”系列活动）

分　析

徐老师的“成童礼 · 我们十岁啦！”系列活动设计，聚焦四年级学生十岁这个关键节点，在促进学生自我意识觉醒、自主生长的导向下，通过设计系列活动让学生完成由自己组织并实施且符合自己意愿的仪式性活动，让学生在实践中感悟生长，在仪式中沉淀生长，在过程中学会做事。这些直接反映在其系列化设计的逻辑上：其一，关注学生学习生长实践的行为类型，通过聚焦调研、分享、策划、听证、分工合作及反思等学习实践行为促进学生生长；其二，关注活动开展的方式，以分享会、策划会、听证会、动员会、活动会及反思会来串联整个活动实践的过程，凸显了具体活动发展的过程逻辑；其三，关注结果的同时，更关注过程，除了力求通过“成童礼”这一活动实现育人之外，更多聚焦活动实践过程，充分发掘过程节点的活动价值。这一设计思路是典型的班级建设活动的设计范式。

第八章

主题班会活动的结构设计

主题班会活动作为一种活动性课程，更多是基于学生学习实践行为方式展开的活动。通过对“课型”的探讨，可以启发对主题班会活动的结构，也就是活动范式进行探讨，从而提升主题班会活动实践过程的有效性、针对性和过程呈现的丰富性。主题班会活动存在主题生成式、方案策划式、活动体验式、方法指导式、复合结构式、实践探究式、展示交流式、评价反馈式等典型活动范式，由基本的活动结构范式可以演变或组合出各种各样的活动结构形态。

第一节　主题生成式

要过什么样的班级生活，建设什么样的班级，这些都是由班级中的学生及相关教师或班主任决定的。那么，在主题内容选择上就必然有一个基于民主精神的讨论、协商、对话的过程，由此产生了主题班会活动中主题生成式的结构。

主题生成式主题班会是指活动实施中，师生围绕一个大的主题，通过互动探究的过程将其分解成适合不同学生合作实践行动的小主题，进而成为学生阶段活动的主题。“儿童、教师乃至普通大众，与专职科学家一样，都是‘科学研究者’。彼此间的区别不在于有无科学研究，而在于科学研究的目的、内容、方式不同。”[①] 因此，要引导学生通过确立研究主题的方式来确定科学研究过程，从而促进学生的发展。

在这个过程中，教师通过联系主题活动资源、创设情境、引出课题，鼓励学生围绕课题提出自己感兴趣的问题，并把联系密切的问题整合为几个小主题（也称为子课题）。教师引导学生根据自己的兴趣爱好形成可操作的课题，再对其进行适切的分析、判断与引发，并与相同选择者组成课题组。探究过程中，教师需注重动态生成的问题，与学生一同灵活调整、优化主题。

主题生成式主题班会活动的一般过程：教师通过分析，明确提炼出大主题；学生进行头脑风暴，分解成小主题；师生共同合作，确定小主题；建立学生共同体；学生共同体优化小主题。

主题生成式的核心指向的是学生的问题提出与问题聚焦。在问题提出与聚焦的过程中，学生的发散思维和聚合思维能够得到有效的发展。从学的角度来说，此范式的主题班会活动与学科课程活动将贡献同样的学生成长资源，拓展育人价值空间。

---

① 李雁冰．科学探究、科学素养与科学教育［J］．全球教育展望，2008，37（12）：17.

1. 定大主题

主题班会活动的主题应当来自学生的班级日常生活，即对班级共同体共同实践中产生的问题的解决，不管是来自外部的主题还是来自内部的主题，最终都要回到班级日常生活实践的层面来解决。定大主题的过程，就是对班级要过什么样的班级生活、要建设什么样的班级、要从哪个维度来实现班级实践的回答。一般来说，班级日常生活所表现出的具体内容及形态差别不大，但不同的班级建设根据不同的价值立场、不同的实践情境，在具体的主题实践过程中会有比较大的差异，这就需要针对具体班级情境来确定大主题。

2. 析小主题

析小主题有两个层面：其一，从实践的角度来析小主题，也就是把大主题进一步分解成若干个小主题，使不同小主题形成一个系列性活动。这里既可以从横向和纵向两个层面来分解主题，也可以从过程和内容两个维度来分解主题。其二，从不同的实践方向和不同的实践群体对一个大主题开展不同层面的探索，从而在一个主题班会活动中尽可能实现多种可能性，也为不同学生的发展需求提供方向。分解主题的过程，实质就是师生不断互动认识主题、不断清晰预设实践的过程。通常可以采用头脑风暴法，充分调动学生的参与积极性，拓宽视野。这不仅是解决问题的过程，也是培育学生发散性思维的过程。

3. 定小主题

过多的小主题会使实践失去方向，也会导致实践出现偏差，无法凝聚班级整体的实践力量，因此需要有一个定小主题的过程，即根据班级日常生活的实际情况和班级发展需要，选出最符合班级需要的小主题。同时，定小主题要关注不同学生的兴趣和特长，要因地制宜，具有可操作性。这个过程可以通过聚合的方式来展开，在对小主题进行同类归并分析后，保留符合班级日常生活气质的小主题，也可以通过投票的方式来确定小主题。需要注意的是，小主题不宜太多，也不宜太少。

4. 建主题团队

交往关系是班级生活的主要实践关系，分工合作是班级日常的实践形态。既要通过小组实践乃至班集体实践来发展班级日常生活实践的整体性与代表性，也要通过不同的分工方式来实现对一个班级事件的有效解决，这样也满足了不同学生的不同发展需要。因此，要在学生对不同小主题进行自主选择的情况下，确定出围绕一个小主题的实践团队。然后，推进主题团队的建设，如小队的组织建设、文化建设。项目团队需要凝聚共识，讨论分工及方案设计等。

5. 优化实践

优化实践是在主题选定、团队建设完成后，对实践方式进行讨论的过程。团队建设完成后，需要对所确定的小主题进行方案设计，把如何实践变成团队共识和团队实践指南。那么，在这个过程中，原始主题的提出者或提出原始主题方案的团队，需要与所有团队共同讨论研究，考虑不同团队背景下的实践方案，也就是优化主题实践方案。

主题生成式可以单独作为一次节点活动来开展，也可以具体结合在不同类型的活动中完成。同时，不同的实践价值取向，对主题生成式的选择也有较大影响，大体来说可以完整遵循以上的逻辑。具体的实践操作应当根据实际的情境来调整。

案　例

早操集结令之“秘籍切磋　助长神功”

（实录：厦门市深田小学　洪尤卓）

播放花絮

花絮内容：配合背景音乐《男儿当自强》，通过视频和图片回忆之前学生做操的情况。“少年立志　剑指盟主”中：同学们立志要争得早操冠军的照片。“当今高手　谁为我用”中：体育老师、班级早操领操员等做操的画面。“武林各派　闭关修炼”中：不同小队在课间练习、在操场练习、在家中练习，甚至天黑了还聚起来练习的画面。“擂台争霸　牛刀小试”中：同学们认真做操的图片和视频。

评　点

播放花絮，能够充分调动学生已有的实践经验，其不仅仅是一个经验唤醒的过程，也是对学生日常生活实践经验的结构化梳理过程；通过设计“武林各派”的概念，将小队的组织形式进行转化、迁移，从而营造新异的形式，使实践更加形象化、场景化。

（一）“门派”亮相

师：同学们，刚才我们从花絮中看到，经过这一段时间的闭门修炼和班级内擂台比赛，你们的“神功”进步得非常快。那么现在是不是洪老师随便抽一节，你们都会做？

生（齐答）：是！

师：真的这么有信心？我想一想，有一节操，看似很简单，但同学们在做这节操时常常手举得不够直，导致整节操不是很好看，这一节就是伸展运动。哪一个小队敢来试？

生（做操，喊口令）：一二三四五六七八，二二三四五六七八，三二三四五六七八，四二三四五六七八。

师：谁来夸夸他们？你来夸。

生$_1$：我觉得他们都做对了。

生$_2$：而且个个都很有精神。

生$_3$：他们的每个动作做起来都很整齐，没有一个人慢，也没有一个人快。

生$_4$：他们的节奏非常准确。

师：还有一节操，同学们记得手上的动作就会忘记脚上的，做得歪歪扭扭，这一节就是体侧运动。哪一个小队来试？好，站好位置，非常精神，非常好！来，预备，体侧运动，开始。

生（做操，喊口令）：一二三四五六七八，二二三四五六七八，三二三四五六七八，四二三四五六七八。

师：好！谁来点评？

生$_1$：A 同学以前做得懒懒散散的，结果现在做得挺好的。

生$_2$：我感觉他们的动作很整齐。（学生做某一动作）这个动作特别整齐，之前左边右边，一直都弄不清楚。而且他们现在做得都很有精神。

生$_3$：之前做得很乱，现在他们做得更好了。

师：最后洪老师要考的这节操，你们知道，是体转运动。它有八个八拍，有时候转左边，有时候又转右边，大家常常会做乱，不知道往哪边转。再请三个小队来试！各位“少侠”，准备好了吗？

生（做操，喊口令）：一二三四五六七八，二二三四五六七八，三二三四五六七八，四二三四五六七八。

生$_1$：我觉得“向日派”做得很整齐，而且动作很到位，特别是小队长。

生$_2$：我觉得B同学这次做得比较整齐，比较有精神。

师：一个人不可能整齐，一个人叫做动作要做——

生$_3$：做标准。

师：做标准，做到位。一个小队叫做整齐，一个人叫做标准、到位。你觉得谁做到位了？

生$_1$：B同学。

生$_2$：我觉得他们每个人都做得很准确，没有人抢拍，该做哪一节的时候就做哪一节。

师：是呀！之前我们常常有抢拍的情况，但现在没有了。好，所以大家都有进步，辛苦三队小师傅，我们把掌声送给他们。同学们，你们刚刚已经能够主动运用之前一起总结的“准确、精神、整齐”这个高手标准来评价你们的同学了。这段时间大家都有进步，越来越接近高手标准，个个都是武林小高手了。

评　点

这一活动，既关联了之前的主题班会活动，也关联了学生阶段实践过程的成效，从而激发学生的成就体验。通过不同“门派”的分内容展示，可以观照整体的实践水平，从而为下一步的推进、为有意义成长经验的提炼奠定基础。没有学生的成就体验过程，就没有集体性的成长共识的形成，也就不可能有学生共同集体生活的对话基础；同时，在引导的过程中，不断地回到与原有状态的比较追问中，进一步渗透实践的历程感。

（二）“秘籍”切磋

师：老师很好奇，你们之前是这个样子的（展示之前做操的图片），现在是这个样子的（展示这一阶段学生做操的图片）。这段时间各大“门派”都发生了什么事情，你们都做了些什么？谁来跟我们交流交流？

“少林派”贺同学（队长）：我们在开始练习前做了调查。如果不做调查的话，就只能这样一个一个指出来，做了调查后就可以知道小队里有哪些同学做得比较好，他们可以做小老师，也能知道哪几节操比较难做。

“草莓派”罗同学（队长）：我们小队也做了调查。我们让小队里每个人都先做一遍，然后我发现我和C同学做得比较好，我们就当小老师，列了一张计划表，一个人负责两个队员。

“草莓派”薛同学（队员）：我们的计划是一天练习过关三节早操。这样的话，练习时间比较短，他们不会累，会更愿意练习。

“武术派”张同学（队长）：之前我们小队在准备眼保健操比赛的时候没列计划，感觉一边想做这个事，一边想做那个事。这次我们列了计划，每天要做什么就很清楚，不会那么乱了。

“行动派”钟同学（副队长）：我们小队每天在莲花公园练习，练好的就可以去玩，没有练好的还要继续练。用了这个方法后，我感觉大家就不会那么懒散，练习的时间短多了。

“向日派”张同学（队长）：我们小队成员住得比较分散，没办法天天聚在一起练习，大家就先在家里练，然后到学校来我会把关，纠正一些错误。如果队员愿意分享自己做操的照片或视频，就奖励一根铅笔。

师：大家是因为想要得到文具奖励或者获得在公园玩的时间才认真练习早操的吗？

“向日派”杨同学（队员）：不是。是因为想让班级在比赛时能获奖。

师：用奖励这个方法很好。你刚刚还说了大家要先在家里练习，然后由你来把关，为什么？

“向日派”张同学（队长）：我们在家里练习，看不到自己的动作，所以我请妈妈帮忙，她会纠正我。我先做好了，再来纠正大家的错误。

师：对啊！在爸爸妈妈的帮助下，我们才能发现一些我们平时发现不了的问题，所以向爸爸妈妈求助也是一个很好的“秘籍”呢！那么，我们在生活中除了可以向爸爸妈妈求助，还可以向谁求助呢？

生$_1$：体育老师。

生$_2$：求助高年级的大哥哥、大姐姐。

$生_3$：求助网上的标准视频。

师：所以会求助也很重要。还有没有其他“秘籍”？

“和美派”吴同学（队长）：我们小队是每人回家做两遍，然后在语文书上签名。通过这种方法可以知道他有没有做。

“和美派”黄同学（队员）：我们在参加眼保健操比赛的时候也是这样做的，小队得了二等奖，所以我们感觉这个方法很好。

“和美派”高同学（队员）：我们回家做给爸爸妈妈看，好的话他们就会给我们签名，不好的话就不签名。队长第二天一看，就知道谁没做好，谁做好了。

“神功派”张同学（队长）：我们是在家里发练习视频到小队群里，林同学发了很多视频，几乎每天都发。

师：林同学，是什么让你坚持每天发视频的？你不需要写作业、上兴趣班吗？

“神功派”林同学（队员）：要！我会在做完这些事之后找剩余的时间练，因为我们要参加比赛啊！

“神功派”张同学（队长）：林同学以前做操时会抢拍，现在不会了，而且动作更标准，更有精神了。现在她是我们队的小老师。

师：我们想象一下，如果“神功派”每一个人都像林同学这样每天坚持挤出时间来练习，“神功派”会怎么样？

生（齐答）：会变得很强。

师：如果我们全班 54 个同学都像林同学这样练呢？

生（齐答）：更强了！

师：用这种线上线下互相监督的方式，我们可以了解彼此做得怎样，也可以督促大家去练习。如果每个人都像林同学这样坚持练习的话，小队、班级做操的水平一定会更高，所以“秘籍”也应该加上一条，叫“能坚持”。

“猛虎派”吴同学（队长）：我们小队是周一晚上七点到友邻中心，看着视频练。除了上次 E 同学膝盖受伤了，我们暂停，不然我们每周都这样练习。

师：为什么不放弃 E 同学，干脆你们 5 个人先自己练算了？

“猛虎派”吴同学（队长）：因为我们是一个团队。

“猛虎派”廖同学（队员）：多一个人，多一份力量。

师：你们讲得很好，能坚持每次都聚在一起，也是一种本领。你们小队齐心协力，所以在早操比赛中才能取得这么好的成绩！

评　点

在前一阶段的成就体验过程中，教师逐步对学生解决问题的方法进行提取，从而让学生的成长不再是空洞的，而是基于具体实践过程的。这些方法，通过师生共同的梳理，不断向其他日常实践迁移。有效的教育活动，往往只是教师往前多走了一步，对其他生活事件多了迁移、转化的实践追问。列计划表、拍视频、相互激励、当小老师、求助父母、相互监督……这些都是有意义的发现，实现了学生学科学习与班级日常生活的勾连、家庭生活实践与学校班级生活实践的勾连、线上线下生活实践形式的勾连以及不同学生日常生活化的联系，从而拓展了学生日常生活的交往边界，实现了学校教育活动在校外活动的延伸价值。通过推进小队建设来实现班级建设和班级事务的解决，关注了小队，也通过小队间的互动引向了对班级整体的关注，更通过对具体个别学生的典型化、案例化处理，指向了学生的个别化教育，实现了教育活动的价值具体化。

(三) 助长“神功”

师：同学们，离我们参加全校的早操比赛还剩多久？

生：3 天。

师：你们看，九个“门派”有九个“门派”的绝活，我们一下子有了这么多的“秘籍”。接下来怎么用上这些“秘籍”帮助我们班取得早操比赛的胜利？谁有主意？哪个小队有主意？现在主意太少，每个小队都有一两个有主意的，没事，我们先讨论一下，把好主意跟小队的队员分享一下。

师：谁来说一说，在接下来的三天，我们怎么用上这六条“秘籍”？要怎么练？哪一个小队现在有主意了？F 同学，你们那边一直争执不下，来，你说一说。

生（F）：我有一个好办法，就是和其他小队合作，让做得好的小队来教那些做得还不是很好的小队，这样效率更高。

师：对。班级里有的小队已经做得很棒了，有的小队还可以再努力，所以可以让小队跟小队手拉手，我教你，你帮我看，这是一个好主意。但是刚刚你们小队的 G 同学也有自己的疑虑，你可以把你的疑虑说出来。

生（G）：万一两个队的方法不一样，怎么办呢？

生$_1$：一起学习对方的方法。

生$_2$：我想到了，可以让和我们方法一样的小队跟我们一起练习！

师：和方法一样的小队在一起，产生摩擦和矛盾的可能性比较小，你思考得太深入了。

生$_3$：先把我们小队练好，再去帮助有困难的小队，然后两个小队再去帮助其他小队。

师：自己的小队要先练好。要知道，比赛是54个同学参加，这54个同学被分为几个小队？

生：9个。

师：如果每一个小队的同学都练好了，每一个小队都练得特别棒，那我们班会怎么样？

生：很强。

师：所以，每个同学都要努力，每个小队都要努力，全班才能一起进步！同学们，接下来的三天时间里，就让我们一起努力，小队跟小队手拉手一起进步，争取取得早操比赛总冠军，好不好？

生：好！

师：有没有信心？

生：有！

评　点

这一阶段要实现对“秘籍”的迁移、转化，从而促进学生对问题解决及智慧实践的内化；通过实践承诺形式促进学生发展的延续，进一步强化学生的实践动能，解决学生实践的热度问题。同时，通过前面不同“门派”的“秘籍”提取，输出观念与方法，为其他小队提供支持与助力，逐步消解基于“门派”建设带来的竞争割裂，从而逐步渗透班集体意识。班集体意识的形成不是喊出来的，而是基于具体的实践活动，是建立在活动载体上的。

第二节　方案策划式

发展中的学生有必要也有能力成为策划的主体。策划一个主题活动，首先是有明确的人、事、物作为对象，然后是针对对象内外关系进行整合。此外，还要有明确的策划框架，框架内的项目要有清晰的逻辑顺序。逻辑顺序主要体现的是这一对象的核心与其内外因素的关系，以及活动环节的具体推进顺序。美国生物学家雷切尔·卡森说："'科学'是日常生活之外的独立组成部分，我坚决向这种观念挑战……科学的素材也是生活的素材。科学是活生生的现实，是我们经历的每一件事情是什么、怎么样和为什么的问题。"经历是无序的、随意的、复杂的，那么策划方案的制定就是要让过程清晰化，让实践探究行动明确化，从而提高学生实践探究活动的价值。

方案策划式主题班会是指学生共同体对自己小组的方案进行评估、制定、再明确等进而建构问题解决系统的过程。策划强调整体思维。根据课题的不同特点，教师要引导学生对整个过程进行设计，包括主题的设定、目标的设计、人员的安排、时间的配置、地点的安排、材料的准备、活动内容的安排、活动过程预案等。

方案策划式主题班会活动的一般过程：各组学生前期的策划实践；以一组或两组策划案为主体，小组学生展示策划案；师生互动过程中，教师引导出策划案的结构；各组学生运用策划案结构进行策划完善；各组学生后期的策划论证。虽然方案策划活动过程对学生的发展具有重要的价值，但也应当认识到策划不是万能的，应该根据主题和学生的阶段发展特点进行相应的选择。

方案策划式的核心指向的是培育一种活动预设的能力，基础是应对复杂情境的分析与整合能力。方案策划式能够极大地发展学生的整体意识，促进学生整体融通思维的培育。

在推进方案策划式主题班会过程中，虽然具体操作有所不同，但大多离不开以下几个要素。

1．建策划结构

学生要开展方案策划活动，就得了解什么是方案策划，以及策划的基本要素、基本结构、基本过程及形态。“策划”是一种策略、筹划，是为了达到一定的目的，在充分调查环境的基础之上，遵循一定的方法，对未来即将发生的事情进行系统、周密、科学的预测并制定科学的、可行的方案。学生要通过交流、讨论使一件复杂的、未发生的事情在纸上先成型，并且要针对实际情况，不断地完善方案，最终实施计划。李家成教授指出：“在学生的生命成长中，‘策划’具有重要的意义。它渗透于‘事’与‘人’的发展之中，并体现出从无到有、综合创生的特质。”① 在策划中，学生的逻辑思维、语言表达、组织协调、人际交往等各方面的能力得到提升。策划活动忌讳的是由教师直接给予学生策划的方案或策划的样本，教师应引导学生逐步形成认知，从低级的、简单的方案策划不断发展到复杂的、多元的方案策划。

2. 行方案制定

在一定的认知基础上，学生围绕具体的主题开展策划活动。策划活动的具体表现是策划方案的形成，这个过程可以通过个人自主策划、团队策划、班级策划的方式来完成。这几种方式可以单独实施，也可以组合实施。个人自主策划存在思维及考虑不全面的问题，团队策划需要协调好人与人的立场与观念问题，班级策划需要有不同群体的协商与对话过程。方案制定的核心是把握策划的结构，根据预设的情境开展模拟想象活动，也就是在活动前进行“思想实验”。“思想实验”实践过程中，需要把握方案的可操作性、简洁性、科学性及共识性等。

3. 证方案可行

一个活动方案形成后是否可行、是否达到实践要求，需要对方案进行论证。这样的论证过程，本身也是不断提升学生思维能力的过程，促使学生基于实践进行更深入的思考。同时，对策划水平尚处于起步阶段的学生来说，形成一份操作性强的方案不是一蹴而就的，而是需要在多层次的论证、讨论中进行修改、完善的。论证的过程就是个体和团队不断互动交流、集思广益来完善方案的过程。

4. 践方案过程

活动实践情境及实践条件的不断变化，要求活动方案有针对具体情境的

---

① 李家成. 论学生发展能达到的境界：基于“新基础教育”学生工作改革实践的研究 [J]. 华东师范大学学报（教育科学版），2011，29（1）：31.

预案和应对突发状况的调整能力。也就是说，实践方案不是一成不变的，而是受各种不可控因素的影响。因此，不仅要重视实践过程的监控与调控，还要明确实践过程中灵活应变能力的重要性。这是评价方案策划一个很重要的过程性指标，可以通过活动过程及活动成效来反思方案策划的水平。

5. 思价值提升

方案策划对班级活动实践的开展及对学生能力素养的发展都有极其重要的价值。价值可以在方案策划及方案实践的过程中渗透实现，通过体验来完成，但更多的价值提升，应该是在策划活动结束后，通过分享会的方式，组织学生进行反思。在总结交流环节，通过不断追问“策划方案实施情况如何?”“是否达到了活动策划的目的?”“活动策划与具体实践过程中的差异有哪些?”“你如何评价自己和同伴在策划活动中的表现?”“对于策划案，还有哪些地方需要进一步改进提升?”等问题，引导学生对策划方案及其制定过程进行反思，从而提升策划活动的育人价值，让策划意识与能力深入学生的内心。

对于方案策划式主题班会活动，应当进一步明确的是，策划活动很重要，但策划不是万能的，策划只能在一定程度上提升学生的活动质量和实践水平。同时，不是所有的活动都适合策划，也不是所有学生都能够开展策划活动，因为活动事件不同、情境不同、学生能力发展层次不同，等等。策划活动的开展有一定的局限性，需要在具体的实践过程中准确把握。

案　例

课　　题	夏之社——快乐启动		
年级、班级	四年（1）班	学校、班主任	厦门市演武小学 戴瑶瑶
活动目标设计	1. 学生通过回顾春季系列活动，总结春季活动的特点，生成四季系列活动的一般性经验，并在课堂上迁移运用，策划夏季活动。 2. 通过学生社团的合作与共思，增强社团的凝聚力，培养社长的领导力。 3. 通过整合资源的方式，促进各个社团互相沟通与协作，促进同伴间的交往。		

续表

学生分析	21 个阳光开朗的女生和 27 个积极向上的男生组成了充满活力与正能量的“阳光一班”。这是一个在“新基础教育”理念的引导下成长起来的班集体，经过两年多的教育实践，学生的精神面貌不断更新，综合能力不断提升，班级生活也变得更加丰富多彩。 针对四年级学生的发展需求，结合本班学生的发展现状，本节班会课（系列活动）将四季系列活动与班级的社团发展相结合，将小群体包容在集体积极氛围的引导下，共同为集体出谋划策。
背景分析	三年级的小队建设和岗位建设，使学生学会分工与合作，懂得利用各种有效资源为班级建设服务。四年级上学期的班级特色文化项目建设让学生迸发出创造的热情，他们在已有能力的基础上，学会了整合资源，学会了解决问题，懂得了创新和坚守，更加明确了班级文化的内涵。四年级下学期，学生能敏锐地察觉到班级生活中存在的问题，并提出初步的解决方案。 春季，本班在上海市闵行区浦江第三小学五年（5）班的春季活动的启发下开展了“种春——我是护绿小使者”“读春——我是最美朗读者”“玩春——我是最牛养蚕人”等一系列春季活动。学生在活动中展现出浓厚的兴趣。从学生反馈的感悟中，可以看出春季的系列活动让学生回到自然中，关注到了生命生长的过程，同时，与学科的大胆融合让他们收获了许多学科知识，度过了一个“最特别的春天”。因此，学生对夏季的主题系列活动充满期待。本节课将夏季系列活动策划的权力下放到社团中，让学生在浓厚兴趣的引导下，在前期经验的帮助下，初步策划出属于自己的夏季活动。本节课是策划方案的第一阶段，重点落在活动主题的选定与完善上。

续表

系列化设计	系列主题：多彩社团，阳光一夏 一、夏之社——齐策划 第一阶段：快乐启动 第二阶段：完善策划 二、夏之社——齐多彩 第一阶段：多彩社团——在学校 第二阶段：多彩社团——在假期 三、夏之社——齐收获 第一阶段：总结回顾，发现新成长 第二阶段：策划秋季，社团有经验		
活动进程	学生活动	教师活动	设计意图
活动导入	1. 观看回顾视频。 2. 思考：四季系列活动与以往的主题活动有什么不同？	1. 回顾春季系列活动。 2. 引导总结四季活动的特点。 3. 引出夏季主题。	让学生在回顾春季系列活动的过程中学会总结，能生成一般性的活动经验，并在课堂上进行迁移运用。
社团齐思考	1. 社团小组内部讨论。 2. 全班交流。 3. 总结并生成夏季系列活动的策划要点。	1. 引导社团回顾春季活动的策划过程，并总结要点。 2. 引导交流：夏季活动如何策划？ 3. 板书生成夏季系列活动的策划要点。	1. 通过学生社团的合作与共思，增强社团的凝聚力，培养社长的领导力。 2. 通过教结构，生成新的教育资源。
方案初策划	1. 结合策划要点，社团内部讨论并选定本小组的活动项目。 2. 按照策划要点，讨论形成初步的策划方案。	1. 引导各个社团根据策划要点进行活动畅想并选定主题。 2. 指导社团完成初步策划。	1. 通过学生社团的合作与共思，增强社团的凝聚力，培养社长的领导力。 2. 提高学生短时间内的思维效率，培养学生的发散思维。

续表

方案再完善	1. 社团代表上台展示策划方案，其他社团认真倾听、记录。 2. 社团代表倾听其他社团提出的修改建议，并现场做出修改。 3. 各社团内部进行讨论并完善策划方案。 4. 全班交流。	1. 引导社团互相评价，学会互相欣赏。 2. 强化学生整合资源的理念，引导学生进行反思，学会完善策划方案。	1. 培养学生的现场学习力。 2. 促进群体间的交流与协作。 3. 培养学生整合资源的理念与能力。
方案新发布	1. 各社团发布策划方案。 2. 全班进行投票，选出可行性最高的策划方案。 3. 得票数最高的社团发布活动预告。其他社团课后继续修改策划方案。	1. 引导学生根据策划要点进行投票。 2. 公布可行性最高的方案。 3. 引导学生为策划的执行做好准备。	让各社团在集体活动中找到成就感，为后续活动的开展打下基础。
板书设计	夏之社——快乐启动 回顾春季：选择项目、确定目标、安排人员、选取地点…… 畅想夏季：？——！		
活动反思	本次活动中，学生通过回顾、总结、思考、交流、展示等环节，一步步认识方案策划，同时通过多种形式的对话，进行思维的碰撞，提升对复杂情境的分析与整合能力。		

第三节　活动体验式

体验是人成长的主要方式之一。设置体验式活动是主题班会活动的主要范式。然而，现实中的各种主题班会活动在活动设计和实施过程中还存在较多不足，如一些主题班会活动存在假体验、体验不充分等现象。为了强化主题班会活动中的体验设计，产生了以体验为主的活动体验式主题班会活动。

活动体验式主题班会是指通过真实的或虚拟的场景体验，活动共同体经历真实的实践过程，从而丰富学生的经验获得，使其在现场体验中获得体悟。基于学生日常生活的主题班会活动本身就是日常生活的构成之一。通过加强班级生活引领的主题性和活动性，班主任将学生生活和成长所需要的引导渗透到活动当中，从而促使学生获得体验，实现把班级还给学生、把学校生活还给学生的目标，让学生以主题班会活动为媒介，进而成为班级和生活的主人。其中，需要关注的是学生体验活动的真实性、充分性、多样性、深入性和连续性。

活动体验式主题班会活动的一般过程：体验情境的唤醒，体验活动的展开，体验情境的场景冲突，体验情境的分析，体验感悟的获取，体验感悟的迁移。活动体验的有效性有赖于活动情境设计的质量，即场景的适切性。在此过程中，同时要关注通过体验活动的高度来实现体验的真实性，通过体验活动的密度来实现体验的充分性，通过体验活动的广度来实现体验的多样性，通过体验活动的深度来实现体验的深入性，通过体验活动的长度来实现体验的连续性。

活动体验式的核心指向的是体验情境的创设，关注的是实践时空场景的创设，通过实践过程来丰富经历，在经历过程中实现行动的价值。最终渗透的是实践行动的思维和不断创生的思维，规避空洞说教与无效说理。

（一）活动的高度：体验的真实性

主题班会活动的设计应在目标上有高度，重在对主题班会活动理念的重新认知——立足于学生生命的主动健康发展，设计有针对性的体验活动，保障学生体验的真实性。

生活的本质属性是真实的、常态化的、不断演进的、不可逆转的。提出开展主题班会活动，不是为了表演，不是为了展示一节精彩的课，而是为了提升学生班级日常生活的品质，使之从无序的单向度状态走向多元互动的主动发展的状态。为提升学生在主题班会活动中体验的真实性，班主任在活动设计中应体现以下高度。

其一，要立足于学生发展阶段的特点，提出班会活动主题。如一年级的学生自我意识萌发，有一定的自我表现需要和被关注需要，思维发展以直观性思维为主。因此，在推进班级岗位建设过程中，可以设置一些简单且易于操作的小岗位，并保证人人有岗。此时，班主任召开班会，引导学生根据自身特点选择岗位，指导学生做好服务工作，就显得十分有必要。而一年级学生的意志力还较为缺乏，熟悉简单、易操作的岗位后会出现缺乏兴趣的现象，那么，在学生经过一段时间历练后，班主任就需要开展主题班会活动，进行轮岗或者通过多元评价的方式不断提升学生的主动性。

其二，要立足于学生的发展需要，根据学生的不同发展阶段设计各种活动。如为一年级设置的是小岗位，那么随着二年级学生同伴意识的逐步建立，班主任就可以策划班会，明确小组和小队建设的原则和要求，逐步推进小组和小队建设。

其三，要根据学生的生活和社会背景确立活动主题。如针对城市独生子女开展做家务的主题班会活动，就社会的环境问题开展环保教育主题班会活动，对学生开展城市交通安全教育主题班会活动。

其四，目标确立不是表演和呈现，而是关注学生的真实成长。如开展策划类的主题班会活动，应能够在班会中引导学生对策划案进行提升、完善和再整合，而非简单呈现给观众；对于总结类的主题班会活动，除了让学生展现精彩风貌，更应关注学生在阶段推进过程中获得了什么以及存在的不足，从而让学生在体验中获得成长感。

通过规避低效乃至无效的主题班会活动，学生的体验能回归真实，呈现出主题班会活动促进学生生长的高度。

（二）活动的密度：体验的充分性

主题班会活动应弱化说教的成分、降低煽情的比例，通过设计高密度的体验活动，引发学生的自主实践与思考，促使学生在活动中充分体验。欲使学生的活动体验更充分，可从以下几个方面提升活动的密度。

其一，增加主题班会活动中活动的频度。一节主题班会课只有40分钟，活动容量有限，但可以提升活动的针对性，如以小组、小队或部门联合分工的方式呈现，使个体在团队内和组际间的活动频度增加。同时，可以转变教师的主导地位，减少无效的教师介入，给学生充分的活动体验，进而使其获得成长感。

其二，拓展主题班会活动开展的时空界限。将一些活动准备渗透在学生的日常生活中，促使主题班会活动的焦点集中在学生成长感的获得上。

其三，注重活动梯次的设计。将一次主题班会中的多种活动按照学生认知和能力发展的规律进行梯次设计，提升活动的指向性和功能的明确性。如可以根据认知、体验、感悟、情感激发及意志催发来设计不同的活动类型组合。另外，可关注活动与活动的有效衔接，从而增加活动的效度。

其四，借助活动前的设计，明确具体的活动指南，提高主题班会活动中各项活动的执行力度。

有了一定的活动密度，才能保障学生体验的充分性，但这并不意味着活动越多越好。缺乏有针对性的高密度活动，只会让学生在热闹过后，挥一挥衣袖，什么也带不走。

（三）活动的广度：体验的多样性

传统的班级主题活动往往成为少数优秀学生的舞台，多数学生被选择性"遗忘"。这涉及的是活动的参与面和针对性问题。所谓"因材施教"，"材"应指学生的"材"、教育教学的"素材"和教师的"材"，由此应在活动的广度上关注多样性问题。班主任可通过增加主题班会活动的广度来提升参与主体体验的多样性。主题班会活动的设计与实施，重在活动资源的多元整合与运用。

其一，系列主题班会活动的长程设计应为班级学生的不同发展需求提供不同方面、不同层次的发展可能。在活动设计中，要充分考虑不同学生的性格特点，为他们参与活动设计出不同的角色。

其二，关注活动设计与实施本身的不同呈现形式。多形式的呈现，能够促使学生较为均衡地参与其中，得到协同发展，也能够促进活动本身的多维度展现，从而提升活动的品质。

其三，关注班级学生发展的差异性。要善于运用学生的差异性资源进行主题班会活动的设计与实施，促进学生在班级生活中的互相学习和合作发展。

其四，随着系列主题班会活动的长程推进，要能够从不同层面使不同主导方向的学生都有表现的机会，让学生在主动展示的过程中获得成就感，进而引发其参与积极性。

（四）活动的深度：体验的深入性

透过很多主题班会活动可以发现，当前学校德育或班级管理等以情感激发、体验和感悟为主，看似热闹非凡，但这些都是真实的吗？能够促使学生长期践行吗？现实的情况是，学校学生工作的虚假化、表演化、即时化和形式化总是潜藏在主题班会活动背后。

有效、真实的德育应促使学生树立道德意志和进行道德实践。因此，主题班会活动的设计与实施应有深度，使学生在活动深化的过程中获得深入的体验。有效的活动推进序列和活动支架的搭建应能够促进主题班会活动质量的提升。

其一，有效的活动推进序列关注的是主题班会活动设计的程序。学生在活动中获得体验感，进而转化为道德情感，并深化为道德意志，引领学生在日常生活中进行道德实践，促进学生策划能力、思维品质、反思能力和执行实践能力的提升。在这一过程中，需要意识到主题班会活动不能仅仅让学生停留在感动的层面。活动场域内的情感触动是即时的、浅层次的，难以形成持久的影响，也较难让学生将情感触动转化为道德实践和其他相关能力。

其二，在主题班会活动中要善于搭建活动支架，促进学生活动体验的深入。首先，要善于发掘主题活动的育人资源——主题素材的本体性资源、活动的过程性资源和活动的结果性资源，让学生有经历感、成长感、阶段感和自豪感。其次，要善于通过有效的介入来推进活动的发展，包括活动前准备阶段的介入、活动过程中的介入及活动后的长程设计式介入。其中，活动过程中的介入要把握好适时、适当、适切等几个方面，通过活动要求设计、问题提出、打断、追问、评价等方式来促进活动的发展，促使学生在活动中获得深层次的体验。

（五）活动的长度：体验的连续性

在传统的认知里，一周只有一节班会课，能做的事情很有限。的确，40分钟或45分钟的主题班会活动能完成的体验很少，但是应该打破班级管理和学生教育的时空限制，将主题班会活动作为一个系列活动推进的节点，由此拓展学生活动的长度，让非重要节点的活动弥散在学生的全部生活中，增强学生主题活动体验的连续性。欲实现班级主题活动在学生生长、生活中的弥散，应实现以下转变：

其一，转变对主题班会活动的认识。学生工作不局限于班会课堂，主题班会只是推进班级学生工作和引领学生发展的一个节点事件。

其二，主题班会活动设计应系列化，形成前移后续的长程设计。借助活动设计的持续性，特别是基于多个时间节点的长程设计，实现前移后续，让不同节点的主题班会活动形成学生持续的活动体验，进而拓展活动的长度，对学生形成长久的教育影响。

主题班会活动设计与实施的水平如何，直接反映出班会活动的成效，也将影响班级的日常生活和学生关键素养的发展。回归真实体验和培育学生的积极主动性是当前思考主题班会活动设计的第一要义。当然，这样的思考还需要逐步深入到不同类型和不同主题的班会活动的设计中。

案　例

课　题	多彩午间，我们会玩！		
年级、班级	二年（6）班	学校、班主任	厦门第二实验小学 黄冬敏
活动目标设计	1. 通过分享快乐，让学生感受自己在玩中学的点滴成长。 2. 通过交流游戏中的问题，提高解决问题的能力。 3. 通过思考解决方法，意识到小队合作中倾听和沟通的重要性，学会有效地倾听和沟通，培养小队合作能力。		

续表

学生分析	学生根据兴趣自由组队，最后根据男女比例稍作调整，形成小队。小队建设初期，学生还不太习惯这种组织形态，在系列活动一的节点班会中，我发现有些学生不太懂得小队讨论和小队合作，说明小队建设的起步不够稳、不够扎实。学生需要小队合作，但这个意识尚未被激发，能力也有待培养。 “多彩午间”活动期间，我发现学生有以下几个变化。一是玩性大发，创意十足。有的小队在认甲骨文的游戏中加入了挑战赛；有的小队在画图猜成语中轻松理解了成语的意思；有的小队在故事接龙中放飞想象的翅膀，天马行空，说得不亦乐乎。二是小队成员之间更加熟悉，稍微有些默契了。三是大部分学生对语文的学习热情高涨，后进生在活动中找回了自信，重燃学习热情。有家长激动地跟我说，孩子以前学习一直非常被动，这几天居然会主动查字典、写成语、读课外书……
背景分析	“多彩午间”系列活动以玩转语文为开端，现在每天的午间都能被学生充分利用起来。从老师关注和家长反映的情况来看，我知道学生需要也很喜欢这个活动，但放在小队中，却又会出现各种问题，表现出来的是还不太“会玩”的状态。这正是小队建设的问题，所以这次活动主题的主语从“我”变成了“我们”。 小队建设不是纯粹的建设，“多彩午间”活动也不是纯粹的活动。小队建设需要载体、需要平台，系列活动也需要形态。如果当作互不相干的两条路来走，那肯定是走不通的。小队建设是隐性目标，“多彩午间”活动是显性目标，两条线并不矛盾，应该像麻花形扭在一起，然后慢慢融为一体。意识到小队建设起步不稳，我立刻停下系列活动，插入了本次班会活动，帮助学生形成小队意识，培养倾听和沟通的能力，让小队成员之间能共享“多彩午间”玩学结合的快乐！

续表

系列化设计	第一阶段：小打小闹，自娱自乐。（学设计） 班级里分小队独立开展活动。 系列一：玩转语文，我有招！ 从一个学科设计开始，让学生学会设计简单的活动。 系列二：玩转课程，斗阵行！ 实践一周后，通过反思进一步感受活动设计的完整性，并辐射到其他学科。 系列三：玩转升级，乐翻天！ 多门学科活动同时开展一段时间后，进行反思和升级，做到乐玩、会玩！ 第二阶段：小队组织，其乐融融。（学组织） 分小队上台组织全班活动，每周四个小队。 第三阶段：独乐乐兮？众乐乐也！（学交往） 走出班级，将小队招牌游戏带到低年级，教弟弟、妹妹玩。		
活动进程	学生活动	教师活动	设计意图
开放式导入：交流感受，引入话题	1. 看照片，回顾“多彩午间”活动情况。 2. 漫谈感受，交流真情实感。	1. 播放“多彩午间”活动花絮。 2. 倾听学生的感受。 3. 小结导题。	通过分享快乐，让学生感受自己在玩中学的点滴成长，同时直面活动，意识到问题的存在。
解决问题一：有小伙伴不想玩，怎么办？	1. 漫谈原因。 2. 小队讨论原因及对策。 3. 情景对话，分享对策。	1. 出示小队讨论提示。 2. 交流对策过程中相机指导。 3. 场景再现，采访实感。	1. 教结构：明白解决问题要先思考原因，学会分析原因。 2. 通过小队讨论，培养小队讨论的能力，提高解决问题的能力。

续表

解决问题二：意见不合，怎么办？	1. 交流方法，现场试用。 2. 漫谈问题，互相解决。 3. 小队讨论下阶段的方向。 4. 交流讨论结果和意见不合时的解决方法。	1. 过渡。 2. 倾听解决方法，相机指导。 3. 出示小队讨论提示。 4. 概括小结。	1. 用结构：先分析原因，然后思考讨论对策。 2. 在交流问题二的解决方法后，讨论下阶段的方向，让学生现学现用，学会更好地统一意见。
总结延伸	课后在“多彩午间”活动中收集更多的妙招卡，打败“小恶魔”。	肯定本次活动中收集的妙招卡，鼓励学生在实践中继续勇敢地面对问题，小队合作分析原因，讨论解决对策。	将课堂上的收获带到实践活动中，实现育人价值最大化。
板书设计	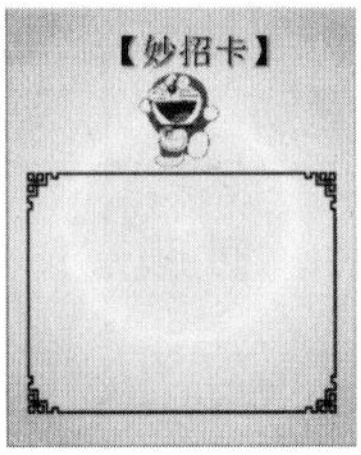		
活动反思	1. 本节班会活动没有把控好时间，来不及讨论下阶段的方向，这个环节是对统一意见方法的运用和检测，没有体现出来很可惜。 2. 本节班会活动较成功之处在于过程的组织，让学生有更多参与的机会，体现了整体意识。且表达形式多样，有说有演，有学生自己写，有图片引入，有老师参与情景对话等。 3. 关于重建的一些想法：(1) 生成性资源的捕捉还要更开放一点，对于基础性和生成性资源，还要进行组织加工。如不想玩的原因，可以重组为以下问题：分工、角色轮换问题，意见不合问题，难度调整问题。(2) 目标的指向问题。要停下研究每个小队，关注学生发展，将午间活动的能力和世界性大问题“学会生存”进行融通。		

第四节　方法指导式

在具体活动开展过程中，要把握好实践中的问题，要有效推进学生的班级日常生活实践水平，就需要教师做好引导，为学生提供必要的指导，包括心理支持、激励支持、资源支持、方法指导及拓展支持等。其中，实践活动最核心的指导是方法指导。

方法指导式主题班会是指围绕学生实践的主题活动，对所涉及的具体探究方法或解决问题的方法进行有效的指导，提高学生的探究及体验成效。根据主题的不同特点以及学生不同阶段的发展需要，可为学生提供方法选择、方法规范、方法运用等方面的指导，如如何设计调查问卷、如何进行访谈调查、如何收集资料、如何撰写研究报告等。实施过程中，教师要及时了解学生在研究过程中遇到的困难，给予必要的帮助和引导。如实地采访，教师要教给学生基本的礼貌常识和发问技巧。

方法指导式主题班会活动的主要过程：准确、具体问题的提出，问题解决方法的多元发散，方法规范和运用的明确，方法选择，方法实践尝试。

当然，在方法指导式活动中，要注意避免变成纯粹的方法知识，同时也要避免变成思路指导活动，应着力聚焦具体的问题解决方法。学生在开展实践活动的过程中，缺失的往往不是热情与态度，而是具体的方法。通过具体的实践行动来促进学生方法思维的习得，往往比掌握多少知识、多少道理要重要得多，这也是学习的核心。

（一）关注问题的准确性

学生在日常班级生活实践中，会因能力不足或视野限制而出现各种无法按照计划完成实践的情况，此时就需要教师提供智力支持，帮助并引导学生发现问题、解决问题。关注问题的准确性表现为两个方面：其一，学生往往不能准确意识到问题，问题不明确，就无法进行原因分析，问题也就无从解决。此时教师需要通过具体的方法，如因素分析法、解剖法、还原法、奥卡姆剃刀法等帮助学生明确具体的实践问题。其二，问题分析的准确性。明确了具体问题后，还需要对产生问题的原因进行分析，只有准确地找到问题根源，才能找到有效解决问题的方法。

（二）关注方法的操作性

针对问题的解决方法或具体实践工具的选择，学生实践过程中需要关注方法的操作性，方法应是学生能够掌握的、能够使用的，不会因为过于复杂或条件过于苛刻而无法实施。因此，在方法指导过程中，需要关注方法使用的具体过程、具体要求。同时，需要关注方法使用的层次性。方法使用要有循序渐进的过程，针对低年段学生的方法可以在一定程度上简单化，如策划，初期要求知道基本结构要素就行，后期可以要求做策划方案等。

（三）关注使用的过程性

实践方法是在具体科学实践当中不断归纳、总结出来的。方法往往有具体的行为范式、行为过程或议程。对实践方法的掌握不是知道了就行，也不是体验了就行，而应当在具体的使用过程中，体会方法的过程性，发现方法的奥义与价值，了解方法运用的限度与边界，最终让学生彻底达成自主方法运用的实践，促使学生在实践中迁移运用或转化。关注过程性，既要关注方法的运用步骤，也要关注方法在实践过程中的迁移运用。

（四）关注实践的主体性

学生需要方法支持，需要教师给予具体的智力支持，但这并不等同于教师直接给予学生方法或直接教学生怎么做。教师应当引导学生发现问题、分析问题，发现可使用的方法、认识方法、运用方法。要关注方法指导实践的主体性，把学生作为方法提出、方法运用和方法实践的责任人，教师不能越俎代庖。学生只有通过具体实践、深度体验发现问题，并在探索中发现问题的解决方法，才能提升实践的积极性和有效性。同时，学生也能够深度认识并掌握具体方法的实践运用。

（五）关注整体的策略性

方法指导式主题班会活动在实践中应当关注方法整体的策略性。其一，问题解决的方法不是单一的，同一个问题可能有多种解决方法，这就需要根据不同的问题情境和不同的条件选择合适的方法。其二，一个问题的解决可能需要多种方法，这就涉及多种方法的选择与配合问题。其三，方法不仅是为了满足解决问题的需要，还是整体实践活动的组成部分，是学生能力素养发展的重要组成部分，那么就需要站在整理实践活动的立场，对方法指导的实践过程及具体方法的选择与运用进行探索。

作为实践性的活动课程，方法指导式主题班会活动是不可或缺的。应意识到，任何主题班会活动都涉及方法指导。

案 例

课题	冲刺“贝”多分		
年级、班级	四年（6）班	学校、班主任	厦门市槟榔小学 林玲玲
活动目标设计	1. 通过观看彩排录像，发现彩排过程中存在的问题。 2. 通过小组讨论交流，初步提出问题解决方案。 3. 通过现场彩排，进一步体会团结协作的重要性。		
学生分析	四年级学生的自我意识逐渐增强，他们渴望表现自我。每当他们得知班级要开展活动的时候，都表现出极大的兴趣。但是，受能力和经验的限制，学生在解决问题的时候，考虑得比较简单，大多停留在点状思维层面。四年级是学生思维发展的关键时期，因此，提高学生的思维品质能够促进四年级学生的自我发展。与此同时，随着自我意识的增强，学生在心理上渴望表现自己的成长，小集体凝聚力增强，班级的凝聚力和荣誉感减弱。有些学生的交往面变窄，有些学生被孤立，有时还会引发小群体间的冲突。 本班的大多数学生乐于参加班级活动，但仅仅限于一些简单的活动。一旦遇到一些比较困难和繁重的任务，他们往往容易退缩。这可能与他们大多数是独生子女有关，他们习惯了在家里被父母一手操办，处于消极的被动状态。还有一部分学生不愿意参加活动，上班会课的时候也会走神。总的来说，在大多数情况下，班级的学生干部是活动的发起者、组织者。有些学生干部善于带动同学，但缺少一定的责任心，开展活动往往比较盲目无序；还有一部分学生认真、积极、负责，但缺少沟通协调的能力。同时，学生对活动策划的整体意识不够，对问题的思考过于简单。鉴于此，为了提高学生的综合策划能力，确定了“‘贝’加精彩”系列活动。		

续表

学生分析	在活动的策划阶段，几位部长和班主任沟通，利用班会课的时间形成初步的活动方案。当部长看到自己的创意成为具体的活动时，获得初步的成就感。对于大多数的学生来说，他们刚介入其中，未能感受到巨大的挑战，因此还未表现出明显的成长自觉。 在活动的实践阶段，各部门能在部长的组织下开展活动，实现发展。其一，学生的问题解决意识得到发展。学生遇到了困难，比如小组成员突然退出、小品的台词创作困难等，能自主地解决问题，提高了问题解决能力，班主任也引导学生关注活动方案中被忽略的细节。其二，原有的三个项目组根据活动的需要成立了内部组织，形成了丰富的组织关系。各部长的组织、号召、分工能力得到了进一步的发展，学生的合作能力得到了提高。随着分工的不断细化，更多的学生加入活动中。与此同时，各个部门的沟通协调存在不足，比如宣传小组制作海报时未能与节目组进行及时沟通，导致不能有效宣传、节目组内部不配合等。当学生第一次彩排的时候，这些未得到关注和协调的问题逐渐凸显，部门之间缺乏协商合作的能力，学生的问题解决意识有待提高。
背景分析	这学期开始，学校“周一的国旗下展示”改变了以往只展示、无评价的模式，引入了“‘贝’多分排行榜”这一元素，采用分贝仪作为评价仪器，现场采集观众掌声分贝来评定该班级展示得分。这样的评价机制极大增强了各班的展示热情，也提高了台下学生的观赏兴致。随着越来越多的班级参加展示活动，学校掀起了一波又一波的展示“狂潮”。 我们班作为第六个展示班级，倍感压力。当第一个展示的班级获得 84.1 分贝高分的时候，我们班级的各部门就开始行动起来。我们班级有一群能歌善舞的学生，他们渴望表现自我。前期展示过的班级的节目形式丰富，学生的宣传方式也独具特色，这给了本班学生很大的启发。为了能更好地展示，我们进行了一轮又一轮的探讨和调查，最终确定了“‘贝’加精彩”活动方案，并形成了以表演部门、宣传部门、后勤部门为主的活动部门参与实践。在晨曦活动时间里，我们以各部门为单位反馈活动的进程和反思。在课余时间里，各部门在部长的带领下开展活动。

续表

系列化设计	(一)“贝”加精彩主题系列活动之一——畅想“贝”多分 (二)“贝”加精彩主题系列活动之二——筹备“贝”多分 (三)“贝”加精彩主题系列活动之三——备战“贝”多分 (四)“贝”加精彩主题系列活动之四——冲刺“贝”多分 (五)“贝”加精彩主题系列活动之五——畅享“贝”多分 (六)“贝”加精彩主题系列活动之六——回眸“贝”多分		
活动进程	学生活动	教师活动	设计意图
活动开场	学生畅谈观看“贝”加精彩展示活动的感受。	“同学们，今天四年(3)班和(5)班的国旗下展示精彩吗?” “我们班级可以做得更好吗?下一周就轮到我们班国旗下展示啦。这节课让我们做最后的冲刺。”	激发学生参与活动的热情。
查找问题，提出对策	1. 总导演:“上周五，我们进行了第一次全体大联排。联排结束后，导演部和各个部门都及时记录了发现的问题。”(出示各部门讨论的图片)“宣传部已经把我们联排的过程录制下来，现在我们站在观众的角度，一起来完整地看一遍展示。请同学们一边看一边思考存在的问题。请宣传部播放录像。”	1. 邀请总导演上台组织这一次的活动。 2. 教师积极地参与各部门的讨论，进行指导。	观看联排录像，发现并及时提出联排过程中的问题，以部门为单位提出解决问题的方案，提高学生解决问题的能力。

续表

查找问题，提出对策	2. 学生观看录像。 3. 总导演："请部长组织同学讨论，将新发现的问题填写在表格上，并把你们想到的改进措施一并记录下来。讨论时间5分钟。开始！" 4. 各部门在部长组织下展开讨论。		
部门汇报	1. 总导演："时间到！请各部门按登台顺序进行汇报。" 2. 各个部门汇报反馈。 3. 导演部及时记录反馈的问题，进行总结。 4. 导演部出示事先准备好的示意图，结合存在共性的问题（如站位、队形等），全班讨论，提出对策。	教师及时介入学生的汇报，给予指导帮助。	通过交流问题解决方法，让学生尝试合作分析问题、解决问题。
现场演练	导演部结合对策，组织同学们进行现场演练，解决存在的问题。	1. 教师现场指导，给予帮助。 2. 教师采访："你觉得这次演练与第一次相比，进步在哪里？"	通过现场演练，验证问题解决方法的可行性，同时让学生体会到团结协作的重要性。

续表

<table>
<tr><td>活动总结</td><td>1. 导演部汇报下一阶段的活动。
2. 学生明确后续活动安排并开展活动实践。</td><td>“同学们，这节课我们的活动很有成效。我们不但发现了联排中存在的问题，还提出了可行的解决方法。你们真棒！下周一我们班级的国旗下展示一定非常精彩。下面请我们的“大功臣”总导演上台布置下一阶段的活动。”</td><td>激发学生参与活动的主动性和积极性，引导学生成为班级活动的主人。</td></tr>
<tr><td>板书设计</td><td colspan="3"><table><tr><td>存在的问题</td><td>改进的方法</td></tr><tr><td></td><td></td></tr><tr><td></td><td></td></tr><tr><td></td><td></td></tr><tr><td></td><td></td></tr></table></td></tr>
<tr><td>活动反思</td><td colspan="3">学生从前期的策划到具体的实践都遇到了问题。我意识到这对于学生来说，既是困难，也是挑战。因此，我积极地召开本次班会，通过问题的解决来锻炼和发展学生的实践能力。
活动前，导演部发现了活动中存在的问题并在现场进行反馈。现场学生进行头脑风暴，分析问题，初步形成问题解决方案。在本次活动中，除了形成方案，还在现场进行再次演练。这涉及具体问题的解决、问题的再次反思与重建。在短短40分钟的班会活动中，学生经历了完整的问题解决的过程：发现问题、分析问题、提出对策、解决问题。
通过现场的再次演练，我们发现新的解决方案还存在问题，但是学生已经初步学会了如何解决问题，这才是本次活动的最大价值。</td></tr>
</table>

第五节　复合结构式

主题班会活动的结构与学科课程的教学结构有显著区别。“教结构用结构”是“新基础教育”研究提出的一种教学法，强调的是长程两段设计的“教结构”与“用结构”的过程，促进学生对知识结构与方法结构的掌握与建构。从某种程度上说，教学过程是一种特殊的活动过程，是从具体的主题班会活动的内在实践逻辑及成效提升的角度，对活动实施的延伸进行探讨。它不仅仅是对教学法的认识，更是主题班会活动实践的范式。笔者将其称为复合结构式。

虽然主题班会活动指向的是学生的学习、学生的实践，但教师作为班级共同体的组成部分，从角色意义来说，是指导者与引领者。通过复合结构式来实现主题班会活动的价值提升，首先得在活动设计层面上有长程设计和结构预设的意识，其核心在于理解主题班会活动目标、资源、过程、方法及结果中所蕴含的结构有哪些，也就是明晰基于学生班级日常生活的主题班会活动设计中有什么样的育人结构。

从复合结构的角度来看，笔者认为，主题班会活动过程中的相关影响因素主要有经验结构、心理结构、方法结构、发展结构和素养结构等。这些因素分别影响主题班会活动过程中结构生成的多样性、规律性、程序性、逻辑性和实践性。

复合结构式主题班会活动的一般过程：唤醒学生经验的资源投放，生成结构的认知提取，解决问题的结构迁移，变式运用的结构转换，内化建模的结构自主。在具体的实践中，“教结构用结构”有许多变式，应根据主题活动实践过程的时空因素进行调整。

复合结构式主题班会活动关注的是学生的认知成长或认知升级，落脚于学生迁移转化思维的培养。

（一）经验结构：关注结构生成的多样性

学科学习与活动学习有显著的差异，这种差异导致了资源选择的不同。

主题班会活动的资源选择是基于学生的日常生活，而作为具体的人意义上的生活经验是千差万别的，有着独特的情境性与遭遇性。如遭遇班级学生要转学的问题时，这种离别所产生的体验对不同学生的价值是不同的。对有的学生是离别体验，对有的学生只是一个事件，对要离开的学生意味着未知，因此，就不能像学科教学的知识一样进行统一化处理。这样的经验结构对主题班会活动来说，就是一种结构生成的多样性。

同时，经验是有结构的，这就意味着，主题班会活动在学生分析的过程中，不是着眼于全体学生的共同缺失，而是聚焦问题产生的核心或事件推进的核心，从而有效地发现学生已有的经验结构，通过经验结构的提取来实现学生之间的结构迁移，让活动更灵动。如感恩主题的班会活动，往往导向去发现生活中的爱，但不是所有学生都不能有效感知爱，也不是所有学生都不清晰感恩的内涵，如果感恩对所有学生都是陌生的，那说明这个主题还不到开展的时候。因此，可以提取学生有关感恩的经验，实现育人资源的多样化。

（二）心理结构：关注结构生成的规律性

不管是主题班会活动还是学科教学，学校教育的一切行为都指向学生的个体社会化和社会个性化。任何脱离学生实际发展层次和发展需求的活动都是无效的。学生的心理发展水平是开展教育实践必须关涉的维度，基于学生日常生活的主题班会活动更要把学生的心理发展阶段作为考量的基础。学生的心理发展有以下几种结构：

其一，心理内容结构。学生的心理包括认知、思维、情感、意志等方面，不同阶段的发展水平及先后顺序等皆有所不同。主题班会活动必然要考虑一个活动中学生心理的发展层次，以及系列活动中学生心理的有效链接问题。如从认知来说，在二年级学生中开展垃圾分类的活动是合适的，但若让学生上网查找外文视频等资料，则显然就不符合学生的认知发展水平了。

其二，心理发展结构。学生的心理是不断发展的，且这种发展是有规律的。如认知是从简单到复杂、从初级到高级，思维是从直观到抽象、从直觉到辩证，情感是从感性到理性。从主题班会活动的结构来说，必须要关注学生心理结构的变化，使其实现螺旋式上升的发展。如在一年级进行的岗位建设活动，从一人一岗到一人多岗和多人一岗，不仅是出于合作分工的考虑，还是因为学生对事物的认知要经历从简单到复杂的过程，而且简单的实践为复杂的问题处理提供基础。同样，一年级设置的“黑板小卫士”岗位，如果到六年级还没有改为复杂的设计，就必然成为一项重复性的设计，导致学生发展价值的缺失。

当然，每一个心理发展的过程都不是绝对的。但从整体意义上说，主题班会活动中不能忽视学生的心理结构。

（三）方法结构：关注结构生成的程序性

学科课程一般有其独特的学科方法，教学过程中也有具体的教学方法。不同的学科对方法的选择有偏向性，不同的教学方法也会导向不同的教学进程。主题班会活动根植于学生的班级日常生活，从关注学生自己到关注人与家庭、人与学校、人与社会、人与世界、人与自然等范畴，不断延展。从内容层面上说，我们很难有明确的范畴；从方法的角度来说，也具有广泛性。那么对于主题班会活动，要从何种维度来谈方法的结构性问题呢？从时间范畴和程序范畴两个维度出发，可以将主题班会活动的方法结构分为四个层面。

其一，整体生活意义上的方法结构。这种方法结构的认识是建立在更好的生活需要的基础上，也可以理解为一种实践性的需要，即问题解决的方法论层面。可以理解为走向一种基于方法的生活实践，让生活事务的处理中蕴含方法实践。

其二，长程系列活动意义上的方法结构。长程系列活动中，多个主题班会活动或一个时间范围内的活动往往围绕一个主题开展，而这样的主题事实上也是围绕着不同的方法组合来确立的。方法组合的实质可以理解为一种结构，这种结构在不同的大主题系列中可以实现思维结构迁移或形式迁移。如发现问题、分析问题、提出对策、实践验证、反馈调整、再发现问题、再分析问题等事物螺旋式发展中，是有其内在的方法结构的。

其三，活动节点意义上的方法结构。主题班会活动有许多类型，有许多组织推进方法，如论证会、答辩会、策划会、总结会、反思会、推进会、指导会等都有既定的组织进程，程序意义上有确定性的结构，而这样的结构在不同的主题实践中是可以迁移运用的。

其四，具体方法选择意义上的方法结构。主题班会活动是班级日常生活的节点事件，而学生的日常生活是实践性、综合性的活动。因此，主题班会活动也是实践性、综合性的活动，其具体方法有调查法、访谈法、体验法等，方法有其独特的行为程序，这种程序在一定意义上决定了活动的结构选择。

因此，方法结构的意蕴是关注主题班会活动结构生成的程序性问题。

（四）发展结构：关注结构生成的逻辑性

任何事物的发展都有其特定的逻辑，虽然人可以改变事物的发展进程，但是这种改变只是不同发展取向的一种选择，而不是违背可能的发展逻辑。如在学科课程中，学科知识有既定的内在逻辑，也有学生获得知识的建构逻辑。同样，主题班会活动虽然在内容上是多样化的，但只要是基于人的成长发生关系的，都有其必然性及偶然性的逻辑。因此，面对主题班会活动的各种主题，要尊重事物本身的内在发展逻辑，而不能按照自身的想象或意愿随意变动。这种事物发展结构的逻辑性体现为：

其一，发展的时间结构。对发展的认识不能固化在时间的意义上，发展应是多维的，时间结构是事物演化的必然过程。任何事物都有缘起、成熟、衰退、消亡或转化等进程，那么在主题班会活动设计中就应关注这样的变化，实现因势利导。

其二，发展的空间结构。空间结构是从点的放大层面来探讨的，从点到前后、左右、上下的发展，是一种并行的结构，也是一种延伸的结构，在主题班会活动中的表现是要对事物进行全面探讨。

其三，发展的螺旋结构。螺旋上升结构是对人的发展规律的认识，人对事物的认识是逐步深化的。在主题班会活动中要注重对学生原有基础的发掘，并在已有的基础上进一步深入发展。从纵向上看，这是主题班会活动的内在逻辑；从学科课程与主题班会活动整合的角度来说，这是横向的互为基础与发展的逻辑。

其四，发展的复杂结构。社会发展是从简单范式到复杂范式，这已经是一种普遍共识。发展的因素是多元的，特别是基于班级日常生活的主题班会活动，很难真正有效地直接定义其成效。提出发展的复杂结构的意义在于审视主题班会活动的逻辑，它探讨的是从思维方式的角度促使实践从简单范式到复杂范式的认知过程。

因此，探讨主题班会活动中的发展结构，实质是关注“教结构用结构”中的逻辑性问题。

（五）素养结构：关注结构生成的实践性

主题班会活动开展的价值还在于育人价值的实现，也就是说，主题班会活动的核心还是要聚焦在学生素养的发展上。学生素养的发展是多样的，在具体实践中会因为教师对经验、方法、结构等的选择不同而对学生素养的发展起到不同的作用。为了提升主题班会活动的育人价值，必须探讨主题班会活动的目标，即学生素养发展的结构意蕴。

其一，素养的目标结构。目标是有结构的，其结构表达为同一素养的不同活动表达和不同素养的同一活动表达，从而让主题班会活动的设计与实施中分别具有纵向和横向的结构。如在主题班会活动中要发展学生的批判性思维，便有简单的批判性思维和复杂的批判性思维，还可以细化为正反式批判性思维、异同式批判性思维、解构式批判性思维和建设性批判性思维等。

其二，素养的策略结构。主题班会活动聚焦不同的素养，就会产生不同的策略，或同一素养会有不同的策略，其核心都是策略的结构问题。可以把策略要素提炼出来，用不同的主题或载体来表达，从而实现多元目标、多元策略的范式。

其三，素养的结果结构。在具体的主题班会活动实践中，很难真正实现活动预设的目标，必然会产生或多或少的差异性结果。可以把这种结果作为一种资源，以结构的方式来审视，从而为后续的活动开展提供新的目标结构。从这个意义上说，探讨主题班会活动的素养结构，其实是关注结构生成的实践性问题。如再以感恩主题活动为例，一次或一系列的主题活动并不会让所有学生都学会感恩，但肯定会不同程度地促进学生感恩意识的形成，那么就可以从较多借助外部资源过渡到借助内部资源来进行同伴的榜样教育。

基于上述的分析与讨论，实质上我们要解决的是复合式结构活动实现的基础与起点的问题。只有理清什么是结构、有哪些结构、结构的实践价值，才能在具体的实践中把握效度，然后探讨实践的生发路径。

案　例

课　题	魔法蛋糕吸纳金点子		
年级、班级	三年（6）班	学校、班主任	厦门第二实验小学 黄冬敏
活动目标设计	1. 在交流中，学生愿意表达自己的意见，学习权衡利弊，初步具有正反两面分析问题的辩证意识。 2. 积极参与策划魔法生日会，增强集体归属感和凝聚力，进一步明晰班级文化。		
学生分析	一年级下学期的岗位建设开始后，我们班的学生就开始萌发出班级的概念。二年级，小队建设让学生有了一定的合作意识和能力，尤其是“快乐午休”系列活动，更让学生意识到我们班的与众不同。加上我们班在大部分活动和评比中均有较好的表现，大大激发了学生的集体荣誉感、自豪感和归属感，这时我开始思考“这是一个什么样的班级”以及“我和学生希望这是一个什么样的班级”等问题。到了三年级，我们班将小队和常规评比融合在“魔幻旅程”的游戏中，班级文化似乎慢慢显现出来。从运动会入场式的大胆创想开始，班级文化在学生脑中激荡，班级名称、班徽、班牌和班服等自然出现。我们班终于有了自己的名称——魔法三（6）班！学生对班级的认识也在逐渐形成。		
背景分析	在大魔法师的带领下，一个个小魔法师努力放飞自己思维的翅膀。在日常活动中，学生敢想，却不知如何到达梦想的彼岸。在想法变成实际行动前，还需要一些思维活动，而三年级学生的思维发展水平还不高。在我们班的“七嘴八舌”辩论活动中，我发现大部分学生只会一个劲儿地争得面红耳赤，却不会用有力的言论来证明自己的观点，更没有清晰的思路。因此，我希望借助魔法天平教学生面对问题时要全面地分析，用目标或标准来权衡利弊，而不是停留在只有简单的举手表决的阶段，要慢慢学会清楚地表达自己的想法。		

续表

系列化设计	魔法蛋糕吸纳金点子（构思） 小魔法师修炼超能力（策划） 幸福寿星乐翻生日会（实施）		
活动进程	学生活动	教师活动	设计意图
开放式导入：漫谈生日经历	1. 回忆过生日场景。 2. 分享过生日的经历、感受等。	1. 播放学生过生日的画面。 2. 引出话题："你们的生日是怎么过的？"	通过画面，让学生回忆起过生日的点滴幸福，导入话题。
定时间——魔法天平来助力	1. 讨论选每月哪一天作为集中过生日的时间更好。 2. 了解魔法天平的标准。 3. 学着使用魔法天平分析问题。	1. 出示寿星生日表，引发思考。 2. 变出魔法天平，明确标准。 3. 示范如何使用魔法天平，教学生如何分析问题。	1. 花时间在"定时间"上，看似多此一举，实际上这个过程会增强学生的主人翁意识和成就感，并打开学生的思维。 2. "教结构"：如何辩证分析问题。
金点子——魔法蛋糕来吸纳	1. 思考，讨论生日定位。 2. 明确金点子标准。 3. 运用魔法天平展开小队讨论。 4. 每队提出一条金点子贴到黑板上。 5. 小队间交流互动，针对金点子进行质疑、建议、点赞等。	1. 提出话题："作为魔法三（6）班的小主人，想给小寿星一个什么样的生日？" 2. 进一步完善魔法天平标准。 3. 出示小队讨论要求。 4. 八条金点子上墙，相机指导。 5. 形成魔法蛋糕。	1. 借助讨论金点子的环节，内化班级文化。 2. "用结构"：学生试着辩证分析问题。

续表

总结延伸	交流收获或感受。	倾听，并给予正面回应。	让学生走进教室和走出教室有不一样的感受和收获。
板书设计	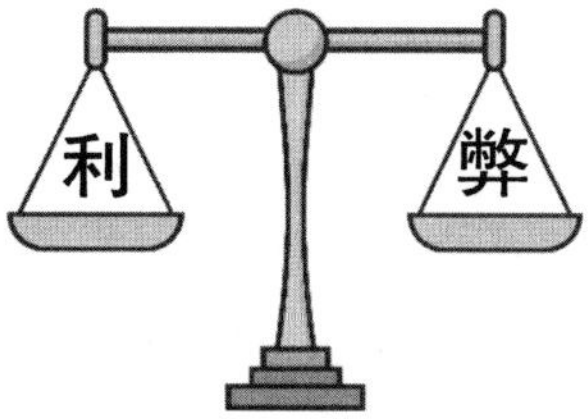		
活动反思	1. 关于学生思维品质的发展，在这节课主要体现在以下三个方面。一是开放性思维。学生能自觉思考，主动积极地表达各自不同的想法。二是辩证思维。作为本节班会的重难点，虽然“教结构”环节中有些遗漏，教得不够透彻，导致学生形成的辩证思维的水平很低，但至少走出教室后，学生有这个意识，能较理性地分析，而不再是比嗓门、比气势，这就是学生最真实的发展。三是整合思维。培养综合考虑、生成的能力。当我引导学生将“生日帽”和“生日徽章”这两个金点子进行整合时，马上有学生提出整合成“生日礼物”，是否准确还有待商榷，但至少说明意识在逐渐形成。本环节重建想法：巩固原有的开放性思维，突破辩证思维，再引发对整合意识的思考，让本节班会中学生的思维发展更加全面，更加扎实。 2. 将生日会和班级文化相融合，创生出我们班独有的魔法生日会，它将成为我们班的特色活动。但本节班会未将这个长远目标传达给学生，导致学生对系列活动的框架不明晰，思考问题的眼光不够长远。本环节重建想法：在小队讨论金点子前就及时说明，让学生意识到魔法蛋糕吸纳的金点子只是共性的、有仪式感的大环节，具体的操作和小惊喜的制造还有很大的自由发挥空间。我们的魔法生日会不是普通的生日会，而是在班级文化内化中形成的生日文化，换个角度说，生日文化也反作用于班级文化，外显了班级文化。		

续表

活动反思	3. 八条金点子上墙后小队间的交流不够，参与度不广。本环节重建想法：在交流前强调要求，有质疑、建议或点赞的都直接对着提出那条金点子的小队说，然后由该小队马上做出回应。 4. 魔法蛋糕吸纳金点子的环节中，不应该直接淘汰某个创意，而应在交流后留一点时间让各小队去完善、改进，再来二次海选，给足学生成长的时间和空间。本环节重建想法：在小队间交流后、魔法蛋糕形成前，增加让小队改进方案的环节。

第六节　实践探究式

主题班会活动的实践属性，决定了其终究要回到实践中，并且要以具体的实践成效来评价活动开展的效度。无论是哪种类型的主题班会活动，都避免不了的一个过程就是具体情境中的实践探究。实践探究式主题班会是指学生共同体根植于自己的活动策划方案，分别进入不同的实践环境进行行动和探究，其核心是实践行动的展开，指向的是学生解决具体问题的过程，所要发展的是学生经历、探究、行动的思维及素养。

在这个过程中，虽然是以学生共同体的实践探究为主，但是教师要给予学生介入性的指导：指导学生学会文献检索或查阅资料；指导学生进行现场探究的方式，如实验、观察、记录、调查、采访等；指导学生运用所学知识解决相关现实问题；等等。实践探究活动包括主题班会活动节点中的专门性实践探究活动和弥散式实践探究活动。

实践探究式主题班会活动的一般过程：教师与学生共同商定实践的过程原则；学生实践，教师观察；学生遭遇明确的问题，教师提供咨询服务；学生调整方案再实践探究，直到问题解决。实践探究过程忌讳的是教师替代学生的思考和发现，忌讳教师过度地介入。教师应更多关注学生的真实实践过程，关注学生的发展过程，促使学生在过程中获得生长。

（一）明实践回顾

实践探究活动作为系列活动的重要节点，起着承上启下的作用，要充分凸显体验的价值。活动的开展需要先对前期的活动进行回顾，明确前期已有的基础是什么，如回顾前期的策划活动，再明确策划方案，然后根据策划方案展开实践探究过程。这样的回顾不是基于反思的回顾，而是基于实践的回顾，是有目的的回顾，是为有效开展探究实践提供思想基础和条件准备。要注意的是，实践回顾要把握关键要素、关键节点、关键事件，在唤醒学生前期经验的基础上，让学生更快地进入实践情境中。

（二）明过程原则

实践探究活动，主要是学生个体或学生团队的主动性实践。这个过程不是无序的、任由学生自主开展的，而应由教师和学生共同明确活动过程的原则，包括明确注意事项、具体任务、具体表征等。如开展实验、观察、采访等现场活动，需要分别明确实验的原则和注意事项，观察的维度和方法，采访的原则、伦理、措施及准备等。明确实践过程原则，有助于提升学生探究实践的有效性，提高学生活动的成效。

（三）明实践经历

实践探究式主题班会活动的核心是让学生经历有质量、有意义的实践。在经历中实施前期设计与思考，在经历中完成经验的生成与积累，在经历中完成体验的情感与理性生发。在这个过程中，需要强化探究实践的过程感和仪式感，需要以学生的学习行为来驱动。同时，教师应更多地观察与发现，了解学生在探究实践过程中的真实状态，捕捉活动中的生成性资源，为后续活动的指导与介入提供支持。针对学生在实践活动中遭遇的突发问题和状况、学生提出的咨询及帮助需求，教师应在个别指导下有效引导学生完成实践探究任务，促使学生获得成就体验与认知。

（四）明实践提升

教师在学生完成探究实践后，需要引导学生回到方案设计或前期准备上，在对照的基础上，一方面思考为什么可以成功，有哪些可以提取的经验；另一方面思考为什么会失败，失败的原因是来自实践本身，还是来自方案或前期准备，具体应当如何改进设计方案。这个思考过程，可以提升实践活动的质量，也是对前期活动育人价值的一次升华，让学生明确理论与实践的差异，从而促使学生回到日常生活实践的探索中。

学生的实践活动过程本身就是研究过程，是其共同体体验发展形成的创新过程。实践探究式主题班会活动不是基于方式的选择，而是作为实践属性的主题班会活动应有的一个节点。

案　例

课题	"七彩叶编织童话六一"之论证会		
年级、班级	三年（8）班	学校、班主任	厦门市前埔南区小学 陈莉恒
活动目标设计	1. 在策划"七彩叶编织童话六一"的活动中，提升策划能力，发展整体性思维。 2. 在合作汇报中，学会表达和倾听，提高交流互动能力。 3. 在论证方案可行性的过程中，能够对事物的发展进行初步的预测和判断。		
学生分析	我们是幸福的七彩叶，是一个充满童话梦幻色彩的班集体。之所以确定我们为童话班级，一方面，从文学作品的角度来说，是因为童话作品强调丰富的想象力，这代表我们班的成员追求生命力和创造力；另一方面，从童话作品所映照的世界观来看，是因为童话崇尚人性的美好、积极向上的人生追求，正如我们班的成员追求每一天都成为更美好的自己。正是因为有了我们这47片独一无二的叶子，才使得七彩叶之树茁壮成长。七彩叶之树上的每一片叶子的颜色，都代表了我们的追求：金色是阳光，蓝色是广博，绿色是朝气……七彩叶之树在童话的世界里茁壮成长！他们是一株株茁壮成长的幼苗，充满生机与活力；他们是一片片色彩斑斓的叶子，焕发光彩与春的气息。在"厚德于心善于行"的班训号召下，他们努力在各个岗位上锻炼自己，组成临时或固定项目组，以"项目组当家"的模式管理班级。课余时间组织排演童话剧、阅读童话书……通过自主策划、组织活动，班会活动逐步实现自主。 上学期，班刊诞生，班级文化应运而生。每月共读一本书、小小展示台，这些是班级的显性文化。到了三年级，我惊喜地发现学生在班级活动中的自主性明显提高了，开始主动把岗位建设的经验和"我是童话迷"暑期实践的经验运用起来，逐步认识到学校生活中的许多困难都可以通过项目组的力量来解决。例如，在学校刚刚举行的"跳绳节"活动中，项目组长积极地组织小组成员在课下训练，班级同学的跳绳水平有了明显的提高，在年段比拼中获得了不错的成绩。项目组成员已有了合作意识，但合作能力有待加强。		

续表

学生分析	三年级学习难度加大，对学生抽象思维的要求提高。一方面，在课堂上，游戏活动减少，智慧挑战增多，学生可能产生学习兴趣的变化。一部分学生被较难的任务激发了成就感，对学习产生内在动机；另一部分学生不适应教学方式及学习难度的变化，产生挫折感，学习兴趣降低。因此，在三年级，通过组织各种形式的活动，发展学生的内在动机和培养学习的责任感是非常重要的。这就有了我们班级之前“玩转阅读”的活动，在阅读中交流感悟，用不同形式表达收获。另一方面，三年级学生的集体意识明显增强，他们逐渐渴望得到同伴的认可，希望在团队中发挥作用，特别是小干部，在活动中热情饱满，但由于缺乏工作策略与方法，反而容易造成与同学之间矛盾的激化。所以，班级要在二年级项目组建设的基础上，构建班委管理下的班级组织，培养小干部的策划能力，加强项目组间的合作，让班级成员在立体的班级关系网络中找到新的定位。 在一次班级调查问卷中，有97%的学生表明期待一种创新的游园方式，而这些学生中又有92%认为与年段同学共读一本书是值得尝试的方式。于是，就有了“七彩叶编织童话六一”活动的初步设想。策划与语文学科“童话阅读”相融合的“七彩叶编织童话六一”活动，是这群三年级的学生又一次自主意义上的策划活动。当得知今年六一的游园活动可以由学生自主策划和开展时，全班学生都感到兴奋和新奇，跃跃欲试。学生们纷纷献计献策，最后大家讨论出我们的游园活动必须要有班级特色，和童话有关，还要与语文学科“童话阅读”相融合，游园活动要有趣、安全、快捷、多人参与……班委拟定了本次活动方案，交由全班学生投票通过，各个项目组负责具体游园项目的设计和实施。班级所有学生结合“童话阅读”，统筹设计六一游园活动。在岗位实践和项目组建设的过程中，同伴们分享经验，合理分工合作，不断地反思完善，增强了班级凝聚力。 班级开展“童话阅读”活动，培养了学生的自主意识。学生自主意识的发展，既能满足学生自身成长需要，又能成为学生实现自我主动发展的动力。“新基础教育”的育人目标是培养主动、健康发展的时代新人。人的主动发展，在学生阶段就是学生自主意识的体现。

续表

学生分析	自主愿景，学生主动发展的动力源泉。在这里，自主愿景是指学生对“七彩叶编织童话六一”活动拥有自己的期待。激发学生的自主愿景，要明确学生的六一期待，由学生讨论形成本次活动的相关主题及活动规划，并进一步讨论预设阅读成果的展现形式。以学生喜闻乐见的活动形式和丰富多彩的展现途径，进一步激发学生对学期阅读的期待。 自主策划，学生生命成长的内在需求。本次的“七彩叶编织童话六一”活动以项目组为单位，组内成员担任一定的岗位，为活动的顺利开展奠定基础。在项目组组建的过程中，学生会经历项目组内部和外部的竞争与合作，相互协作，共同发展。在班委组织领导下，各日常项目组开展“七彩叶编织童话六一”活动，改变了以往单一的六一游园模式，并借助策划六一游园活动这一载体，推动了项目组的建设和发展。 自主筹备，学生从他律到自律的主动转变。自主筹备是指学生有步骤、有目标地完善“七彩叶编织童话六一”活动方案。学生在具体筹备的过程中，结合之前已有的经验，规避风险、完善方案。考虑可能发生的问题及解决方案，培养学生统筹规划的能力和解决问题的意识，将极大地激发学生的潜能，强化自主意识。 自主实践，学生个性发展的活动平台。通过与项目组成员合作，探寻童话的魅力，体验合作的乐趣。在活动中将自己策划的方案变为现实，既加强了班级的组织建设，也进一步激发了学生阅读童话故事的兴趣。 自主意志，学生自我坚持的性格养成。教师在活动中要运用多种资源促进学生自主策划的“七彩叶编织童话六一”活动持续性发展，进而形成学生的自主意志。教师的介入、家长资源的介入、项目组的合理运用和推进机制都是有效的策略。因此，要从活动前、活动中、活动后三个方面鼓励学生，坚定学生自主意志的培养。

续表

背景分析	六一儿童节的游园活动是我们学校的传统活动，以往都是由学校统一设计，各班级教师组织游戏，让学生参与感兴趣的游戏，体验游戏的快乐。回顾去年的六一游园活动，教师、家委全程包揽，在游戏中学生不懂得该做什么，只能服从教师、配合教师。今年若是按往年的做法，一定是班主任联合科任教师大包大揽，最终在六一当天呈现出一个比较热闹又井然有序的场景。但是，这样的“操作”功利性太强，热闹之余却缺乏了对学生成长的关注。学生喜欢这个游戏吗？游戏过后，除了快乐，学生又收获了什么？学生仍然是“受支配者”，被动地进行游戏，自主意识、思维能力都得不到提高。而对班主任来说，这又是一项十分吃力的工作，活动的效率很低。这些引起了我的思考。何不放手让学生自己策划自己的游园活动？基于班级学生目前的状态和发展需要，我认为这次六一游园活动完全可以引导学生去发现以往六一游园活动中存在的问题，明确新的目标，思考游园的方式……相信学生，放手让学生去做，让学生不再是旁观者和单纯的玩乐者，而成为“七彩叶编织童话六一”活动中主动积极的参与者。于是，学生开始策划六一游园活动，计划与语文学科的“童话阅读”相结合。我计划通过这次活动，增强学生的一种意识：计划先于行动！ 在本次活动中，我着重培养学生的策划能力，增强六一活动的节日气氛，帮助学生树立遇事先统筹规划的意识。策划本身也为游戏提供了新鲜的创意，活动策划把这些创意细化、完善成为活动方案，就能为活动提供强大支持。借助策划活动，加强项目组建设，增强组内成员团结合作的意识。所以，我们有了如下的系列化设计，实现活动的育人价值。“七彩叶编织童话六一”之论证会是这个主题的第三个活动。指导学生展示本项目组的策划，班级以论证会的形式对方案提出意见和建议，引导学生在交流汇报中相互学习，完善策划方案。

续表

系列化设计	(一)"七彩叶编织童话六一"之筹备会 (二)"七彩叶编织童话六一"之策划会 (三)"七彩叶编织童话六一"之论证会 (四)"七彩叶编织童话六一"之展示会 (五)"七彩叶编织童话六一"之总结会		
活动进程	学生活动	教师活动	设计意图
开放式导入	班委汇报见闻。学生欣赏照片。	组织班委利用照片等素材，展示各项目组在前期活动中的交流与策划的情况。	借助活动照片，唤醒学生记忆，活跃课堂气氛，激发学生的活动兴趣。肯定学生变化的同时，肯定班委的付出。
分享策划，学习论证	1. 说一说：任选一个项目组汇报策划方案。 2. 议一议：他们的方案可行吗？有何疑问？有何建议？ 3. 张贴关键词。	1. 组织项目组汇报交流，引导学生论证，发现亮点，提出建议，互相学习。 2. 在论证互动中，相机点拨，提炼关键词。 3. 总结方法。	通过全班的互动交流，整合不同项目组设计策划方案考虑的关键点，提高表达能力，促进学生之间的学习与自我反思，并引导学生在新一轮的互动中碰撞出智慧的火花，完善现有的策划方案。
组内论证，完善方案	1. 各项目组根据存在的问题再次修改方案。 2. 进行新方案的汇报、评议。	1. 组织项目组依据论证所得，讨论、完善各自的方案。 2. 组织各项目组汇报修改后的方案，引导评价。	通过交流、互动，激起学生的思维碰撞，展示学生的实践能力与现场学习能力。以项目活动激发学生的发展兴趣，让学生对自己策划的六一

续表

组内论证，完善方案			游园活动充满期待，享受班委指导、项目组合作和创造性策划带来的乐趣。加强班级的组织建设。在讨论中培养学生的复杂性思维，提升学生的学习力和反思力。
总结收获，指明行动	1. 学生交流收获。 2. 项目组交流后续活动。	1. 组织学生谈谈本次论证会的收获。 2. 组织学生交流后续活动。	通过论证会，意识到项目组合作的重要性。
精彩在延续	学生交流想法。	预告“七彩叶编织童话六一”活动。	激发学生对六一活动的兴趣与期待。
板书设计	《七彩叶编织童话六一》论证会 表达 策划		
活动反思	童话飞行棋项目组主要策划童话飞行棋游戏，进步最大的是组员高同学。二年级时，他还是个爱打架、爱用武力解决问题的男孩子，但是，他现在遇到问题有调查的意识，懂得通过调查了解来获取相关信息。在策划项目组礼物的环节中，他调动组员去调查同学们喜欢什么礼物，从而有针对性地准备礼物。童话飞行棋项目组的成员也比较关注思维的培养，如他们在讨论游戏规则时，会指出组内的李同学、姚同学不爱动脑。这个项目组还积极与其他项目组合作，如使用其他项目组创作的地图等，丰富六一活动。		

第七节　展示交流式

主题班会活动中的学生生长是在班集体活动实践中完成的，是基于班集体的生长，这就对实践提出了要求，即一定要在班集体的协作上实现学生的群体共生。这里的“共生”不是指知识、技能的获得，而是指人的生命生长意义上的协同共生。每个人所需要、所获得、所贡献的生长资源是不同的，因此，需要设计并实施资源共享、资源交互及资源激荡的活动平台与活动形式，阶段性开展展示交流式主题班会活动。

展示交流式主题班会是指学生在实践探究或实践体验的基础上，通过一定的方式在活动现场呈现其实践探究的过程及其研究收获，并通过不同共同体的呈现过程获取多样的成长体验。展示交流过程有助于培养学生归纳、展示、交流的思维与素养，也有助于发展学生的开放思维，从而审视不同的问题解决过程、吸收他人的体验与感悟。在这个过程中，教师要引导学生按照其特有的方式来形成自己的研究成果；引导学生进行创造性表达与个性展示，综合运用文字、照片、视频、绘画等媒介或报告、演讲等多种展示方式；引导学生提炼自己研究成果的框架，并吸收他人的研究成果和实践体悟，从而丰富自己的生命体验；引导学生做项目宣传和交流收获。

展示交流式主题班会活动的一般过程：提炼研究成果；准备报告内容及形式；现场呈现与展示，可采用答辩、报告、展演、说明等方式；师生、生生互动交流。活动中可以适当引进教育仪式，通过仪式性活动提升展示、汇报、交流的节点感。

展示交流式活动过程需要教师在前期给予一定的指导，提升展示交流内容的质量，并确保其契合课题研究的具体过程。同时，教师应该关注学生的多元发展，让学生能够获得一定的成功体验，找到发展方向。展示交流式的核心指向的是让学生在群体互动生成中进行比较分析、学习，从而促进归纳思维和开放思维的形成。

（一）多重提炼

很多展示交流式活动往往只关注了展示本身，以展示为目的，忽视了展示本身就是活动价值升华的过程。要达到展示的效果，就要对前期活动实践进行总结与提炼。提炼是价值提升的一个重要过程，也是人在实践中成长的重要方式。对同一个活动，要引导学生从不同的维度、不同的阶段进行提炼，避免内容重合或价值重复。

（二）多种形式

展示交流过程中，学生进行输出式学习，进行自我展示、团队展示，用输出的高阶目标来驱动学习的低阶目标。由此，引导学生进行提炼总结时，不同的内容可以选择同一种形式，同一项内容也可以选择不同的形式，这与活动及实践者的行为选择有关，如可以通过节目表演、专题报告、集体报告、互动论坛及演示等形式。在一个主题班会活动中，展示交流的形式要多样化，但这种多样化应是同一活动属性的多样化，而不是无边界的多样化。

（三）多类展示

一般来说，提炼的形式决定了展示的方式，但这并不绝对。如从展示主体来说，可以是个体展示、团队展示、局部代表展示、邀请展示等；从展示方式来说，可以是视频展示、现场展示、体验展示、混合展示等。即使从表演的层面来说，也可以有歌舞表演、情景剧表演、小品表演、三句半表演等。具体的展示形式选择，一是要依据活动内容，二是要依据整个活动策划，同时还要考虑班级学生的已有资源，避免雷同。

（四）多向交流

展示交流是开展活动的形式，是实践生活经历的目的，但不是育人的目的。主题班会活动中展示交流的核心是促进学生的生长，是为了生成多元价值，促进学生的多元发展。那么，这个过程中的交流对话就是必然的要求，如果只有展示，没有对话升华的过程，参与者容易陷入现场体验感中，无法从思维和理性层面实现价值提升，活动价值必然受限制。因此，展示交流式活动中要多向交流，要引导学生进行组内互动交流、组际互动交流、个体与个体的互动交流、个体与团队的互动交流及师生之间的互动交流等，既要强调同质交流，也要强调异质交流。教师引导学生在求同存异中寻求共识，在求异创新中寻求创新化生长。

通过展示交流式主题班会活动创建一个班集体资源共享的互动平台，促使学生从班集体中凝聚力量，在班集体对话互动中共生共长，在展示交流活动中逐步形成班级凝聚力、文化力和实践力。

案　例

课题	我是童话迷——玩转童话趣分享		
年级、班级	三年（8）班	学校、班主任	厦门市前埔南区小学 陈莉恒
活动目标设计	1. 合作探寻童话的魅力，体验合作的乐趣，发挥想象才能，以自己喜欢的方式展示本小队此次班会活动的成果，展示自己在阅读童话故事方面的收获，提高听、说、读、写等方面的能力。 2. 在成果汇报的准备活动中相互学习，再次深入领略童话的精彩，提高主题研究、团队协作、沟通表达、展示汇报等综合能力。 3. 归纳提升：前期应怎么研究？现场要怎么展示？		
学生分析	三年（8）班共有46个学生，男生24个，女生22个。这是一个充满活力的班级，进入中年级，学生各方面的能力有所提高，渴望在活动中提升自己，但又怕耽误学习，放不开手脚。针对中年级学生的阅读需要以及部分学生阅读积极性不高的情况，我将班会活动与语文学科进行了整合，使学生在不影响学习的基础上放手活动，实现自我发展，同时进一步激发学生阅读的兴趣。10月，我在班级里开展了“快乐读书节”活动，让学生以小队为单位，选择自己感兴趣的童话故事，自行策划“玩转童话”方案并开展实践。在活动过程中，还存在部分学生策划依赖小队长等小队内能力较强的人员、只当看客的现象，说明还要调动这部分学生参与的积极性，及时肯定他们智慧的闪现，放大他们的闪光点，让他们在不断的肯定中感受成功的喜悦。		

续表

背景分析	童话是文学体裁中的一种，主要面向儿童，旨在通过丰富的想象、夸张、象征等手段来塑造形象、反映生活。其语言通俗生动，故事情节往往离奇曲折，引人入胜。学生都很喜欢童话故事，结合我校 10 月的读书节活动，我们班确定了“我是童话迷”主题班会活动，希望通过实践、研究，学生能更好地了解童话，品味童话的语言、体会童话的特点、感受童话的魅力，从而激发阅读热情，提高阅读意识和实践能力。在活动中，学生根据各自的兴趣爱好，自发组成了六个小队：推荐童话、表演童话剧、做童话玩偶、创编童话、画童话、讲述童话。 一方面，随着校园读书节活动的有序开展，加上正值秋天这样一个收获的季节，班主任可以带着学生在童话的海洋里一起遨游。另一方面，结合目前的班级情况，此次活动的开展也势在必行。 1. 从学生的需要出发——阅读需求在扩大。 进入中年级，课程难度加大，要求学生阅读内容趋于多元化，对内容的理解和阅读量都提出了更高的要求，既要保“质”又要保“量”。 2. 从学情出发——多因素阻碍了阅读的有效开展。 虽然现阶段一直在提倡加大课外阅读量，老师和家长也在想方设法实施，但一些学生课外阅读的积极性并没有被调动起来，还没有把阅读转化成一种内在的需要，纯粹是在被动完成老师布置的任务，对阅读缺乏兴趣，走马观花，没有质量可言。 3. 从活动的有效性出发——多途径保证阅读童话的有效进行。 聚焦这些问题，我不禁思索：在班会活动中该做些什么呢？寻其答案只有一个，那就是创造各种条件，通过多样的形式，拓宽学生的阅读面，调动学生阅读童话的兴趣。通过展示分享，呈现小队成员参与活动的不同方式，推进小队总结，反思自己的活动，从而促进个体成长。 “我是童话迷——玩转童话趣分享”以“我是童话迷成果汇报”作为活动目标，通过“前期活动回顾”“小组展示”“点评提升”“迁移运用”等活动环节，引导学生在交流汇报的活动中相互学习，再次深入领略童话的精彩。

续表

<table>
<tr><td>系列化设计</td><td colspan="3">快乐读书节之“玩转童话”
活动一：玩转童话总动员
活动二：玩转童话齐策划
活动三：玩转童话进行时
活动四：玩转童话趣分享
活动五：玩转童话我值周</td></tr>
<tr><td>活动进程</td><td>学生活动</td><td>教师活动</td><td>设计意图</td></tr>
<tr><td>开放式导入</td><td>1. 欣赏微电影，回顾前期活动。
2. 一名学生宣读活动预告。</td><td>1. 播放微电影，回顾前期阅读童话的活动。
2. 揭示活动预告。</td><td>将学生学习生活中发生的故事以微电影的形式呈现，激发学生参与活动的兴趣，让学生在观影中自我体验、自我感悟，唤醒学生积极参与童话阅读活动的记忆，营造汇报展示活动的氛围。</td></tr>
<tr><td>分享展示</td><td>1. 观看童话剧。
2. 关注三个方面：
(1) 好的方面；
(2) 待提高的方面；
(3) 怎么提高。
3. 倾听同学的分享，寻找共性。</td><td>1. 组织童话剧小队上台展示分享。
2. 引导学生认真观看，关注展示情况。
3. 梳理提升。</td><td>重心下移，小队展示排演的活动进展，让各个小队除了了解本小队的情况外，也能关注其他小队的进展，从中收获金点子，寻找优秀展示汇报的共性。这一环节，旨在让学生把关注点转移到身边的优秀小队上，汲取不同的分享经验。</td></tr>
</table>

续表

点评提升，迁移运用	1. 讨论交流。 2. 汇报，提出自己的观点。	1. 组织学生谈论交流。 2. 组织推荐童话小队上台分享。 3. 引导学生认真观看，关注展示情况。 4. 梳理提升。	通过比较不同小队的汇报内容与展示形式，生生交流、师生交流，梳理总结前期应怎么研究，现场要怎么展示，旨在培养学生的主题研究、团队协作、沟通表达、展示汇报等综合能力。
助力汇报提升	学习展示汇报的金点子，汲取他人所长，调整计划。	1. 今天的汇报对你们小队有什么启发？ 2. 接下来的汇报，你们小队打算怎么做？	学生在静心思考中面对自我、反思自我，并在交流反馈中解决问题，完善自我，明确汇报的内容要符合实际，汇报的方法要运用得当，结果呈现的形式要多样。
开放式总结延伸	为小队成果价值最大化出谋划策。	对后续活动的开展提出期待。	聚焦本次主题班会活动，提出对下一阶段的期望，提升三年(8)班的文化气质，让学生产生认同感。
板书设计	前期研究：学习、分工、合作、利用资源 现场展示：表演、幽默、创意、完整		
活动反思	活动现场，学生纷纷表示可借鉴的地方有很多。他们梳理出前期研究需要学习、分工、合作、利用资源等，现场展示可以关注表演、幽默、创意、完整等几个方面。		

第八节　评价反馈式

一个完整的实践活动起于想法、构思，终于事件结束及主体的反思与总结。从一个完整的实践活动来说，评价、省思环节是不可或缺的；从一个系列的实践活动来说，评价、省思是结束环节，也是导向新系列活动的开始环节。

如果说展示交流式活动的重点是引导学生将研究成果进行多样化呈现，促使学生获得成长感，那么评价反馈式活动指向的是学生优势和弱势的对比分析，进一步明确学生的实践发展取向。评价反馈式的运用渗透在学生学习实践活动的每一个阶段、每一个过程中，可以通过评价来发掘学生的成长点，让学生形成完整的基于不断自我觉醒、自我更新的成长逻辑映射，也可以通过反馈来调整和改进学生的实践行动，从而提升活动实践成效，促进成就感的体验。

评价反馈式的实践活动中，教师可以引导学生对主题确定与选择、方案策划、合作实践、问题解决路径、成果提炼、展示呈现等过程进行评价反馈。评价的方式可以是多元化的：在主体上，可以是学生自评、学生组内互评、学生组间互评、教师评价、家长评价、社会评价等；在评价方式与载体上，可以是口头评价、书面评价、物质评价、等级评价、发展性评价、晋级制评价等；在评价取向上，可以是自我反思性评价、互动式反思性评价、反馈式改进性评价、正向促进性评价、负向改进性评价等。不同的评价反馈指向及功能有所差别，这就要求教师在实践过程中要灵活运用，把握好学生成长的节点。

虽然评价反馈式的变式较多，但是可以有一定的参考。其一，聚焦学生成长过程的评价，包括学生个体自我评价、组内互评、组间互评、个性化点评、教师聚焦关注性评价、外界相关主体评价及仪式性评价等。其二，聚焦反馈改进的评价，主要包括过程呈现、问题质疑、问题辨析、咨询提升、过程调整与改进等。

评价反馈式活动的核心指向的是要在学生实践行动的每一个发展节点进行总结升华，从而提高学生的批判性思维和自我反思性素养。

（一）注重全程的评价反馈

注重全程的评价反馈是指对一个系列活动的整体进程的反馈，包括对主题生成、方案策划、实践探究、方法指导、过程指导、实践体验、成果提炼及展示呈现等实践过程的评价反馈，其目的是促进学生从一系列行为过程中去反思评价，从而让学生形成过程思维，发现整体实践的因果关系。这种聚焦系列整体的评价反馈式主题班会活动也就成为一种专门的形态。

（二）注重全息的评价反馈

所谓全息的评价反馈是指评价反馈应当贯穿人的所有实践活动过程，及时评价应当成为所有实践活动过程中不可或缺的环节。在系列活动过程中，针对每一个活动阶段、每一种活动形态、每一个活动过程，都应当进行及时的评价反馈，乃至专门性的评价反馈式主题班会活动也应当有基于评价反馈活动成效的评价反馈，其核心是要让学生形成自主的、常态化的、积极的评价反馈能力，从而不断应对变化的实践现实，提升活动成效。所以，这样的评价反馈既在主题班会活动之中，也在活动之外，渗透在实践活动之中。

（三）注重自主的评价反馈

自主的评价反馈，一方面指向让学生成为实践活动评价反馈的主体，另一方面指向培育学生具有自主评价反馈的能力。自主评价反馈能力的培育渗透在日常的评价反馈中，应让学生在实践中学会自主评价反馈。所以，可以通过日记、情绪晴雨表、表达表现、班级日志等方式让学生进行碎片化、随机化、常态化的自主评价，也可以在实践活动中不断引导学生先进行自主评价，再进行组内评价、组间评价、全班评价、家长评价、教师评价等，将外部评价与自主评价相结合。以自主评价驱动，以外部评价提升品质，从而促进有效发展。

（四）注重方法的评价反馈

注重方法的评价反馈包括两个层面：一是注重评价的过程性；二是注重评价方法与工具的掌握和运用。关于评价反馈的过程，通过评价反馈活动的仪式化，可以让评价反馈做到实处、做到深处。如评价反馈可以有过程呈现、问题质疑、问题辨析、咨询提升及过程调整与改进等，从而让评价反馈有一个阶段发展的过程。评价反馈活动的开展，应当建立在一定证据、一定事实的基础上，进行比较全面、多元的评价反思，如如何进行过程呈现，如何提取问题，如何利用资源，如何利用各种思维工具开展评价反思等。没有工具与方法的反思，往往也是浅表化的、泛化的、虚化的评价反思。可以采用思维导图、韦恩图、观察量表等工具提升评价反馈的具体性和实践性。

（五）注重互动的评价反馈

评价反馈过程中，既需要个人自主内省、自主独立的评价反馈，也需要基于互动的评价反馈。这里的互动，其一，指向人与人的互动、团队与团队的互动，如生生互动、师生互动等；其二，指向人与事的互动，人的实践过程就是互动过程，事情的发展状态与个体的评价反馈取向与内容应当有效结合起来；其三，指向人与实践的互动，反思评价来自实践，基于实践，作用于实践。从评价反馈的资源层面和形式层面上，要关注异质资源和异质形式的相互促进、相互激荡，从而丰富评价反馈的可能性。

（六）注重生长的评价反馈

开展评价反馈式活动，既是为了促进学生批判性思维的发展，也是为了总结实践、改进实践，从而提升实践活动的品质。其一，可以将提取的经验迁移到其他实践性活动中，如进行策划能力的总结后，就可以引导学生开展其他的自主策划活动。其二，可以通过评价反馈式活动生成育人资源，为下一阶段主题活动的开展提供选题，这既是前移后续活动设计的必然要求，也是有效链接系列活动的重要方式。

一般的日常生活中，虽然评价反馈一直伴随人的生长，但较少有专门性的评价反馈活动，更多地依赖于个体自主评价反馈的素养。主题班会活动基于班级日常生活，要遵循的就是育人价值最大化，也由此可见评价反馈式活动的重要性。

案　例

<table>
<tr><td>课题</td><td colspan="3">回眸“贝”多分</td></tr>
<tr><td>年级、班级</td><td>四年（6）班</td><td>学校、班主任</td><td>厦门市槟榔小学
林玲玲</td></tr>
<tr><td>活动目标设计</td><td colspan="3">1. 借助“国旗下的班级展示”视频，分享系列活动中的故事，养成乐于倾听、善于交流的习惯。
2. 通过分享，汲取故事所折射出的正能量，促进学生生命的自觉成长，推动班级文化建设的进一步发展。</td></tr>
<tr><td>学生分析</td><td colspan="3">四年级学生的自我意识逐渐增强，他们渴望表现自我。每当他们得知班级要开展活动的时候，都表现出极大的兴趣。但是，受能力和经验的限制，学生在解决问题的时候，考虑得比较简单，大多停留在点状思维层面。四年级是学生思维发展的关键时期，因此，提高学生的思维品质能够促进四年级学生的自我发展。与此同时，随着自我意识的增强，学生在心理上渴望表现自己的成长，小集体凝聚力增强，班级的凝聚力和荣誉感减弱。有些学生的交往面变窄，有些学生被孤立，有时还会引发小群体间的冲突。
本班的大多数学生乐于参加班级活动，但仅仅限于一些简单的活动。一旦遇到一些比较困难和繁重的任务，他们往往容易退缩。这可能与他们大多数是独生子女有关，他们习惯了在家里被父母一手操办，处于消极的被动状态。还有一部分学生不愿意参加活动，上班会课的时候也会走神。总的来说，在大多数情况下，班级的学生干部是活动的发起者、组织者。有些学生干部善于带动同学，但缺少一定的责任心，开展活动往往比较盲目无序；还有一部分学生认真、积极、负责，但缺少沟通协调的能力。同时，学生对活动策划的整体意识不够，对问题的思考过于简单。鉴于此，为了提高学生的综合策划能力，确定了“‘贝’加精彩”系列活动。</td></tr>
</table>

续表

学生分析	在活动的策划阶段，几位部长和班主任沟通，利用班会课的时间形成初步的活动方案。在活动的实践阶段，各部门能在部长的组织下开展活动，实现发展。其一，学生的问题解决意识得到发展。学生遇到了困难，能自主地解决问题，提高了问题解决能力，班主任也引导学生关注活动方案中被忽略的细节。其二，原有的三个项目组根据活动的需要成立了内部组织，形成了丰富的组织关系。各部长的组织、号召、分工能力得到了进一步的发展，学生的合作能力得到了提高。随着分工的不断细化，更多的学生加入活动中。与此同时，各个部门的沟通协调存在不足。当学生第一次彩排的时候，这些未得到关注和协调的问题逐渐凸显。对比之前几个班级的精彩展示，学生备受打击，日记里多次提到“炮灰”“恐惧”等词语，显示出他们的情绪比较低落。班主任及时介入，鼓舞学生，与学生一起分析问题，想办法解决。大家把压力转化为动力，利用周末抓紧排练，节目组的同学积极加入宣传组的宣传工作中，同时，家长资源的介入也给大家打了强心剂，群策群力，做最好的自己。
背景分析	这学期开始，学校“周一的国旗下展示”改变了以往只展示、无评价的模式，引入了“‘贝’多分排行榜”这一元素，采用分贝仪作为评价仪器，现场采集观众掌声分贝来评定该班级展示得分。这样的评价机制极大增强了各班的展示热情，也提高了台下学生的观赏兴致。随着越来越多的班级参加展示活动，学校掀起了一波又一波的展示“狂潮”。 我们班作为第六个展示班级，倍感压力。当第一个展示的班级获得84.1分贝高分的时候，我们班级的各部门就开始行动起来。我们班级有一群能歌善舞的学生，他们渴望表现自我。前期展示过的班级的节目形式丰富，学生的宣传方式也独具特色，这给了本班学生很大的启发。为了能更好地展示，我们进行了一轮又一轮的探讨和调查，最终确定了“‘贝’加精彩”活动方案，并形成了以表演部门、宣传部门、后勤部门为主的活动部门参与实践。在晨曦活动时间里，我们以各部门为单位反馈活动的进程和反思。在课余时间里，各部门在部长的带领下开展活动。 活动进行到上周，同年级（3）班出现了榜单最高分，突破100分贝，我们班倍感压力的同时，也将压力转化为动力，合作呈现最好的班级展示。

续表

系列化设计	(一)“贝”加精彩主题系列活动之一——畅想“贝”多分 (二)“贝”加精彩主题系列活动之二——筹备“贝”多分 (三)“贝”加精彩主题系列活动之三——备战“贝”多分 (四)“贝”加精彩主题系列活动之四——冲刺“贝”多分 (五)“贝”加精彩主题系列活动之五——畅享“贝”多分 (六)“贝”加精彩主题系列活动之六——回眸“贝”多分		
活动进程	学生活动	教师活动	设计意图
观看录像，畅谈感受	学生观看视频。	1. 播放“贝”加精彩前期活动视频（5分钟）。 2. “看完了视频，此时此刻你最想说什么？”（采访3～5个学生）	引导学生回顾整个活动的过程，激发学生的自豪感。
小组汇报，互相评价	1. 学生做好交流的准备： (1) 武术组组长围绕热词“坚持和努力”展开分享。 (2) 小组其他成员补充分享。 2. 其他小组成员对武术组的分享进行评价。 3. 武术组的组员分享“贝”后的故事。 (1) 上官恬夏分享自己的日记。	1. 过渡：“同学们，在昨天的展示之后，大家激动万分。各个项目组在部长的组织下回顾了整个活动的过程，分享了收获。部长搜集了热词，并组织部门分工，准备与全班交流。现在给大家两分钟的时间，交流的同学做好准备，小组其他同学及时补充。”	

续表

小组汇报，互相评价	(2) 读恬夏妈妈的一封信。	2. 过渡："林老师那天在恬夏日记里看到了这样一段话，我想请她和大家说说。其他的同学有什么话想说的?" 3. 播放武术组陈教练的视频："武术组的同学，你们的陈教练也有一段话要送给你们。请看大屏幕。" 4. 教师小结："武术组的同学，慢镜头的背后有你们坚持的努力和付出，林老师看到了你们每个人的成长。希望你们把这种坚持和努力带到今后的学习当中。"	引入教练的视频，外界的评价让学生意识到自己的成长。
	1. 宣传组分享热词一："囧"。 2. 其他小组交流活动过程中遇到的困难。 3. 宣传组分享热词二："感谢"。 4. 其他小组成员评价互动。	1. 引导学生交流如何解决过程中遇到的困难。 2. 引导学生互相评价。	通过热词分享，生生互动、师生互动，让学生体会自豪的背后有一致的目标。

续表

开放式延伸	1. 学生观看家长视频。 2. 学生将活动热词贴在黑板上。	1. 教师播放家长视频。 2. 教师引导学生把活动收获的关键词贴在黑板上。 3. 教师做活动小结。	引入家长的视频，外界的评价让学生明晰实践过程中的成长点。
板书设计	回眸“贝”多分 热词：坚持　努力　囧　感谢		
活动反思	本次活动中，各个小组通过提取关键词的形式梳理活动过程中的成长点。各个小组的汇报就是学生的自我评价，以及各项目组对小组的发展做出的评价、反思。在活动的过程中，通过生生互动、师生互动、家长资源引入，进一步促进学生进行自我的再评价，这是学生自我意识的发展过程。 本次班会活动前，我积极指导学生梳理活动中的成长点，及时捕捉学生的资源，进而把资源最大化利用。在活动的过程中，学生进行现场沟通、对话、辩论，其中存在大量的生成性资源。我需要提高资源捕捉能力，促进学生、项目组、班级向新方向发展。		

第九章

主题班会活动的实施设计

主题班会活动设计的效果需要通过具体的实践来验证，至于如何具体展开，需要实施预设。主题班会活动来自学生的班级日常生活，这就决定了其实施过程就是学生的实践过程和学生的生长过程。从班级日常生活的经验视角出发，研究认为实施设计是对学生潜在经验的显性化、碎片经验的系统化、未有经验的生成化、异质经验的关联化、具体经验的抽象化、历史经验的迭代化、多元经验的共振化和实践经验的创生化。根据活动的构成要素，实施设计包括活动过程的互动设计、学生学习行为活动设计和教师活动介入行为设计三个方面。

第一节　实施设计的内涵与意蕴

文化是教育的核心属性，教育本身是文化的一种存在方式，文化本身也是教育的内容。“文化，是一种成为习惯的精神价值和生活方式。它的最终成果，是集体人格。”① 从社会的意义上说，这种文化就是社会经验；从个体的角度来说，可教育的基础是人的文化属性和人的个体经验过程。经验，可以认为是主体对世界的所有感知，也可以如行为主义者认为经验是行为的总和，还可以如杜威认为经验是个体适应环境的过程与产物。“经验”历来是重要的哲学概念，对经验的认识及界定也千差万别，但无论如何，从教育的角度来说，经验是教育的基础。从个体来说，个体的经验基础就是教育中学情分析的起点；从社会来说，历史以来承继的经验是社会化教育的内容逻辑。正如杜威在《经验与教育》中指出：“全部教育都离不开经验。教育是在经验中，由于经验，为着经验的一种发展过程。”经验不仅是教育的起点，还是教育的目的；既是经验的发展演变过程，也是个体与经验的持续互动过程。

班级发展中的教育活动基础是学生的日常生活经验，既是基于个体经验的开始，也是个体经验的完成过程，更是经验的一种生长方式。杜威在《民主主义与教育》一书中指出：“经验已不仅仅是学习方式，更拥有了本体的价值——教育就是对经验的持续改组和改造，以使经验不断地得到扩展与丰富。”那么在具体的主题班会活动实施过程中，应当如何把握生长中的学生经验，或如何通过经验来实现学生的生长呢？

（一）对学生潜在经验的显性化

已有的研究表明，学生不是一个可以任意接受教育“涂鸦”的洛克的“白板”，也不是宣称可以“把他训练成为我所选定的任何一种专家”的华生的“环境决定论”的产物。孩子是带着遗传的天赋来到世界的，不同孩子的天赋差异是教育存在复杂性的根本原因。进入学校教育教学活动中的学生，

① 余秋雨. 中国文化课［M］. 北京：中国青年出版社，2019：23.

是其过去一切经验的总和。作为教育者，我们应意识到，教育教学活动的设计与实施，要基于学生已有的生长基础，其中包括已有的可以被发掘的经验基础和未被发掘的经验基础。相对于我们已有所认知的学生的知识、技能、情感态度等显性基础，更多的学生经验是未被认知的，这正如“水中冰山”的隐喻。

对于显性经验，我们可以通过各种方式来认知，并在某种目的的基础上加以运用，使之成为教育的现实基础。但是对于潜在经验，我们只能通过预期的方式来认识，这就决定了教育教学活动设计具有多样性、丰富性，从而在更大程度上实现学生潜在经验的显性化。例如，如果认为学生学习“数的认识”时是零基础的，那显然是错误的，但如果认为学生学习“数的认识”只是知道如何数数，那也是错误的。事实上，学生可能更早知道数的意义，也具体认识到数的实践价值。

其对教育活动的隐喻是：其一，苏格拉底“产婆术”的合理性，即更多基于学生个体的对话式教学；其二，教育者要用复杂性思维来实践教育活动，因为潜在经验的不可知与未知，即解决复杂问题的唯一方法是用复杂性思维来实践；其三，基于可能性的教育教学活动设计，个性化教育成为必然性追求。从这个意义上说，学校教育教学活动首先要放下高傲的偏见，认识到教育教学活动要实现对学生潜在经验的显性化。唯有显性化了的经验，才能准确地被衡量，成为具体的、实际的教育教学活动的经验基础。

（二）对学生碎片经验的系统化

人具备随时随地学习的能力。人的经历过程，是经验的积累过程，也可以理解为人的学习过程。这样的学习是全息、全时空、全方位的，但也决定了这种基于日常生活的学习经验是零散的、复杂的、随机的。这样的经验发展既有有利于生长的，也有不利于生长的；这样的经验发展会因日常生活情境的变化而被忘却、重复。同时，这样的经验发展的丰富度有赖于日常生活情境的多样性，但也受限于确定性生活实践的惯习。因此，班级日常生活中的学生拥有大量的碎片化经验，也在日常生活交往及实践中不断丰富碎片化经验，除非偶然的基于人脑的自主认知的形成。学校教育的意义和价值还在于通过提高学生对客观世界和自我认知的经验水平，促进学生的日常生活实践不断通向真善美。

其对教育活动的隐喻是：其一，教育活动要关注学生的碎片化经验，不断提升碎片化经验获取的成效。其二，通过建构行为促进学生的碎片化经验系统化，引导学生基于生活经验进行自主建构。其三，倡导用结构式教学或活动的方式，实现“教结构用结构”，让学生掌握结构化、系统化认识世界的方式与方法。其四，引导用结构化的方式进一步丰富碎片化经验，并不断进行结构的丰富、完善、发展。如人的语言发展，用语言表达是每个人都有的经验，但日常生活中人的语言认识是碎片化的，学校教育能够让人系统学习并认识某种语言，丰富对语言的认识，从而更好地实现对话，表征世界。在此过程中，教育的作用就是不断地让学生对语言的经验系统化。对学生日常生活碎片化经验的系统化，是学校教育价值及成效的重要表达。

（三）对学生未有经验的生成化

通常来说，学生的日常生活经验是基于体验、现场、经历和交往对话形成的，这样的经验受到较多的限制，造成经验差异性大、经验狭隘化。日常生活时空场域的局限性，制约了人的经验的无限性生长。比如，一个长期生活在城市中的学生很难有丰富的农村生活的经验，而一个成长于农村的学生也很难有丰富的城市公共生活的经验，对于人的未来生长可能来说，这样的缺失都是不理想的。因此，学校教育教学活动就需要回应人对新异经验的生长需要，也就是要促进学生未有经验的生成化。比如，南方的学生鲜有能够在日常生活中直接认识雪的经验，学校教育活动可以通过呈现关于雪的图片、视频、诗词、歌谣等资源来促进学生对雪的间接认识。

其对教育活动的隐喻是：其一，关注学生生长过程中的必需经验要素，并促使学生获得相应的经验。如爱的经验是人生长过程中所必需的经验要素，那么就要营造爱的氛围，开展爱的体验活动，让学生的生长过程中充满爱的力量。其二，重视间接经验对人经验生长的重要性，并通过多样化的手段丰富学生的间接经验，这也是学校教育的常态化任务。其三，重视丰富学生日常生活经验的维度，扩大学生日常生活经验的表征。例如，将模拟联合国活动引入学校活动中，可以丰富学生对联合国运作方式的认识，也可以在活动中促进学生不同维度素养的发展。这也是“教育即生活”“学校即社会”的实践意蕴。

（四）对学生异质经验的关联化

对学生碎片经验的系统化是从认知的维度来探讨，是为了获得结构化、系统化的经验。那么，对学生已有经验的关联化，是以事物是普遍联系的认识为基础，关注异质经验共同作用的可能。作为具体活动过程中的实践策略，其实质是以跨学科整合的方式对教育活动中的经验进行处理，从而提升活动中对复杂实践问题的解决层次与水平。

其对教育活动的隐喻是：

其一，关注直接经验和间接经验的关联化。直接经验来自直接体验、实践、感悟等，间接经验来自知识习得。通常说理论与实践的割裂，就是指知识是知识，实践是实践，理论不能指导实践，实践找不到理论依据。关联化就是贯通认知与实践，实现认知与实践的统一。如关于劳动，我们很容易认识到劳动的意义，掌握劳动的相关知识、技能，但很难将具体的劳动实践跟劳动认识结合在一起。

其二，关注惰性经验和活性经验的关联化。惰性经验是不常用的或不被觉知的经验，活性经验是常用的、被主动觉知的经验，关联惰性经验和活性经验能提升实践的直觉水平。如关于合作，合作的活性经验表现为具体实践活动的自觉行为，但关于合作的整体理论认识的惰性经验很少被关注，基于系统认识或有意识的、有技术旨趣的合作实践，能提高合作的实践成效。

其三，关注不同维度、不同性质经验的关联化。异质经验通常被认为是没有关系的，如当前学科课程教育导致的学科割裂，很难形成跨学科的整合，而在具体实践当中，往往需要运用多学科经验来解决问题。

日常生活视域下的主题班会活动基于生活情境，基于实践，往往要通过关联异质经验来提高活动的有效性。

（五）对学生具体经验的抽象化

对碎片经验的系统化，强调的是经验的量的整体性问题；对异质经验的关联化，强调的是差异性经验的实践价值；而对具体经验的抽象化，强调的是经验背后的普遍性逻辑问题。也可以理解为，系统化关注的是演绎，而抽象化关注的是归纳。如要学习并研究苏轼，我们对于苏轼有许多碎片化的经验，包括苏轼的生平、苏轼的诗词、苏轼的书法等，系统化过程就是指更全面地了解苏轼还需要不同维度的经验，如苏轼的性格、苏轼的历程、苏轼的家庭背景等。那么，对苏轼的这些具体经验进行抽象化，就是要明确为什么要进行这样的分析，这些具体经验划分的逻辑是什么，所抽象出来的人物分析方法对我们认识其他历史人物有什么作用。再如，在具体的班级建设实践当中，班级开展的许多活动都是班级独特气质的表达，凸显出不一样的班级风貌，那么通过班徽设计活动，把班级气质、班级精神表达出来，就是对具体经验的抽象化。

其对教育活动的隐喻是：其一，关注学生具体经验背后的共性逻辑，关注共性是抽象化得以实现的基础。其二，学生具体经验的抽象化，实质是概念化的过程，用上位概念来涵盖下位概念，引导学生用归纳法实现抽象化。其三，对班级日常生活经验的抽象化实践，需要借助具体的载体，如班级组织建设、班级公约、班级愿景等。其四，对具体经验的抽象化，目的是认识的理论化和实践运用的迁移化，也就是把具体活动实践中的经验转化为学生的素养。

（六）对学生历史经验的迭代化

事物总是处在不断发展变化的过程中，人对事物的认识也是一个不断发展变化的过程。科学发展表明，科学真理只是一个历史的概念，而非永恒的概念。同时，人对历史经验的认识也不是一步到位的，而是随着心智水平的发展而不断发展变化的。以上这些因素，共同决定了在学校教育中学生获得的经验是历史经验，我们要通过教育活动引导学生实现经验的迭代发展。这不是完全否定历史经验，而是引导学生在新的背景下生成新的经验。

其对教育活动的隐喻是：

其一，关注学生的具体生活经验，而不是过去经验。如对于学生合理消费意识的培养，传统的经验是引导学生节约，但这并不符合现代消费社会的实际，应引导学生依需要、依能力进行消费。比如，学生要从 A 地到 B 地，有步行、坐公交车、打车三种方式。坐公交车最省钱却最耗时，而打车费用高却省时，那么就应当引导学生根据时间、经济能力等方面进行综合评判，而不是刻意强调要坐公交车。

其二，关注具体生活经验认识的前沿水平，而非传统经验，以新经验改进已有经验。比如，班级组织建设中常见的班干部队伍建设，以往岗位是固定的，而研究表明用轮值班干部或班级委员会等形式可以消解传统班干部制度的弊病。

其三，关注基于人的认知发展阶段来设计教育活动，使学生的经验随着认知发展而迭代。如低年级学生的策划是简易策划，即明晰目标、时间、地点、事件，而对高年级学生，可以引导其进行复杂策划，包括简易策划内容之外的预案、机制、保障、协商等。

（七）对学生多元经验的共振化

在具体的教育活动中，关注班集体中不同学生的多元经验的对话、互动、共生，从而促进学生经验的多样化生长，笔者称之为学生多元经验的共振化。相关研究表明，伙伴关系在学生生长过程中具有重要价值，在一定情境、一定阶段甚至超过父母及教师的影响。同时，班级共同体首先是学生的共同体，班级既是学生日常生活经验获得的重要场域，也是学生日常生活经验实践的重要舞台，班级日常生活的精彩源自学生经验的差异性和多样性。这些都表明了学生间经验的互动价值。唯有导向多元经验的共振，才能促进班级的良性发展。

其对教育活动的隐喻是：其一，开展班级活动时，班集体的分工合作是必然存在的。如要举办一场班级晚会，需要有策划统筹的、后勤保障的、宣传的、表演节目的，那么就需要充分运用班级不同学生的多元经验，使学生在分工合作中实现经验的共振。其二，多元经验的共振化需要在具体的活动中实现，如在班徽设计活动中实现，在班级公约形成过程中实现等。其三，学生多元经验共振化需要基于民主型班级建设，充分关注每个学生的参与度，借助协商、对话、分享、审议、讨论等具体形式来实现资源的共振。其四，学生多元经验共振化最理想的是实现主体经验的全纳，全纳保证经验的丰富性，从而在共振过程中产生更多的可能性。

（八）对学生实践经验的创生化

从终极意义上说，教育过程中学生的经验获得是为了实践经验的积累。实践经验不外乎适应生活、调节生活、转化生活、改进生活及创生生活几个方面，它们的核心是对学生实践经验的创生化。指向生长的教育生活，是指向美好的生活。最美好的、最有价值的生活是导向非自动化的、不可复制的、积极主动的生活，这样的生活必然是创造性的生活。在日常生活中，创造性生活的基础就是对实践经验的创生化。

其对教育活动的隐喻是：其一，关注学生的经验过程。创生化是创生实现的过程，创生也仅在实践过程中发生。说教式的、纯粹知识学习式的过程，是不可能产生创生性行为的。其二，创生性实践过程需要静待花开。如班级形象设计，如果没有充分的民主讨论、没有充分的思维碰撞，很难有符合集体共同愿景的创新性产品。其三，对学生实践经验的创生化需要以建设创新型班级为目标。只有把创新、创生作为班级共同的精神追求、共同的行为特质，才能引发集体的创生性行为，才会有创生化的经验表达。

经验是学生生长的基础，也是学生日常生活实践的终点。人的生长是在经验实践过程中完成的。教育教学活动的本质是对学生经验的不同处理和为了达成不同目标经验而做出的行动。只有准确把握教育活动过程中对学生经验的不同迁移转化，才能获得有效的教育活动实践。

第二节　互动活动节点的设计

主题班会活动的实施过程是班主任和学生在同一固定时空内通过彼此行为产生互动推进的过程，其组成要素是教师行为、学生行为及基于载体的互动行为。师生基于载体的互动行为串联起了主题班会活动的全过程，对其分析应把握事件发展的关键节点，以关键节点的关键行为来整体把握事件的发展过程。也就是说，主题班会活动实施的质量在一定意义上取决于这些关键节点的行为层次。那么实施过程中，有哪些互动的关键节点？针对关键节点，应有什么样的认识并做出什么样的关键行为？

（一）活动导入的悬念点

从课时意义上探讨，主题班会活动的实施是在相对独立的时空范围内的有目的性、有针对性的活动过程，其中必然存在从一种活动状态进入另一种活动状态的过程。为了更好地进入主题班会活动状态或课堂教学活动状态，在活动设计中应关注活动状态转换的过程，即活动导入。活动导入有多重意蕴，包括已有经验的唤醒、思维方式的切换、关注焦点的转移、实践范式的更新、情感状态的变更等。针对不同的目的，导入方式有较大的差异，可以选择回顾法、辩论法、讨论法、游戏法、戏剧法、热身法等。这些在已有的研究中已经阐述得非常详尽，不再赘述。

不管是出于什么样的目的、选择什么样的方式，在主题班会活动中，活动导入最重要的是制造悬念点。有悬念就有趣味，有悬念就有情境，有悬念就有故事，有悬念就有张力，有悬念才能让学生保持主动积极的活动热情。这源于主题班会活动是对生活的探讨，是基于学生已有的实践准备。过多的进程预设，容易让学生缺乏异质性体验。活动导入的悬念点，可以通过话题趣味层面的发掘、已有经验的深度情感唤醒、知识学习到实践学习的铺陈、离散合作状态到新异团队合作的建构、经验类比或感同身受的故事渲染、成就预期的前置讨论等方式来生成，使学生在有趣味、有情境、有故事、有张力的导入中提升后续活动品质。

（二）活动整体的“杠杆点”

古希腊科学家阿基米德说：“给我一个支点，我就能撬动地球。”这是他描述的杠杆原理，这个“支点”被称为“阿基米德支点”。主题班会活动中也存在这样的“支点”，也可称为“杠杆点”，即深化活动成效的关键行为或关键环节。把握好“杠杆点”能够使整个活动环节不涣散，不偏离活动的主体目标。

这样的“杠杆点”可以是大问题设计。以大问题贯穿整个活动过程，以具体的小问题来分步实现过程。

这样的“杠杆点”可以是实践工具。以实践工具的实践逻辑来驱动过程，如思维导图、策划方案、成果作品、调研设计方案、实践工具开发等。不注重活动过程中的实践工具，停留在对话层面，停留在点状体验活动层面，等同于日常生活的碎片化、随意化，就无法更有效地凸显出主题班会活动的教育价值。

这样的“杠杆点”还可以是关键节点行为，如总结性行为、聚焦性行为、拓展性行为等。比如，在对追星话题进行充分辩论的基础上，需要有一个总结归纳的行为来升华教育价值。如果只停留在辩论上，没有对辩论过程生成的内容进行梳理总结，那么就难以促进思维的整体性发展，也就无法让学生做出判断。

当然，这样的“杠杆点”还存在其他可能性。笔者的目的不是详尽地探讨每一种存在，而且详尽的探讨也是不可能的。随着认识的深化与实践方式的更新，必然会有更多的实践方式。只是希望通过这样的分析，明确主题班会活动实践的教育意蕴或价值充分体现在整体实践过程中。

（三）活动环节的链接点

人工智能时代，“链接一切”不再只是口号。人、事、物只是多重网络中的一个节点，但这个节点能够创造无数的链接可能，这就是物联网时代的逻辑启示。回到主题班会活动当中，一个主题班会活动是一系列节点活动、关键活动的集合，是基于实践范式的逻辑关联。链接的启示不是颠覆，而是拓展了主题班会活动群体的链接逻辑，不局限于因果逻辑、并列逻辑或递进逻辑。这就对主题班会活动中各个环节的链接提出了新的要求。如何把握好各个环节的链接点，成为评价活动质量的一个关键指标。从不同环节之间的链接策略来看，链接点的实践路径可以有如下几个方面。

其一，迁移。将一个环节实践的逻辑或实践的范式迁移到下一个活动中，那么链接点就在于环节逻辑或范式的提炼。如策划类主题班会活动中的“教结构用结构”。

其二，深化。遵循事物在教育教学过程中螺旋式发展的逻辑，将前一个环节探讨的内容或运用的形式，通过下一个活动再深入关联分析或深度运用。该过程不是对前一环节的复制，而是对前一环节相关因素的再探讨。

其三，拓展。所谓拓展就是把前一个环节的实践或内容放到一个广阔的时空背景下进行探讨，实现的是对边界的延展或是对极限临界点的触碰，从而在追寻本质或普遍价值的道路上更进一步。如一个活动在学校班级背景下可实践，那么可以继续探讨在班级外实践的可行性，从而改进方案设计。

其四，聚焦。如果存在从多个维度进行探讨的活动环节，那么就需要一个聚焦的过程来实现对后续活动的共识性推进。如通过头脑风暴，可以就某一个话题生成无数的可能性，但如果没有聚焦，就无法实现群体的共识性实践，也就失去了群体实践的意义。

其五，转化。转化探讨的是形态上的问题，即将环节中的内容或话题形成的认识转化成另一形态。如对一个事物或事件的理论认识到实践可能的转化，从实践经验到理论提取的转化。

其六，切断。切断是使一个环节结束，是切割环节与环节的联系，是结束与开始的状态的变化过程。如主题班会活动中要前移后续，一个主题班会活动并不是完整聚焦一个主题，而是将一个主题的结束作为另一个主题的开始。再如，一个环节的话题探讨偏离了活动目标，就需要果断切断这一环节，通过另一方式的回归链接到下一个环节的实践目标中。

把握好各个环节的链接点，用智慧处理环节之间的链接方式和多个环节的链接策略，促使主题班会活动诞生高品质的日常生活实践。

（四）活动交互的冲突点

教育是人的社会性活动，人的社会性共识是在共同的活动秩序中生成的，也是在共同的活动秩序中实践的。因此，教育教学活动需要强调活动过程中的互动生成、凝聚共识。在主题班会活动中，师生是班级生活的主体，是协商并达成班级日常生活建设的共同体。我们强调师生互动的同时，更应该关注学生交互活动和交互实践的过程。这个过程也是育人价值的生成点，其中的核心表达就是交互活动与交互实践中的冲突点。这种冲突点有突发生成性的，即被动生成的，也有必然生成性的，即预设生成的。在实施过程中，既要善于制造引发学生交互的冲突点，也要有智慧地调节学生交互的冲突点，从而使之成为学生的生长点。

其一，认识的冲突点以促共识。由于学生的经验基础和认知水平存在差异，加上需求立场不同，在主题活动探讨中，必然存在学生间的认识差异，因此要引导形成基于多数人的或更高层面的共识。

其二，实践的冲突点以促合力。学生的实践资源及能力的差异，以及对不同事物的价值选择，会导致学生在实践交互中选择的方式不同，从而产生激烈的冲突，此时就需要通过不同维度的分析，让其意识到团体协作意义上的实践合力。

其三，价值的冲突点以促认同。立场的不同意味着价值观的不同，有的人基于个体自我价值，有的人基于小团体利益价值，有的人基于整体利益价值，没有绝对的对错，不应当硬性追求统一，而应当在一定意义上求同存异，达成个体对群体的认同及身份自觉。

其四，情感的冲突点以促共情。正如我们说每个人的"笑点"不同，事实上，人的情感方式、情感产生路径、情感内容都有较大的差异，不能以共同的情感标准来要求活动过程或衡量活动成效。当下所谓的追求感动、追求轰动的主题班会活动，实质是消耗人的情感资源与情感本能。我们既要发现差异情感，不用单一的情感模式来替代所有的情感，也要在学生的情感差异冲突中引发学生的情感共鸣，从而产生差异情感的共情。

当然，在主题班会活动中，既要把握好交互活动与交互实践中的冲突点，也要善于有智慧地处理好可能产生的冲突点，更要主动设计活动中的冲突点，并把隐性冲突引向显性冲突，把弱势冲突引向强势冲突，把碎片冲突引向系列冲突，最终在剧烈的冲突中凸显教育价值。

（五）活动成效的延迟点

我们常富有诗意地说，对学生要"静待花开"，即教育要顺应学生的成长规律。但事实上还涉及四个问题：一是教育成效的迟滞性问题；二是教育要求是否超出最近发展区的问题；三是人的认识及记忆规律问题，正如知识记忆的递减效应，不是所有的短时记忆都能转化为长时记忆；四是人的实践性运用问题，“用进废退”的规律就是最典型的，有些习得因为不断实践而被强化，有些习得因没有实践而不被发掘。以上问题是针对教育活动的整体性而言的。事实上，在具体的教育教学活动中，也普遍存在这种“延迟效应”。就主题班会活动而言，不仅需要从整体上认识这种效应，还需要关注具体实施过程中的这种效应。既要认识到活动成效的延迟点，也要善于创生延迟点以更好地促进学生的生长。主题班会活动中的延迟点表现在认识高低、体验深浅、反应快慢、协作好坏、迁移转化宽窄等方面。对不同方面的延迟点，可以采用不同的方式来有效处理。

其一，等待。这是最常用的方式。一些主题班会活动中充斥着大量的无效对话，没有触发学生的思维，似乎不存在需要等待的过程，这样的活动是可怕的。还有一种情况就是为学生的研讨环节固定时间，还专门用计时器来提醒，缺乏让学生有一个深层次的思维碰撞的过程。

其二，追问。出示一个问题或一个话题后，短时间内学生的思考回应往往是模糊的、片面的，此时教师需要用追问的方式促进学生的思考朝更深、更广的方向发展。

其三，回溯。有质量的活动必然是基于已有的发展逻辑和学生已有的经验。当学生生长的障碍出现后，可以通过回溯的方式，对已有经验、已有实践、已有逻辑进行重新关联，突破延迟点。

其四，建构。能够被人类认识或意识到的，一定是有意义的且能够实现结构化的。延迟点的发生就是由于对意义全面性和事物或事理结构的认识不全。因此，活动过程中，可以通过对事物或事理进行建构的方式来突破延迟点。如使用概念图来促进概念认识的全面性，通过思维导图来促进认识的结构化等。

其五，叠加。活动过程并不是平行的过程，也不一定是一环扣一环的，这源于实践的复杂性。在活动成效的延迟效应上，可以通过叠加的方式触发延迟点。如对活动过程中学生互动的悬念点进行发掘、探讨，通过对前置悬念点的分析实现关键活动成效的叠加。另外，一个主题班会活动过程中，育人资源是来自多重维度的，不同的推进路线可以在某个点上实现多重叠加，从而实现育人价值的多元化，也为不同个体生长提供可能。

当然，把握好活动成效的延迟点，可以让我们更好地认识教育活动的属性，同时启发我们发现教育活动中介入的方式与路径。

通过对主题班会活动实施过程中基于交互活动和交互实践的悬念点、“杠杆点”、链接点、冲突点及延迟点的探讨，力求在一定层面上了解实施过程中存在的可能性，在有效把握关键要素、关键节点、关键行为的过程中提升活动的质量。

第三节　学生学习活动的设计

学习是学生日常生活的主要任务。必须清醒地意识到，学习不是专门的活动，也不是学科课堂的专属，学生的日常生活是生长的生活，是学习的生活，有区别的是学习内容、学习形式、学习目标、学习状态等。基于班级日常生活的主题班会活动的实践过程就是学生学习行为发生的过程。探讨主题班会活动如何实践、如何互动、如何推进，实质是探讨教师如何基于学生在主题班会活动中的学习行为采取措施促进学生的学习及生长。由此，探讨主题班会活动的实施过程，就必然要探讨主题班会活动中学生是如何学习、如何实践、如何生长的。从整体意义或学生立场来考量，就是探讨主题班会活动中学生的主要学习方式的问题。

（一）具身式学习

具身是指将身体嵌入世界之中。具身式学习源自具身认知理论，该理论认为，具身认知基于“身体—心智—环境”这一动态系统，身体作为主体而非附加工具参与认知过程，身体的属性、行为和感知系统决定了人的认知。也就是说，认知过程来自大脑、身体以及环境各个因素相互作用而生成的动态系统；知识本身生成于个体与环境的交互之中，是境脉化的而非抽象的、固化的物品①。具身式学习强调身体的学习，强调身心关系和身体与环境的关系，把身体作为学习的第一位。

主题班会活动源于学生的日常生活，也作用于班级的日常生活，学生生长的核心不是知识的生长，不是技能的生长，而是学生日常生活实践素养的提升。这种学习活动的设计来自实践，在实践中实现，在实践中提升，作用于实践的改进，就必然要从具身认知出发，让学生的身体嵌入实践环境中，在身身互动、身心互动、身体与环境的互动中实现统一。因此，在活动实施

① 周建平. 身体认知视野下的知识教学：理念与策略［J］. 教育理论与实践，2018，38（7）：53-56.

过程中，要强调学生身心的融入，强调实践性的、参与式的学习活动设计。

（二）对话式学习

主题班会活动探讨并解决的是班级日常生活中的问题，其实质是人的关系问题。班级日常生活事务需要通过班级相关利益主体的协商、对话来解决。学生开展积极的对话，主动参与对话，才是学生参与班级日常生活建设的核心体现。所谓的全纳型班级建设，核心就是让全体学生为自己和班集体发出声音，进行对话的实践。

对话作为一种追求，体现的是主题班会活动中的个体平等思想，是师生的平等对话，是生生的平等对话，是强势文化与弱势文化的平等对话，是多数学生与少数学生的平等对话，是教育活动中主体间性关系的体现，是从我和他的关系到我和你的关系的转变，是民主型班级建设的必然选择。

对话是一种实践的过程。这就要求在主题班会活动中要设计对话的议程，如小组成员各自表达观点，形成小组观点，小组与小组进行观点对话，最后凝聚成班集体的共识。

因此，主题班会活动的对话式学习，是通过协商、对话的方式，形成协商、对话的能力，进而孕育民主对话的实践。

（三）操作式学习

操作式学习是指学生在做中学，在具体实践操作中获得实践能力。主题班会活动的开展源于实践、为了实践，因此主题班会活动的开展必须基于对主题内容的操作实践，并让学生直接学会实践运用。如开展班级活动的策划会，不仅要让学生懂得策划的内容及策划的方法，还要让学生在真实的活动策划中学会策划。如果只是教给学生策划的知识与技能，没有策划的实践，那就不是主题班会活动了。从根本上说，让学生掌握策划知识与技能并不是主题班会活动的第一目标，而能够策划出班级活动的实践方案，服务于班级活动建设的实现才是核心目标。在操作中学习，在操作中解决实践问题，是主题班会活动基于班级日常生活实践的核心特质。因此，主题班会活动实施过程中要关注学生操作活动的设计与实践，强调让学生在现实问题中学习。

（四）沉浸式学习

沉浸式学习是针对活动中学习的饱和度而言的，学生只有在主题班会活动中充分地体验、充分地参与和高度自觉地融入，才能产生沉浸式学习。主题班会活动的内容来自班级日常生活，基于学生的经历，又导向学生的班级生活。在事关自身的实践中，从来没有局外人。

在主题班会活动实践中要实现沉浸式学习，应有几个要求：其一，唤醒学生已有的实践经验，这样能快速地引导学生进入情感实践状态，如通过前期活动回顾的方式唤醒学生的经验。其二，应有充分的情境体验活动，通过设置模拟情境或真实情境促进学生在情境实践中投入，促使学生沉浸在自主的活动中。其三，设计有趣的活动实践。日常生活通常是无趣的、零散的、平淡的，难有激烈的戏剧冲突，这就需要教师对资源进行有效的处理与转化，把握关键节点，从而引发学生的兴趣点和情感点，促使学生逐步沉浸到新的活动实践当中。

（五）展演式学习

最有效的学习方式是输出式学习，这是成本最高的学习。知识及技能层面的学习，通常需要有更多的传授过程，而精神层面的学习要有经历、唤醒及引领的过程。主题班会活动探讨日常生活实践的问题，指向班级日常生活实践的改进，既强调实践方式，也强调实践共识，这就决定了学生学习的自主性与活动性。

展演式学习是指学生通过展示、表演等方式来获得生长的力量。学生在展示、表演的过程中获得多维度的锻炼，从而实现生长。主题班会活动强调学生的自我展示、团队展示，如发表演说、小组研究汇报等；主题班会活动也强调学生的演示，通过演示活动来验证并提升学习品质和实践品质，如排练表演节目，与其单纯介绍，不如让学生通过演示的方式来更具体地呈现。通过这种主动性的展示，学生能够学会自主学习，并在其他学生的认可中获得更多的学习力量。展演式学习是主题班会活动中不可或缺的学习方式。

（六）省思式学习

主题班会活动不仅能解决班级日常生活实践中的问题，还能促进学生的生长，促进学生核心素养的形成。人的生长不是指知识的获得、技能的习得，而是指通过自我省思后意识到的自我生长。

省思式学习是指学生在主题班会活动中因自我反思、自我觉醒而获得的学习，是对过去实践的升华而获得的生长。其一，庆祝式的省思学习。如提取班级建设成功的经验，获得成功的体验，可以增强学生的自信心。其二，反思式的省思学习。通过对班级建设情况进行讨论辨析，探讨失败或不足的原因，在深度反思中可以促进班集体及个体的自我觉醒，从而促进学生的生长。其三，总结式的省思学习。通过对班级建设活动的阶段反馈、阶段总结进行回顾，珍视个体的历程或班级建设的历程，其本身就蕴含着丰富的自我觉悟的价值。

省思式学习的核心就是在个体和班集体的自我意识、自我觉醒、自我觉悟的过程中，实现经历的生长价值。

（七）合作式学习

班级是班级全体学生的班级，不是班主任的班级，也不是某些少数学生的班级。班级一定是全体利益共同体的班级，其中包括了学生、教师，乃至家长、学校及社区等，是不同主体的利益诉求在学习实践及班级日常生活上相互激荡而产生的。同时，班级日常生活由班级群体的共同生活构成。这就要求在班级日常生活的实践过程中，需要分工与合作。

合作式学习是指班级不同个体或不同构成群体在分工与合作中实践日常生活，从而获得生长力量。分工与合作是班级建设的必然要求，也是学生学习的表现形式。强调合作式学习，就要强调班级建设中的组织建设。组织建设是主题班会活动不可或缺的内容，其目的是通过建设合作共生的班集体以更好地促进班级日常生活对人的发展。同时，强调合作式学习，是指在主题班会活动中强调通过不同的组织形式来提高学习的有效性，如强调小组合作学习，强调通过项目组来解决问题。

（八）创生式学习

建设创新型班级，有赖于班级共同体产生创生性行为，在创生式学习中激发、发展学生的创新品质，从而实现创新型班集体的培育。创生式学习要求在班级建设过程中，特别是主题班会活动的开展过程中，以创新、创生的方式推动班级建设的创新。由此，创生既是过程，也是结果；创生既是实践，也是生长方式。

其一，班级建设追求上的创生。追寻特色班级建设，有赖于独特的个体，也是为了实现特色班级中的个体个性化。其二，班级建设实践方式上的创生。以创生的逻辑、创生的过程、创生的议程来推进主题班会活动，让创生蕴含在实践的过程中。通过创生实践，不仅实现了创生的结果，还孕育了创生的能力、素养。其三，创生性行为的发生。创生性行为需要的是自主思考、自主探索、自主实践，而自主的过程就是最好的学习过程。

以上几种学生学习行为方式，并不是主题班会活动中学生学习行为方式的全部，只是笔者认为比较有代表性的、比较突出的几种。分析主题班会活动中学生典型的学习行为方式，指向的是在实施过程中如何更好地设计学生活动及捕捉关键节点，从而进一步凸显主题班会活动中学生学习生长的主体性，促进学生的素养发展。

第四节　教师介入活动的设计

对于主题班会活动，需要再明确的是，驱动实施的是活动范式，而非教学范式。主题班会活动的开展应是由学生的学习行为或实践行为来驱动的，教师的角色是引导者、干预者、促进者或号召者。强调主题班会活动中学生的自主实践性，不是否定教师在实施过程中的作用和价值。教师要对主题班会活动进行设计，但这种设计不是依据具体的知识载体，而是对学生日常生活的预判，是与学生共同设计后的实施呈现。由此看来，主题班会活动的实施必然要从全过程视角来审视，教师在主题班会活动实施过程中呈现的是介入，而非教的过程。介入是基于对关键活动节点的把握，是对育人价值的升华，是对学生实践的号召与唤醒。这种介入是活动设计与实施过程中教师教育智慧的核心体现。

（一）系列活动中适时介入

适时介入探讨的是介入的时间问题，也就是什么时候介入。主题班会活动中学生的生长并不仅仅是在活动现场完成的，更渗透在学生日常生活的全过程。主题班会活动节点现场只是不同层面育人资源的集中激荡，是不同资源的交互，是不同学生群体在班级日常生活事务中的协商解决，但能力或素养的完成应当贯穿在日常生活中。由此，教师的介入不仅仅是对活动现场、活动节点前后的设计与反思，还是对学生日常生活实践的引领与指导。

适时介入主要包括活动前介入、活动中介入和活动后介入。活动前介入是指对学生准备主题班会活动的相关资源的前期指导，如对学生发言内容的指导、对学生要呈现内容的提升指导。活动中介入是指在主题班会活动现场对学生呈现的育人资源的发掘、对学生推进进程的辅助和对学生现场生成的有效引导，如对活动节奏的调控、活动现场突发事件的处理等。活动后介入是指对主题班会活动生成的资源的进一步引导和学生后续成长与实践的进一步明确，如将活动进一步引导落实到实践层面上，才能最大限度地发挥主题班会活动的育人价值。

（二）活动内容中适切介入

适切介入探讨的是教师介入主题班会活动的切入点和边界的问题。主题班会活动虽然是师生共同班级日常生活的表达，但主体还是学生，核心是对学生班级日常生活的实践与改进。若是任由学生完全主导和推进，那么可能无法达成真实的教育目的，所以需要处理好预设与生成的关系，需要把握好日常生活实践的无序与教育生活实践的生长关系。也就是说，日常生活是基础，主题班会活动是对脱离日常生活实践的省思。因此，要对主题班会活动中学生实践的内容进行有效的适切介入，以促进学生的发展。

其一，规避活动内容的偏移。如果缺乏有效的介入，学生的自主活动就可能因对生成性资源的感兴趣程度而发生偏移。如在一次关于班集体活动的最后排演中，一个学生产生可能成为"炮灰"的想法，如果教师不能及时介入，引导学生回到对展演活动的再思考中，那"炮灰"就可能成为活动的主题，进而消解群体积极心理。

其二，规避活动内容的脱离实际。因学生的能力有限，在探讨过程中可能会理想化，对现实遭遇会缺乏判断，导致活动设想很美好，但不具有可操作性，这时候就需要教师进行有效的介入引导，促使学生回到对现实可能性的探讨上。如策划活动中，教师通过不断引导学生对现实可能遭遇的困难展开追问，促使学生提出实践预案，从而促进学生的发展。

其三，规避活动内容的泛化。在探讨日常生活主题的过程中，分解、拓展、发散等方式有助于更全面地认识事物、认识实践、认识问题，从而从更高思维层面探讨实践策略和路径。但如果缺乏有效的介入，就可能导致探讨面面俱到，或缺乏日常班级生活问题解决的现实可能性。这就需要把握好放和收的边界，从而引导学生进行有效实践。

其四，规避活动内容辐射面的窄化。主题班会活动在深入推进过程中，往往会变成局部或个别学生的生长场，这时候就需要教师适切介入，对话题辐射面进行再引导。

（三）活动进程中适当介入

适当介入探讨的是主题班会活动过程中教师介入的度的问题。活动进程中教师不可放任学生自由活动，需要在关键时刻有一定程度的介入，但教师也不可介入过多，避免班会活动成为高控活动，避免教师成为主题班会活动的主角。

其一，把握好起始点的介入。课堂活动往往是带有一定仪式感的活动，因此需要教师适当介入使学生群体快速进入仪式场域当中。

其二，把握好环节转折点的介入。活动往往由多个环节或多个议程组成，学生群体往往缺乏整体的事件或活动节奏的把控能力，这就需要教师在活动中把握好度，及时促进活动转折，从而实现环节与环节之间的良好衔接。

其三，把握好生成点的介入。活动进程中往往会有全体性的价值生长点，但不是所有学生都能够充分意识到，此时需要教师进一步介入发挥，使之深入学生的思想和心灵中。

其四，把握好结束点的介入。一个活动的结束需要有明确的信号，但这个信号不是自然而然生成的，应当由教师进一步提出。同时，一个活动的结束需要与后续的日常生活实践和下一个活动产生联系，这就需要教师来明确。

（四）活动方式中适合介入

适合介入探讨的是教师在主题班会活动方式上的合理性介入问题。一般来说，在主题班会活动设计之初，就对具体主题班会活动过程中学生的学习行为方式有明确的设定，教师的介入是指对具体所采用的活动方式在实践的度和边界上进行介入。

其一，活动方式限度的适合介入。如辩论活动，学生的辩论技能还不成熟，可能在辩论过程中会出现违背辩论精神的现象，那么教师就需要及时提醒学生辩论的规范及限度，避免出现人身攻击或谩骂的现象。

其二，活动方式运用的适合介入。同样以辩论活动为例，在辩论过程中，可能会因为两方的辩论水平差异而出现一方弱势，如果单纯从辩论的角度来说，这不影响什么，但辩论在主题班会活动中的运用并不只是为了争输赢，核心目的是通过学生的辩论对话实现相互理解，升华观点，从而达成共识。这就需要教师在辩论进程中通过适合介入来帮助弱势一方，并引导辩论往更高层次推进。

其三，活动方式议程的适合介入。活动方式是主题班会活动整体实践的重要方法工具，是由系列性行为构成的，那么就需要对系列性行为的议程进行设计，并在具体实践中给予关注，规避形式化风险。

（五）活动互动中适恰介入

适恰介入探讨的是主题班会活动互动过程中介入的恰当性问题。互动过程中，学生基于自己的立场，往往会有思维的盲点，可能不愿认可他人立场，这时候就需要教师以某种恰当的方式介入，从而实现互动的多维价值。

其一，以追问促学生再明确。学生的表达和呈现往往不一定特别清晰或明确，此时教师需要对学生的表达再追问，使之观点更加明确。

其二，以驳问促学生再反思。当学生提出的观点无法在其他学生的交互中完善或改进时，就需要教师通过不同视角和不同立场，对学生的观点进行驳问，从而促进学生自我反思，升华思想。

其三，以迁移促学生再建构。学生的实践及观点表达往往会过度具象化和情境化，当脱离具体实践情境后，可行性就会降低，这就需要教师通过巧妙的情境迁移，促使学生进行自主建构，以结构化的方式来探讨问题。

其四，以转嫁促学生全面生长。因为学生成长的差异性，有些互动行为往往只是促进个别或部分学生的生长，此时就需要教师进行互动的转嫁介入，促使个别生长点在全体学生中得到明确和升华。

其五，以中断促学生再发现。当互动过程中出现不可避免的问题或陷入循环互动怪圈时，教师应通过中断介入，避免矛盾激化或陷入无意义的循环互动中。

（六）活动生成中适机介入

适机介入探讨的是主题班会活动过程中的生成性资源或突发事件的处理机智问题。活动过程中经常会发生许多突发状况，如果不能有效处理，往往会影响活动质量。重心下移后的活动生成是学生活动主体的核心体现。针对活动中各种不一样的生成，处理机智也有较大不同。

其一，冷处理。有的活动生成可以拓宽学生视野、解决问题，只要不引发不可调和的矛盾，教师可以选择冷处理，让学生在进一步的活动中消化。当协商过程中出现暂时无法解决的问题时，可以引导学生活动后进一步探索或沟通，不让矛盾进一步激化。

其二，个别处理。如对活动过程中神游物外的学生，教师可以通过眼神注视或走到其身边悄悄提醒的方式来处理，避免打乱整体的节奏。

其三，安抚并延后处理。如活动中出现争议导致学生情绪崩溃，若不关注就会引发更大的伤害，如引发全班关注，此时教师应当在不影响整体的情况下先进行情绪安抚，活动后再召集相关学生调解矛盾。

其四，号召并扩大处理。有学生在台上展示时因过度紧张而卡壳，如不处理就会冷场，也会给学生带来不好的体验，此时就可以先由教师个体鼓励，再号召全体学生共同鼓励。这也是凝聚班级积极力量的好时机。

当然，活动现场的突发状况是不可尽数的，教师应当有充分的教育机智并时刻做好准备。

探讨主题班会活动过程中教师介入的话题，实质是对主题班会活动中教师角色的进一步明确，希望建立教师行为实践的话语框架。

第五节　实施设计的案例分析

主题班会活动的实施设计是对设计方案的实施过程及活动细节的设计。虽然主题班会活动过程是可以设计的、可以预设的，但具体的、真实的活动智慧，往往需要教师根据学生的活动情况来生成；学生生成性资源的激发、捕捉、运用及转化，也是对非预设生成性资源的化解、调适、迁移与回归。当然，这不是说实施过程是不可捕捉或没有规律的，而是强调要抓住班级日常生活及学生成长的本质来具体表达。下面通过具体的主题班会活动案例来呈现笔者对活动实施的认识、理解与实践。

案　例

“文明红旗飘飘飘”主题班会活动

（实录：厦门市槟榔小学　吴钰嫔）

（一）活动开场

师：同学们，五月近了，有没有听到谁在海的另一边召唤我们?

生：鼓浪屿。

师：是的，为了改善我们班的常规表现，同时也为了争取获得去鼓浪屿实践的机会，我们班开展了“文明红旗飘飘飘”主题班会活动。

师：活动之初，我们成立了先行小组，调查我们班为什么没有获得文明红旗，然后就失分最严重的三项（早读、午休、路队）成立了调查小组，分别是早读调查组、午休调查组、路队调查组。下面就通过视频来回顾我们前期的调查活动吧。

（播放前期调查活动的视频）

评　点

通过对前期学生活动的结构化梳理，有意识地提取学生的经验，从而明确主题班会活动的发展目标，而不仅仅停留在对活动背景的介绍上。

（二）核心过程推进

1. 分析调查报告，初步提出解决方向

师（过渡）：正如巴顿所说，事实上，问题并不是最可怕的，最可怕的是不知道问题到底出在哪儿。在解决问题前，我们必须先发现问题、分析问题。下面就先请早读调查组的同学上来交流他们的调查报告，掌声有请。

师：在他们开始交流之前，有两个要求。请同学们认真倾听，认识早读存在的问题，记录与本部门有关的问题，可以拿出你们的记录单。

早读调查组同学 A：亲爱的同学们，大家早上好！我们是早读调查组的代表，经过几周的观察、访问、记录，我们确定了班级早读存在的主要问题。现在由我们来为大家讲解。

早读调查组同学 B：这是我们抓拍到的早读违纪行为。有看后面课文的、转头讲话的、看课外书的，还有没带书的、补作业的以及闲逛的。

早读调查组同学 C：这是我们的早读情况手记。通过记录，我们发现早读出现的问题有点多，情况有点严重。经统计，早读不认真的有 30 人，早读偷看其他课文以及偷看课外书的有 5 人，早读讲话的有 19 人，早读没有带书的有 7 人，早读迟到的有 24 人，早读违纪人员共 85 人次。我们发现最严重的问题是不认真读，占 35%，接下来是迟到，占 29%，接着是讲话，占 22%，最后是看课外书和没带书，各占 8%和 6%。请同学们一定要管理好自己，不然我们去鼓浪屿的机会就要跟大家说再见了。

早读调查组同学 B：通过观察员的记录，我们发现除了个人方面的问题，还有早读岗位的问题。早读管理员和带读员存在迟到的现象，早读管理员没有及时对违纪的同学进行提醒。

早读调查组同学 A：这是我们各部门早读时上岗的人员名单。我们发现，早读上岗的有早读管理员、劳动部部长，还有收作业的同学。我们得出结论：班级各部门之间没有提前协调沟通好各项班级事务的开展时间，上岗人数多，造成早读秩序较混乱。

早读调查组同学D：为了让调查更全面，我们还让全班同学做了一份问卷。现在请大家看一下问卷的分析。这是一、二题的分析，所有同学都说早读重要，但实际情况是只有21人认真读，说明同学们对早读没有足够的重视。这是第三题的分析，同学们没有认识到早读的重要性，做和早读不相关的事情的情况较普遍。结合前面的观察记录，发现周二英语早读没带书的人数最多，因而出现聊天、看课外书等现象。

早读调查组同学B：这是第四题和第五题的分析。超过85%的同学发现，早读管理员在管理方法上有欠缺。这是第六题的分析，说明带读员没有以身作则，不守时，责任心需加强，带读前准备不够充分，导致带读时不够自信。

早读调查组同学C：早读时有27人次受到岗位管理员的影响。分析可知，各部门之间没有提前协调沟通好班级各项事务的时间安排，造成早读期间各部门还在开展部门工作，早读秩序较混乱，对较多同学造成干扰。

早读调查组同学A：这是第八题的分析。大部分同学认为对违纪同学登记并扣积分，不能产生理想的效果，因为大部分违纪同学的积分本来就少，也不在意被扣。

早读调查组同学D：综合前面的观察记录以及问卷分析，我们把早读存在的问题分成三类——个人问题、岗位问题、部门问题，并且分析问题产生的根本原因。个人问题的根本原因：①不重视早读，不明白早读的重要性。②认为早读不是上课，不需要遵守课堂纪律。③有晚起的习惯，不守时。④没有集体荣誉感。⑤个人积分太少，不稀罕。岗位问题的根本原因：①带读员认为人少时不用带读。②管理员没有以身作则，没按时到校。③管理员没看到同学的违纪行为。④带读员带读前准备不够充分。部门问题的根本原因是班级各部门没有协调好各岗位的工作时间。谢谢大家。

师：好！那么现在请大家来看一下早读调查组最后的这张汇总表。我们午休组和路队组也做了分析，观察一下，有没有值得我们学习的地方？他们找出问题之后，还做了什么？

生$_1$：把存在的问题列出来，然后让部门的每个管理员知道哪里错了……

师：不单单找到这些现象，还分析它们产生的根本原因。这就是透过现象看本质。也就是说，你通过分析根本原因把这些真正的问题揪住了、解决了，以后还会有这些现象吗？

生：不会。

生$_2$：他们把全部问题归类为个人问题、岗位问题和部门问题，这样看上去更清楚、更直观。

师：是的，我们可以找到问题后进行分类归纳。这些都是值得我们学习的地方。再次把掌声送给这个小组。

师：还有什么话要跟各部门说吗？

早读调查组同学A：经过调查，我们还发现纪律部内部有关岗位管理存在的一些问题，也提出了初步的解决对策，但还有其他问题，需要各部门一起出谋划策。

评　点

班级组织建设不是目的，班级组织建设应当服务于班级建设以及班级发展的需要，促使学生进行有教育意义的生活。开展具体的调查活动，能够为班级组织建设提供载体，从而实现班级组织的实质性运作。对于学生调研产生的诸多资源，教师要通过结构化的引导，促进学生对资源的捕捉、发掘并发现实践过程的生长价值，也就是教师需要通过主题班会活动使学生实践中的关键节点、关键事件显性化。由此，教师的设计就在于对学生的实践资源进行捕捉、激发、引导。

2. 各部门协助，提出对策

师：请各个部门聚焦早读问题，讨论对策，想想我们班的早读问题该怎么解决。讨论前有以下几点要求：①按顺序交流。②仔细倾听并补充。③记录员在合作单上记录要点。④代表做好发言准备。好，开始吧！

（各部门展开讨论，教师巡视）

师：刚刚讨论得特别热烈，吴老师听到了许多特别棒、特别妙的对策。那么，现在我们就来交流碰撞，共同商讨解决早读问题的对策。待会儿交流时要注意，各部门要认真倾听，特别是有关自己部门的问题要记录，然后待该部门交流完毕，可以提问，不清楚的地方也可以补充。再强调一点，不要重复！

纪律部同学A：我们认为，针对早读不受重视的问题，可以让活动部请一些学长或优秀同学来宣传早读的重要性，如早读可以使人记忆力增强。

师：其他部门觉得这个建议怎么样？活动部有没有记录？活动部觉得怎么样？

活动部同学A：我们觉得这个建议非常好。后期我们会到六年级找一些学长学姐，共同交流宣传早读的重要性。

师：哇，方案马上就来啦，想到找六年级的学长学姐来交流。（请活动部同学将对策贴在黑板上）

活动部同学B：同时，我们还可以举办一些活动，比如说评选早读最美的声音、最美晨读的人或者小组。

师：评选的目的是什么？

活动部同学B：激发同学们早读的兴趣，让大家更重视早读。（活动部同学上台贴对策）

纪律部同学B：针对管理员没有看到违纪行为的现象，我们觉得可以对管理员进行培训，让他们每人管两组，要站在讲台前管，不要一直走动，除非看到了一些违纪现象需要下去提醒。（纪律部同学上台贴对策）

纪律部同学C：关于红领巾督导员早读时在班级里来回走动的问题，我们觉得可以调整红领巾督导员的上岗位置，学习六年（1）班，他们的红领巾督导员是站在门口走廊进行管理的，这样不会让班级早读秩序混乱，导致班级早读被扣分。请大家进行补充。

活动部同学C：纪律部可以派两名红领巾督导员站在前门，放几条红领巾在门口，如果有同学没带可以借他一条，另外一个人在旁边记录，超过两次就要有一些惩罚。

师：对于红领巾怎么管，同学们想得更细了。

纪律部同学A：谢谢你们的补充，我们会注意的。请学习部的同学补充。

学习部同学A：红领巾督导员有一个就可以，戴红领巾的同学才能进教室。

师：那你觉得站前门还是站后门？

学习部同学B：站后门。

师：从我们班的布局看，进前门前会经过后门，所以红领巾督导员有一个就可以了。纪律部有没有记录下来？你们部门还有其他对策吗？（纪律部同学上台贴对策）

纪律部同学D：关于收作业，我们建议在后门放一张桌子，每个人进教室之前先把作业放上去，避免早读时同学们为了交作业而走来走去。

学习部同学B：我要反驳前面的同学说的，我觉得应该要有两名红领巾督导员。

师：进前门要先经过后门，为什么要有两名呢？

学习部同学B：有时候红领巾督导员在记录时，有些没戴红领巾的同学可能会溜到前门去。所以前门也要有一个。

师：没关系，待会儿纪律部去现场考察一下。那么关于收作业的对策，还有补充吗？

学习部同学C：我们有补充，有另外一个对策。同学们一到班级就把作业放到组长的桌子上，组长等早读结束后再看哪些人没交，再去催没交的。

师：你们觉得怎么样？

纪律部同学D：我们觉得这个对策看似也可行，但我们先前试过，每次到校，很多人都不自觉，虽然也有人把作业放在组长桌子上，但就一两本。

师：他们通过之前的尝试，认为还是放在后门的桌子上更好。（纪律部同学上台贴对策）

活动部同学B：我们觉得这个方案很好。我们早读时有很多部门岗位上岗时间冲突，可以沿用分时段上岗的对策。

师：早读上岗的同学请举手，有哪些人？现在马上和你们部门的同学讨论一下，怎样才能分时段上岗，避免早读时有很多人来回走动。商量一下，一分钟。

（各部门就岗位工作时间冲突问题现场讨论。活动部同学上台贴对策）

师：刚刚红领巾管理的对策已经讨论出来了，改为督导员早读前在教室外面上岗。好，劳动部同学来交流一下岗位工作时间冲突怎么办。

劳动部同学A：我还要补充红领巾管理的问题。有人进班级前随便应付一下，到座位上就把红领巾脱了，所以讲台前还要再站一人。

师：这样会不会又有很多人？再想一想。

劳动部同学B：有时候死角管理员早读时会去扫死角，我们认为可以让他们早读前就去扫或者提前一天就让值日生把死角扫干净。

师：非常好，在早读之前或者提前一天就做好。那电教员怎么办？

后勤部同学A：我们认为不一定要在早读时就打开电教设备。可以在早操结束回教室的时候打开，因为老师是第一节课使用。

师：确定了，可以错开，分时段上岗。还有哪个部门有冲突？

劳动部同学C：我补充一下。在前一天的值日生扫完后，死角管理员可以再检查一下死角有没有扫干净。

师：现在请学习部的同学来分享一下解决早读问题的对策。

学习部同学A：我们发现同学们不认真读，可能是因为他们觉得早读太死板，很无聊。我们觉得可以分角色朗读，比如一、二组读谁的话，三、四组读谁的话。

师：那这个工作谁来组织？

学习部同学A：带读员。

师：也就是你们要对带读员进行——

学习部同学：培训。

师：突然很期待，我们班以后的早读形式会特别多样。还有吗？（学习部同学上台贴对策）

学习部同学B：对于带读员前一天准备不足的问题，可以让他在前一天晚上把要读的课文标记一下，隔天早上来就不会忘记了。

师：其实还是在培训带读员，很好，把对策贴上去。

师：活动部还有什么对策吗？你们采访的视频要不要和大家分享一下？

（活动部播放采访视频。视频内容：采访年段优秀班级的班长，咨询班级公约中有关早读的条例问题）

活动部同学A：通过采访，我们发现我们班的班级公约里有关早读的内容非常泛，只讲了大家要大声读、好好读。所以，我们可以借鉴6班的做法，把班级公约里有关早读的内容具体化，如：7：40要到校，7：40到7：42收作业，7：42后开始早读，早读期间与早读无关的事情一律不能做。

师：有关将班级公约修改得更加具体的建议，大家觉得怎么样？我们原先只强调要大声读、好好读，而且我们知道6班是全年段文明红旗数最多的班级，所以建议班长、班委会记录下来，这个可以修改。

劳动部同学A：早读的时候，让早读管理员看看哪个组读得比较好……

师：刚刚活动部已经提了评选的建议啦，英雄所见略同，我们不重复。

师：最后，请后勤部提对策。

后勤部同学A：我们认为，有一些室外值日生是没有参加早读的，可以把书借给那些没有带书的同学。

师：互帮互助。或者请谁帮忙？

后勤部同学A：早读管理员。

师：管理员要分清事情的轻重缓急。

后勤部同学A：还有一个问题。管理员经常会批评一两次后就说要写500字检讨、扣10分什么的，这样同学们就会不在意，所以我们觉得惩罚不用很严厉，但要说到做到。（后勤部同学上台贴对策）

师：管理员的惩罚方法还要再思考下。还有吗？

活动部同学A：学习部可以再选一些后备的带读员，避免出现带读员迟到的现象，前一天晚上也可以先做好准备……

师：谢谢，刚刚学习部已经分享过这个对策了。时间关系，我们最后请一位同学。

纪律部同学A：我们认为活动部不一定要请学长学姐，请我们班的学霸或者同年段的学霸来介绍就可以。

师：那还是加强宣传，宣传早读的重要性。

（三）总结提升，布置下次活动

师：我们现在来看一下黑板上的这些对策。刚刚早读调查组把这些问题归为几类？

生：三类——个人、岗位、部门。

师：部门问题是不是也是岗位问题？岗位扎堆了、冲突了，所以我们可以归为——

生：个人和岗位。（教师板书）

师：那么现在来看看，这些对策怎么分类？

分时段上岗——岗位

带读员前一天做好准备——岗位

管理员帮忙借书、惩罚要做到——岗位

训练带读员——岗位

分角色朗读——个人、岗位

举办活动——个人

师：修改积分是哪个部门提出的对策？介绍一下。

劳动部同学A：“根本原因”里有“个人积分太少，不稀罕”。我们班积分累积到期末可以免作业，但积分少的同学到期末也免不了作业，所以就不重视积分了。我们的对策就是把积分兑换改得容易些，例如积分攒到 50 分就可以换小奖品，100 分就可以兑换中等奖品，这样更容易……

师：就是达成目标更容易点，让这些同学更有动力。积分属于——

生：个人。

（教师帮助调整对策，按个人和岗位分类）

师：现在来看一下，同样，透过对策，你能发现什么？

师（引导）：为什么要办“寻找早读最美身影”活动？

生：让大家爱上早读。（教师板书：思想重视）

师：分角色朗读呢？

生：也是要让大家爱上早读。

师：修改积分呢？

生：奖励评价。（教师板书：评价监督）

师：红领巾督导员调整上岗的位置，管理员应该怎么管，这是通过哪一个方面来提对策？让管理员知道——

生：职责。（教师板书：明确职责）

师：训练带读员、管理员要帮忙借书，这也是——

生：明确职责。

师：分时段上岗呢？有一些同学要在早读前上岗，也就是岗位要做什么？

生：调整。（教师板书：岗位调整）

师：刚刚活动部也就是采访组给我们班委会提了建议——修改班级公约。

生：让班级公约更明确，让每个人知道早读该怎么读。（教师板书：明确要求）

评　点

一个好的主题班会活动不在于这一次活动有多完整、多精彩，而在于如何能够实现前移后续，如何把学生的班级日常生活在主题班会活动节点上串联起来，从而实现学生弥散式的自主探究，提升育人价值，引发更好的生活实践。

师：这一次的活动，通过大家的出谋划策，我们从思想重视、评价监督、明确职责、岗位调整、明确要求几个方面提了这么多对策。相信午休调查组、路队调查组应该有所启发吧。谁来说一下？

路队调查组同学：可以从更多方面来思考怎样让我们的路队变得更好。借鉴早读调查组的做法，从思想重视、评价监督、明确职责、岗位调整、明确要求这几个方面入手。

师：为什么老师要强调从这几个方面来提对策呢？因为管理是个大学问，对象不同，你的方法——

生：也不同。

师：希望在大家的努力下，我们能获得更多的文明红旗，同时也希望下个月我们能去鼓浪屿。

评　点

主题班会活动的体验性体现在对学生日常生活经验的提取上。在提取过程中，通过学生的自我反思，放大育人资源，巩固育人价值，最终达成目标。

师：布置下次活动任务：（1）针对早读问题，请各部门试行本次活动提出的对策，相关方案请今明两天提交到班委会。（2）请午休调查组和路队调查组提出初步的对策方案，提交给班委会。

师：本次活动到此结束！

评　点

必须明确主题班会活动中学生的素养发展取向，解决班级问题，实现班级发展。必须指出学生的日常生活世界就是教育本身，就是丰富的教育资源。教育教学应当是在社会宏大叙事的背景下，以时代所需要的共同思维方式来实现学生的生长。

第十章

主题班会活动的反思设计

教育教学活动中的反思对促进教师专业发展及提升教育教学活动质量具有重要价值。通常来说，反思实践并不被看作是教育教学活动设计的组成部分。笔者认为，反思不仅仅是对活动实践的反思，反思还需要跟其他活动要素进行一体化设计。实践设计未开始，反思已开始；实践已结束，反思还未结束。基于这样的理念，对反思设计的内涵与旨趣、反思设计的维度进行剖析，并从教师、学生及教研三个视角对反思设计及反思实践进行探讨，期待通过对反思设计与实践的关注，实现主题班会活动质量的提升，并实现基于反思的实践生命自觉。

第一节　反思设计的内涵与意蕴

往往认为教学反思及活动反思是实践后的事情，是对实践的反思性探究，是对整体实践场景的剖析。实践中，很少有教师会进行反思设计，大多等活动结束了才采取回溯的方式探讨得失，很多评课研讨往往也是基于具体的实践场景。但笔者认为，反思性探究不能开始于实践结束，而应当前置到活动设计之初，既要从整个主题活动的进程来看待反思的价值，也要从系列化主题活动的发展进程来看待反思的价值。对反思设计的思考，需要追问什么是反思、什么是反思设计、反思设计的旨趣是什么以及如何进行反思设计等问题。

（一）反思设计的内涵

已有的研究及实践表明，反思性探究逐渐成为促进教师专业成长的重要方式。美国心理学家波斯纳曾提出教师的成长公式：成长＝经验＋反思。叶澜先生认为，一个教师写一辈子教案不一定成为名师，但如果一个教师写三年教学反思可能成为名师。以上看法都说明反思是不可或缺的，教师的职后学习或继续教育也指向教师的反思性实践。美国国家专业教学标准委员会要求，教师必须能够批判性地审视自己的实践，征求他人的意见，并利用教育研究来加深知识，提高判断力，使教学适应新的发展和思想。

反思设计就是对如何开展反思进行前期的预设，包括反思的目的、反思的内容、反思的过程、反思的方法等。在主题班会活动设计中，反思设计并不是必需的要素，而是基于更好地实践、更好地生长所进行的思想实验活动，其核心是通过突出反思活动来体现成长在何处，是为了拓展师生的成长共振。通常认为，反思活动是在主题班会活动实施结束后对活动过程的观照，重点是反思优点和不足。这样的反思过于狭隘，也过于随意，缺乏前置设计，难以达成有效的预期。事实上，反思跟其他要素一样，是需要进行提前设计的，需要有针对性地对某一些方面进行结构化的关注，或需要预设工具与方法对资源进行提取，从而提升反思的有效性。另外，反思活动应当涵盖活动开展过程中的元认知监控，以促进教师对活动中介入的调节。

（二）反思设计的旨趣

反思设计并不是附加的，也不是外生的，而是根植于教育实践活动本身的。

1. 提升主题班会活动的实践质量

反思设计是对活动进程中要开展的反思性实践活动的预设。有意识的反思设计，能够对活动设计本身进行再思考，增强主题班会活动各个要素设计的针对性和逻辑性，从而提升主题班会活动的实践质量。同时，作为过程的反思设计，能够提升活动过程的自我监控，在有意识的、有方向的、有工具的调节中，提升实践质量。此外，对主题班会活动实践后的反思设计，能够促使教师对活动成效进行有针对性的反思，从而提升后续活动的实践质量。

2. 达成主题班会活动中师生的成长共振

人通过学习实践获得生长。很多学习或实践经历能够对人的生长起到潜移默化的作用，但真正的生长体现在我们意识到了学习或经历的价值，认识到了个体的生长。这个过程可能是体悟，可能是顿悟，也可能是水到渠成，不管是何种方式，都离不开人的自我意识，这就是自主反思的作用与价值。主题班会活动过程中师生的成长共振、师生教学相长的实现，不仅体现在学生的反思性生长需要教师有意识地设计或有针对性地介入，还体现在实践过程中教师能够有效捕捉生成性资源，这取决于教师的教育智慧，其实质是教师在实践过程中条件反射式的反思意识。引导学生进行反思的同时，也是教师教育智慧呈现的过程；而教师的反思性自觉，又能够通过反思活动的设计与推进来促进学生的反思性生长。这个过程实现了主题班会活动中师生的成长共振。

3. 实现主题班会活动进程中的元认知监控

按部就班的、没有丝毫悬念的课堂是没有生命力的课堂，是高控式课堂。当下的很多公开课、展示课，往往是被过度设计的课堂，似乎连教师的每一句发言和学生的回答都是被设计好的，充其量只是教学活动表演，而不是教育活动。真实的活动中，教师需要有效地监控到课堂活动中的资源生成，并灵活应变，保障活动的推进。在主题班会活动中，因为学生的自我调控能力还不够，往往会造成很多的活动生成，对此就需要教师有智慧地进行引导，从而推动活动的进程，乃至提升实践活动的品质。课堂活动中的生成有被动生成和主动生成，被动生成需要教师的教育智慧，而主动生成往往来自教师的设计，事实上这也是反思设计的一方面，即探讨活动开展过程中的各种可能性。

4. 促进主题班会活动中的实践自觉

反思性实践自觉不是天生就有的，也不是一学就会的，而是需要在具体实践过程中不断培育的。当前学校教育中主题班会活动的实践状态并不理想，既缺乏高质量的实践，也缺乏系统的研究。反思性实践能够提升主题班会活动的实践成效，这种提升的核心目的包括两个层面：一是促进教师的实践自觉，即教师能够自觉通过反思性实践来研究主题班会活动；二是促进主题班会活动实践过程中的生命自觉，如此方能促进教师在主题班会活动及班级建设过程中的创生。这种自觉源自对教育内涵的认识。张文质先生提出“必须经常自我询问的6个问题”：①我们是否滥用了授予我们的权力，时常逾越了正义与道德的底线？②我们是否出于对权力的恐惧或难以抵挡的功利的诱惑，扭曲自己的行为，伤害儿童的心灵，并辜负了孩子们质朴、珍贵的信任？③我们是否因为同情的匮乏，情感的冷漠，时常有意无意忽视了那些最需要我们注视、关爱与呵护的心灵？④我们是否因为生活的重荷，而变得日渐势利、鄙俗，缺乏生活热情，毫无梦想，毫无真善美的信念？⑤我们是否因为失去学习与思考的能力，而使得课堂变得极其平庸、乏味、毫无激情，毫无创造力？⑥我们是否已经不再适合担当教师这一角色，甚至这样的自我询问也被遗忘，或者我们几乎就没有这样自我询问的勇气？这样的反思性实践自觉需要通过不断的反思性实践来实现。如果教师能够实现对主题班会活动的反思性实践自觉，那么就会有高质量的生长呈现。

第二节　反思设计的多重维度

反思设计是关于主题班会活动实践中反思实践的设计。反思设计应当是主题班会活动设计中的一个要素，这源于主题班会活动的实践属性。教师需要明确反思实践与反思设计之间的区别。要开展具体的反思设计，需要进一步明确可以通过哪些维度来设计反思实践。

（一）基于立场的反思设计维度

立场是指认识和处理问题时所处的地位和所持的态度。我们可以理解为看问题、想事情、做事情的利益目标人群。每个参与具体实践的人都有自己的立场，这种立场未必是实体的利益立场，也可能是理念立场。不管是什么立场，表达的都是参与实践的关系主体不同的诉求。在主题班会活动实践中，基于立场的反思设计有本体立场、教师立场、学生立场和资源立场几个维度。

其一，本体立场的反思设计是对主题班会活动本身内在逻辑的思考与判断，指的是反思设计要建立在其本质属性与本质规律上，是对主题班会活动的实践属性的探讨。如主题班会活动结构与学科课堂结构有所不同，需要基于活动结构对主题班会活动进行反思设计。反思活动的逻辑进程与实践属性，可以具体表征为主题班会活动设计的框架结构与要素的反思维度。

其二，教师立场的反思设计是指基于教师实践水平、实践状态及教师实践性成长层面的反思设计。要有意识地对教师的活动设计进行探讨，从而从教师层面提升主题班会活动的设计与实施成效。如教师实践过程中的介入活动设计、教师对活动实施成效的不同维度反思设计等。

其三，学生立场的反思设计是指基于学生的实践立场和生成立场而进行的反思活动设计，是对学生实践过程中开展什么样的反思活动以及从哪些方面来表征生长状态的探讨。如学生参与度、学生反思工具的运用、学生反思的深入程度等。

其四，资源立场的反思设计指向的是活动开展的社会立场，即把主题班会活动作为实践发展的资源而进行的反思设计。如主题班会活动实践如何通过教师个人的反思设计来促进教师个人的专业发展，如何通过群体的研讨设计来促进群体教师的专业发展。

（二）基于内容的反思设计维度

基于内容的反思设计是指对主题班会活动的内容构成要素进行的反思设计与实践，包含整体活动的反思和局部活动的反思。

其一，基于理念的反思。按照既定的理念或理论来设计主题班会活动，需要设计在哪些方面体现这些理念，具体如何体现及在过程中关注哪些事项。

其二，基于目标的反思。主题班会活动有既定的目标，如何测评目标的达成度呢？这就需要提前做好设计，如通过观察量表或访谈的方式来测评等。

其三，基于内容的反思。主题班会活动设计中所涉及的内容能否在实践过程中实现，实践是否足够深入，设计是否全面，是否实现了全纳，这些都是设计过程中必须关注的，也可以提前设计好路径来有意识地观察。

其四，基于过程的反思。即对主题班会活动实践进程的反思，如各个活动环节是否节奏恰当，导入活动是否有效，核心进程是否足够深入，环节与环节之间的衔接是否顺畅，总结拓展环节能否牵引后面的活动设计等。其实质是探讨过程中的活动实践度。

其五，基于方法的反思。主题班会活动中使用的方法实际上是包含在实践过程当中的。为了凸显方法运用的重要性，笔者将方法的运用与反思单列出来探讨。主题班会活动中主要采用什么样的工作方法或德育方法，对活动的开展极其重要。我们需要推进反思的是在实践过程中如何验证所设计的方法的适用性、实践水平及使用边界等。

其六，基于成效的反思。实践好不好，关键看成效。主题班会活动的成效体现在班级日常生活问题的解决程度、班级建设内容的完成度及学生的生长度等方面。因此，反思设计需要围绕这几方面来展开，如关注活动目标实践的水平、实践的状态及实践的后续发展等。成效反思是主题班会活动反思设计的核心，其他方面的反思在某种意义上是为成效反思服务的。

其七，基于整体的反思。即对整个主题班会活动实践过程的反思，包括对系列化设计的反思，反思的是整个活动推进的逻辑性、实践性，以及活动整体的感染力。

当然，在具体的主题班会活动实践过程中，不可能对每个维度都进行反思设计与实施，关注其中的一个维度或几个维度即可，具体以反思设计与反思实践的目的为依据。

（三）基于过程的反思设计维度

这里的“过程”是指时间意义上的过程。基于过程的反思设计是对基于时间发展的主题班会活动进行反思设计与实施，其目的是在系列化或整体性意义上完成全面的、系统的、深入的反思，通过整体的、系统的反思设计与实施的分解实践，提升反思设计的针对性与反思实践的价值，进而实现反思设计、实施与主题班会活动实践整体进程的生长共振。这种生长共振可以理解为反思是主题班会活动实践的核心组成部分，过程推进是基于反思设计与实践的不断调整与改进，促使反思与实践成为共生体。

其一，活动前的反思。活动开展前，有大量的学生实践和大量的资源生成，故需要做大量的实践准备、资源准备。这些准备将直接影响主题班会活动的开展效果，需要对其进行反思监控。

其二，活动中的反思。即指具体主题班会活动实践现场的反思，是对过程的反思，不仅包括环节的反思、活动过程及方式的反思等，还包括教师如何把握活动进程、捕捉资源并适当有效介入等方面的反思。

其三，活动后的反思。即一般意义上的反思，但往往只是针对活动中的实践状态、实践水平的反思，很少会涉及活动前的反思和系列化的反思。

其四，系列化的反思。系列化的反思包括两个方面：一方面是针对活动前、活动中、活动后三个阶段的反思，即基于一定的主题及内容或基于一个领域或维度的多个内容的反思；另一方面是针对系列化活动的整体反思，包括系列活动推进进程的关系、活动与活动之间是否有效衔接、面对突发事件如何调整系列化设计等。

因此，反思性实践的开展不能仅仅基于当下实践，还应基于整体系列实践、基于生命成长的宏观意义。同时，反思不是就实践谈实践，还在于如何从促进生长的角度来进行系统化的、整体性的、系列化的反思，从而更好地促进反思性实践的生长。

（四）基于方法的反思设计维度

这里所谈的“方法”是指反思方法。当前常态化实践中的反思大多基于经验和观察，缺乏明确的方法运用，过多依赖于反思主体的个人经验水平和自觉意识。这样的反思在一定程度上难以形成群体性的共识，也就难以获得反思实践的最大成效。因此，反思设计、反思实践应当关注反思方法的运用，通过设计及运用具体的反思方法，提升反思实践的成效。

反思方法主要有回顾式反思、对照式反思、生成式反思、工具式反思及切片式反思等。回顾式反思基于师生主题班会活动的实践经验提取与运用；对照式反思的核心在于对比，在于参照系的建构；生成式反思注重对突发事件、生成性资源的捕捉与把握，依赖长期的可能性预设；工具式反思注重对具体信息提取、信息分析及问题解决策略等的工具选择、设计与运用，促进反思的数据化、科学化、准确化；切片式反思更多关注的是反思的范畴与张力问题，是对反思的深入性进行思考。

当然，应当意识到，反思的方法还有许多，需要根据具体实践情境及反思目的来选择或设计。同时，应当意识到一次反思或一系列反思可能涉及多种方法的综合运用。

第三节　教师立场的实践反思

反思设计与反思实践对促进教师专业成长，特别是促进教师对主题班会活动的深化认识与实践具有重要作用。日常生活实践中，学生通过反思获得集中式的、表征式的、阶段化的、节点化的生长，教师也要节点化地介入实践活动中，持续性地提升主题班会活动的质量，从而提升育人品质。但凡开展反思活动，必然需要参照系，那么教师对主题班会活动实践进行反思，需要关注哪些指标呢？

（一）活动设计的达成度

活动的开展需要看活动成效，也就是学生的生长效果，追问学生是否获得了生长。事实上，严谨、真实的实践活动必然会促进学生的生长，只是这个过程中的生长会因为实践的差异而有所偏差。

进行主题班会活动的反思实践，首先要对活动设计的达成度进行反思。作为有明确目的的教育活动，通过实践达成预期设计目标，是必然逻辑。如果成效不理想，要么是设计出了问题，要么是实施过程中出了问题。对达成度问题的追问正是建立在两者之上，是对已有设计的实现程度以及实施转化的水平与掌控度的追问。达成度高，说明设计及实施转化的水平高，从而能够获取有益的实践经验；达成度低或偏移设计，说明设计及实施转化的水平需要提升，这就为后续实践提供了生长资源。

（二）活动主体的参与度

班级事务需要班级全体学生来解决，班级建设应由全体学生来主持，班级日常生活中的学生生长应当是全体学生的多维度、多层次的生长。传统的班干部式的组织建设饱受诟病，正是因为班级日常生活建设沦为了少数班干部的实践舞台，多数学生不仅被排除在班级日常生活建设的生长之外，还沦为他人生长的工具。其中，最为显性的表现就是主题班会活动中少数人表演、少数人参与，多数学生陪跑。

因此，要强调进行全纳型班级建设，让每个学生都能够参与班级日常生活建设。活动中学生的参与频次、参与深度、参与内容等项目指标是评价学生活动参与度的核心。主题班会活动反思要通过观察量表的方式来统计并分析学生的参与度，促进班级活动中学生的全纳参与。

（三）活动介入的准确度

主题班会活动中的育人，体现在教师对活动过程中育人资源的捕捉及有效的介入引导，或把生成性资源放大，从而促进学生的生长从局部到全部，从碎片到整体，从点状到系统，从少数到多数，从浅表到深入。这里就需要教师有足够的教育智慧，能够准确地进行活动介入实践，提升介入的准确度，进而提升活动实践成效。

其一，资源捕捉的准确性。准确洞察并提取活动中的育人资源，对教师的活动元监控能力及教育活动反思能力有着极高的要求。这依赖于教师的教育经验、教育理念及对学生的认识与理解。

其二，介入时机的准确性。活动实践中会有大量的资源生成，但不是每个资源都值得发掘，也不是资源生成后就马上介入。对什么时机介入才能实现介入价值的最大化，需要有准确的把握。这个时机源于活动节奏，也源于资源的积累，更源于活动的目标导向。

其三，介入方式的准确性。捕捉了育人资源，发现了介入时机，还需要有准确的、合适的介入方式。如面对突然的冷场，是要重启还是要转移，重启需要有新视角或新话题，转移需要规避原有话题的干扰。此外，还有教师介入活动的提问表述是否准确，以及提问类型是否符合实践需要等。活动介入的准确度，不仅需要有学生立场、学生视角，还需要有精深的技术方法，如语言表达的规范性与准确性。对活动介入的准确度的反思实践，能够不断促进教师的专业觉醒和专业水平提升。

（四）活动生成的生长度

真实的主题班会活动实践不可能是完全顺畅的，不可能没有冲突，不可能没有卡壳。追求真实的主题班会活动，就是追求真实的生长，就是看到并实践主题班会活动中的生成。对主题班会活动实践的生长度进行反思评价，是对活动中生成性资源的多与少、浅与深、宽与窄、主动与被动的反思性探讨。

其一，活动中是否有足够多的开放式设计来促进主动性资源的生成；其二，活动中的开放性问题，是线性的还是有张力的，是完全程序化的还是留有自主生成空间的。开放的、丰富的、多元的活动生成表明主题班会活动的生长度高，完全程序化的、封闭的、单一的活动生成表明主题班会活动的生长度低。追求高生长度的主题班会活动，也是追求真实的、有效的、回归日常生活实践的主题班会活动。

（五）活动现场的灵活度

好的主题班会活动实践应当是有生命力的、有灵性的、有活力的活动，也就是说，主题班会活动现场要有一定的灵活度。

其一，有灵活度的活动现场一定是有趣的。主题班会活动来自学生的日常生活，应当让趣味通过活动融入学生的日常生活当中。

其二，有灵活度的活动现场一定是有碰撞的。主题班会活动中的对话实践，应当有思维碰撞、理念碰撞、做法碰撞，在碰撞中促进学生达成共识、相互理解。

其三，有灵活度的活动现场一定是有创生的。主题班会活动过程中的许多内容是学生事先准备好的，如果没有生成，没有创生，就变成了生硬的、机械化的表演。通过现场活动，学生能够发现不一样的视野、不一样的做法、不一样的认识、不一样的实践，就能够导向有创生的实践。

其四，有灵活度的活动现场一定是有张力的。即活动不因突然的活动生成而断裂，也就是说，活动过程中应当有生成的空间与可能。

对主题班会活动现场的灵活度的关注，是基于学生立场的需要，也是基于学生实践性生长的需要。

（六）活动效果的饱和度

饱和度指色彩的鲜艳程度，取决于某一色彩中含色成分和消色成分（灰色）的比例。含色成分比例越高，饱和度越大；消色成分比例越高，饱和度越小。主题班会活动效果的饱和度是对活动成效的完成度及成分的反思性分析。活动成效可分为有预期的活动成效和非预期的活动成效，或分为积极的活动成效、无效的活动成效和消极的活动成效。在省思主题班会活动实践成效的过程中，不能就成效谈成效，不能以结果的丰富性来替代预期的有效性。同时，要规避或尽可能减少无效的活动成效，抵制消极的活动成效，不能以有效成效来抵消无效成效，也不能因为积极成效而忽视消极成效。

对活动成效饱和度的探讨，其意蕴有：其一，提升预期的活动成效比例；其二，提升积极的活动成效比例，以正向目标或正向生长驱动学生的生长。对主题班会活动成效的饱和度的省思，是对高质量活动的追求，是对有品质、有生命力的活动的追求。

第四节　学生立场的实践反思

主题班会活动中的反思设计不是单独指向教师的反思，而是指向师生成长共振的反思。因此，就有了两重意蕴：一是学生作为主体的反思，是对促进学生主体反思实践的设计；二是基于学生生长立场的反思设计。

（一）回顾式反思

回顾式反思从严格意义上说，不能称为反思性实践，它是指对当下活动的相关前期活动经历进行梳理与回顾，从而唤醒学生已有的经验。反思需要一定的目的和评价标准，而回顾侧重呈现已发生的事实过程，本意上不涉及好坏、优劣、是非的价值判断。

回顾式的价值取向内隐在回顾的内容当中。回顾式反思较多地运用在主题班会活动的导入环节，通过对前期实践的回顾，提取并唤醒学生已有的经验，从而为要开展的活动实践打下基础。

当然，也可以在具体的活动对话过程中进行回顾式反思。当学生遭遇对话困境的时候，教师可以通过知识回顾、情感回顾、经验回顾等方式，让学生回到实践的核心进程。回顾式反思较多地通过视频、照片、故事叙述、谈话等方式来进行。

（二）对照式反思

对照式反思也称为对比式反思，是对当下的实践基于一定标准、原则或参照物的反思，从而得出当下实践的发展水平、发展状态。

其一，基于标准的对照式反思。对所开展的实践活动的达成状态进行基于某一标准的对照，从而评价实践水平。如班级岗位建设，教师期待达成的状态是人人有岗，实践中可能是半饱和达成或虚假达成。再如对方案设计水平的反思，可以通过可行性分析来进行，也可以通过与较好方案设计的比照来进行。

其二，相同求异的对照式反思。对相同事物或相同事件，采取求异的方式来反思，从而找到差别，找到生长点。

其三，相异求同的对照式反思。对不同事物或不同事件，要通过对比，找出相同之处，从而发现事物或事件的发展规律，找到实践的参考依据。

对照式反思主要通过对比的方式来进行。如在班级建设中广泛运用的榜样效应，事实上就是对对照式反思的一种运用。对照式反思是在主题班会活动中进行反思设计与反思实践最常用的一种方式。

(三) 生成式反思

生成式反思是指针对主题班会活动实践中的生成性资源的反思。生成性资源最能够凸显学生立场，通过生成性反思能够发现学生实践、学生认知、学生价值等，从而为教师的有效介入提供学生需求的视角。对活动中的生成性资源进行师生共振的反思实践，往往能够产生另类的学生生长价值。

同时，生成式反思指向主题班会活动的总体生长点，通过对一个节点活动的反思或一个系列活动的反思，进一步开发实践资源，为后续的节点活动设计或系列活动设计提供有力的支持。从人的整体生长角度来说，日常生活在时间上具有连续性，基于日常生活的主题班会活动也需要在活动节点及活动资源选择上具有连续性，从而实现连续性实践和节点性实践的统一。因此，生成式反思成为系列化设计、整体班级建设的重要实践基础。

(四) 工具式反思

工具式反思是指在主题班会活动过程中通过采用具体的反思工具来进行反思性实践。多数情况下，实践性反思是根据观察经验来进行的，过度依赖反思主体的经验水平、洞察力水平，缺乏一定的依据。同时，每个人的立场不同，表述水平及习惯不同，使得基于观察经验的反思有很大的局限性，对话价值和生长价值在一定意义上受到限制。要提升反思实践的质量，除了要建立一定的反思主题、反思理念和反思标准外，还可以采用具体的反思工具。

反思工具的价值在于能够形成一定的反思共性及反思对话的基础，同时能提供反思判断的证据。其一，反思信息提取工具，即借助工具提取反思的信息，从而保证反思的科学性。如通过观察量表的设计，收集某一主题的实践数据，从而保证反思的准确性。其二，信息分析工具，即对活动中产生的信息采取某种方式进行分析处理。如可以采用信息编码分析的方式，也可以采用构建思维导图的方式，其实质是促进反思主体进行思维整理。其三，反思评价表现工具。为了提升反思性实践的成效及对话的共性认识，需要提升反思评价的表现水平。单纯依赖口语化的表达，往往难以保证效果，故需要借助多样化的表现形式来呈现反思评价，从而提升反思的生长价值。

（五）切片式反思

切片式反思也称为切片研究，是选取主题班会活动实践过程中的一个典型片段进行解剖研究。这个片段可以是一个活动的典型环节，也可以是基于某一主题的环节。整体反思有助于整体认识，关注整体效果；切片反思关注一个局部的实践状态，促使一定时空范畴内的反思更加深入，也容易聚焦某一个主题开展反思，从而增强反思性实践的针对性。

切片式反思实践中，需要注意如下几个方面：其一，所选片段应当是符合反思主题的典型片段；其二，对片段的反思应当深入而全面；其三，切片式反思并不是针对片段本身，而是要通过片段看到某一领域、某一主题或整体的实践状况；其四，切片式反思开展的过程中，也要重视片段前后的联系。

以上几种反思方式是基于学生立场进行设计的。当然，这几种方式并不全面，期待通过相关探讨提供更多的思考路径。

第五节　教研立场的实践反思

开展主题式教研是教师职后成长的重要形式。然而，当前的教研主要是围绕学科开展的，主要通过现场公开课、现场讲座及现场点评等方式。虽然有一些地区做出了创新探索，但是就整体而言，这种简单的、割裂的、参与对象集体沉默的教研还是主流。所以，一些低质量的、缺乏深度的教研成了中小学教师反感的活动，更遑论对班主任专业发展水平的关注了。当前一些班主任专业研讨流于形式、学科化倾向较严重，缺乏对班主任专业发展独特性的关注。

（一）关注现场学习的有效性

“新基础教育”认为，现场研讨活动是重要的学习资源，教师应主动参与现场研讨，在现场研讨中生发智慧，在现场对话中汲取内生力量，在现场感受学生生长的过程，体现出教师成长的历程感，发现生长是看得见的，从而促进班主任专业自觉的觉醒。现场的生命力、现场的互动力、现场的专业力成为现场研讨活动的内在追求，也是促进变革性研究的核心所在。缺失了现场，就会失去这种研讨的实践感和生命感。华东师范大学李政涛教授提出，“具有现场意识和现场自觉的学习，是最符合教师职业特性的学习方式：为现场的学习，在现场中学习，回到现场的学习”①。研讨现场是班主任学习成长的重要场域，也是一种最为常见的学习资源。保障班主任现场的有效学习，应在以下几个方面做出努力。

其一，抛开参与主体现场学习的自我偏见。人往往是带着自己已有的经验认识进入学习场域中的，这样的经验认识在一定程度上会让参与者形成偏见，正如心理学中所说的“刻板印象”。所以，班主任应以更开放的姿态体悟现场生命生长的力量，暂时放弃自我立场，进入到时空场域中。

其二，自觉的现场互动参与。以自我经验来审视现场生发的资源，在多

---

① 李政涛．现场学习力：教师最重要的学习能力［J］．人民教育，2012（21）：46．

维互动中确立对话立场，从而实现输出式学习。如果缺失了现场对话和输出的意志，就会产生现场学习意志削弱的现实。

其三，现场学习的有效性还依赖于一定的专业底蕴，要知道、懂得、了解现场学习研讨的话题、基本内容和基本表达。如果缺失，现场学习就会出现不一样的对话平台，就无法促进深度学习的形成。如在研讨现场，当我们深入探讨分析一个“资源捕捉”的问题时，如果教师的思维仅停留在“以生为本”或“价值提升”的话题层级，那么学习体会就相对肤浅了。

（二）关注现场研讨的全纳性

全纳性研讨是指每一个人都以不同的方式参与每一个时段的研讨，促进现场中每一个人的真实发展。当前的一些研讨方式无法保障所有人的参与，更多关注了少数人的实践，关注了专家指导下的接受式学习。如果现场研讨中缺乏班主任更多的实践及对话表达的过程，缺乏与专家思维碰撞的过程，就难以有最大限度的内化式生长。现场研讨的全纳性关注的是现场的多层次、多维度、多视域的发展对话。

其一，研讨进程的全纳。从对主题班会活动的现场研讨观摩到聚焦反思、互动对话，再到专家指导，关注了从实践到反思再到拓展延伸的问题解决进程。

其二，研讨主体的全纳。现场研讨因时间及空间的限制，往往不能让所有人都有效参与现场对话。因此，在现场研讨过程中，供研讨的现场主题活动结束后，应通过分组的方式，让参与者形成相互合作的交流对话团体。先让小组内的每个人对实践资源进行分析点评，综合讨论后形成小组的共同主张，然后小组推举出一个代表参与全场的研讨与对话，完成小组的观点综述。这样做的目的是让更多人参与进来，让更多人主动思考，让更多人发现现场研讨的生命存在感。多元的方式也让不同的人获得了不一样的生长。无论如何，现场研讨应重视来自更多人的声音。

其三，研讨内容的全纳。现场研讨基于现场，基于主题班会活动，但不能就活动探讨活动，不能直接聚焦单个活动的过程、细节，还应看到活动前的师生发展及活动后的推进路径，从而在全纳的时空中看到长程的设计、长程的实践，如此方能着眼于真实的学生生长过程，而不是拘泥于一个主题班会活动的精彩与否。现场研讨的全纳性就是要提升现场研讨的价值，以复杂性的视角来设计并实践复杂的发展问题。

（三）关注现场对话的聚焦性

研究认为，最好的成长方式是实践性研究和基于问题解决的对话。只有输入没有输出，没有在真实的对话情境中促使自己明晰思路、明晰话语方式，产生的必然是模糊的思想认识，这样的成长往往具有欺骗性。从完整的成长过程来说，做、听、说、读、写都是必不可少的要素。在实践研究推进中，如果没有聚焦性的对话研讨，对话往往是低效的，甚至是无效的。这就要求现场研讨要聚焦性地展开，共同针对一个问题进行多维度、多层次的剖析、分解、探究，不停留于说客套话，方能促进多元对话的深入。这种多元现场对话的聚焦应是对问题的聚焦、对切入点的聚焦、对话语表达的聚焦、对期待的聚焦，摒弃的是面面俱到、表达泛化、焦点缺失和对话不在场。聚焦性的现场对话是研讨有效性的保障，是共同研讨文化产生的基础。

（四）关注现场互动的多样性

现场研讨要特别注重互动的多样性，期望通过不同的互动方式促进教师的多层次交流，从而促进发展。仅仅依赖专家来实现根本性变革是不可能的，真正的实践性变革力量在教师自身、在团队自身、在区域自身。由此，基于活动现场、活动呈现的互动研讨应关注以下几个方面：

其一，自身反思互动成长资源的获取。以开放的、发展的姿态面对现场研讨，如果只是为了呈现精彩和完美，就容易失去主体参与活动本身的意义。真实呈现，并在研讨现场对自己“捉虫”（即找问题），是一种不断追求发展的开放心态，是发展的基础。

其二，校内团队互动的研讨支持保障。在一些现场研讨中，有校内团队参与研讨时，人们往往倾向于为团队成员唱赞歌，力图掩饰存在的缺陷，这是封闭的、狭隘的想法。当然，也不是要反对发现优点和发掘经验，而是应强调团队的支持保障是基于发展的视角来审视优点的延伸价值，并指出常识性障碍。

其三，同行互动的多维成长视野。现场研讨应是基于“捉虫”的考量，应避免外行的赞歌和外行的建议，立场应是共同研究破解观念与实践问题后所产生的“喔效应”（即互动交流理解后，突然想明白原来是这么一回事）。

其四，专家的支持保障与引领。专家的引领是高屋建瓴的，是打开思维的重要助力。学习专家而不迷信专家是应然之理。不迷信专家，不是对专家观点进行质疑甚至排斥，而是对专家经验进行实践性吸收，放下偏见对专家观点进行自我推演，进入到深度学习的层面。笔者一向主张现场学习要更重视对专家观点的吸收，对录下专家观点然后整理成文稿再来学习的举措持怀疑态度。现场研讨的魅力是真实成长的体现，是多样交流中的对话。在互动过程中，发现主体存在的不足，发现成长的空间；在互动过程中，寻找共同发展的力量；在互动过程中，寻求基于实践性个体需求的专业引领。

（五）关注研讨资源的生成性

通常来说，现场研讨活动都有一定的主题预设，通过主题选择、内容选择及程序设计等方式完成既定的流程，从而实现研讨活动目的。但是，过度预设的研讨活动现场，往往会流于形式，难以促进活动资源的多样化生成，从而失去了活动现场的灵动性。所以，要适度保障活动的开放性，保障研讨资源的开放性，使活动更有生命力、更有灵动性，现场的生成性资源更具有实践意蕴，也更值得被发掘和分享。现场研讨的生成性资源表现为以下几个方面：

其一，现场实践的复杂性。实践是复杂多变的，生命的精彩和生长的喜悦往往存在于不可完全预设的实践过程中。人在成长进程中对机械的、重复的、简单的活动更容易厌倦，就是因为活动缺乏复杂性的体验，缺乏生长的灵动性。关注现场研讨的生成性资源，聚焦生成性资源的深度对话，可以创生出新的智慧和新的研究话题，这往往比设计的话题更有生长力量。

其二，现场研讨资源的主动生成。研讨活动设计过程中要保持适当的开放度，基于现场，基于实践，不能按部就班地进行表演式研讨。由此，主动生成的意蕴是有范围的、有生长的研讨，基于人的真实发展，实现资源的主动生成。

其三，现场研讨资源的被动生成。由于实践的复杂性，往往会在多维互动过程中碰撞出不一样的智慧火花，形成不一样的发展可能，那么现场研讨就必须把握住这种灵动性资源，促使现场研讨有更多的发展可能。

其四，现场研讨资源的再生成性。离开既定的现场研讨时空情境，重新审视现场研讨的整个过程，进行现场研讨资源的二度开发，可以进一步汲取养分，实现基于案例式分析的现场研讨资源再生。

（六）关注研修对话的文化性

最引人入胜的是思维方式的转变，融通思维、关联思维、弥散式思维、共生思维等反映出来的就是具体的实践方式，而实践方式的进一步凝练就是文化。在研讨与对话中，促进班主任在这样的文化里、在不断卷入的对话研讨中，实现现场学习的输入与输出。

其一，人人研讨。这是第一条学生工作领域的研讨文化。其二，限时发言。在不断推进的研讨中，我们发现受已有的研讨文化影响，客套话太多，直接的学习对话太少，故可以通过协商限定每个参与研讨教师的发言时间，从而导向说话有重点、说真话的研讨文化氛围。其三，关注梳理。做、听、说、读、写是班主任专业发展过程中不可或缺的环节。当前的现实是很多人关注了前四者，但写的环节较为薄弱，其中既有写的技术问题，也有写的价值成本问题，总之是对写作式提升缺乏重视。班主任需要逐步梳理成型的研究范式，不断形成自己的认识与风格，促进自身的专业发展，这也是持续性发展的内在动力。实践性变革研究是变革智慧产生的唯一路径，班主任的持续性发展内定力、内动力及内生力的生发逻辑是专业支持体系的建立，而这种专业支持体系的建立不能只依靠制度或机制的力量，更应从转变班主任思维方式开始，重构新的实践性文化，让真实的、生长的研讨文化生根发芽，进而成为班主任专业发展生命自觉的保障。

作为教研立场的反思设计与实践，要通过教师群体的主题式研修来促进教师的专业发展，提升主题班会活动质量。其核心观点主要有：其一，基于现场，现场呈现的主题班会活动是开展研修的第一资源；其二，基于对话，在研修过程中要注重发挥更多教师的主动性资源，让教师在参与中生长；其三，基于议程设置，不同的议程设置会有不同的研修呈现，一个好的议程设置能促进价值最大化。

参考文献

（一）图书

[1] DEWEY J. The quest for certainty：a study of the relationship of knowledge and action [M]. New York：Minton，Balch & Company，1929.

[2] 罗国杰. 马克思主义伦理学 [M]. 北京：人民出版社，1982.

[3] 雅斯贝尔斯. 什么是教育 [M]. 邹进，译. 北京：生活·读书·新知三联书店，1991.

[4] 唐云增. 学校班集体建设辞典 [M]. 北京：书目文献出版社，1992.

[5] 联合国教科文组织国际教育发展委员会. 学会生存：教育世界的今天和明天 [M]. 华东师范大学比较教育研究所，译. 北京：教育科学出版社，1997.

[6] 圣吉. 第五项修炼：学习型组织的艺术与实务 [M]. 郭进隆，译. 上海：上海三联书店出版社，1998.

[7] 博尔诺夫. 教育人类学 [M]. 李其龙，译. 上海：华东师范大学出版社，1999.

[8] 道金斯. 自私的基因 [M]. 卢允中，张岱云，王兵，译. 长春：吉林人民出版社，1999.

[9] 李学农. 中学班级文化建设 [M]. 南京：南京师范大学出版社，1999.

[10] 杜威. 民主主义与教育 [M]. 王承绪，译. 北京：人民教育出版社，2001.

[11] 联合国教科文组织. 教育：财富蕴藏其中 [M]. 联合国教科文组织总部中文科，译. 北京：教育科学出版社，2001.

［12］多尔，高夫．课程愿景［M］．张文军，张华，余洁，等译．北京：教育科学出版社，2004．

［13］黄志成．全纳教育：关注所有学生的学习和参与［M］．上海：上海教育出版社，2004．

［14］波拉克．不确定的科学与不确定的世界［M］．李萍萍，译．上海：上海科技教育出版社，2005．

［15］杜威．我们怎样思维·经验与教育［M］．姜文闵，译．北京：人民教育出版社，2005．

［16］王晓东．日常交往与非日常交往［M］．北京：人民出版社，2005．

［17］刘怀玉．现代性的平庸与神奇：列斐伏尔日常生活批判哲学的文本学解读［M］．北京：中央编译出版社，2006．

［18］叶澜．“新基础教育”论：关于当代中国学校变革的探究与认识［M］．北京：教育科学出版社，2006．

［19］高德胜．道德教育的时代遭遇［M］．北京：教育科学出版社，2008．

［20］海默尔．日常生活与文化理论导论［M］．王志宏，译．北京：商务印书馆，2008．

［21］莫兰．复杂性思想导论［M］．陈一壮，译．上海：华东师范大学出版社，2008．

［22］齐鹏．新感性：虚拟与现实［M］．北京：人民出版社，2008．

［23］李家成，王晓丽，李晓文．“新基础教育”学生发展与教育指导纲要［M］．桂林：广西师范大学出版社，2009．

［24］赫勒．日常生活［M］．衣俊卿，译．重庆：重庆出版社，2010．

［25］波兹曼．娱乐至死［M］．章艳，译．桂林：广西师范大学出版社，2011．

［26］迟希新．有效主题班会八讲：设计理念与实施策略［M］．上海：华东师范大学出版社，2012．

［27］梅多斯．系统之美：决策者的系统思考［M］．邱昭良，译．杭州：浙江人民出版社，2012．

［28］渡边淳一．钝感力［M］．林青华，译．海口：南海出版公司，2013．

［29］齐学红，袁子意．班会课的设计与实施［M］．上海：华东师范大学出版社，2013．

［30］李家成．班级日常生活重建中的学生发展［M］．福州：福建教育出版社，2015．

［31］张向众，叶澜．“新基础教育”研究手册［M］．福州：福建教育出版社，2015．

［32］陈丽，吕蕾．赢得未来的学校教学组织变革［M］．上海：华东师范大学出版社，2016．

［33］麦克伦尼．简单的逻辑学［M］．赵明燕，译．北京：北京联合出版公司，2016．

［34］李秀萍．班会课怎么上才有效？［M］．上海：华东师范大学出版社，2018．

［35］黑格尔．小逻辑［M］．贺麟，译．北京：商务印书馆，2019．

［36］王可越．创新化生存［M］．北京：北京日报出版社，2019．

［37］余秋雨．中国文化课［M］．北京：中国青年出版社，2019．

（二）学位论文

［1］李燕．共生教育论纲［D］．济南：山东师范大学，2005．

［2］何颖．民主型班级：学生生命发展的土壤［D］．上海：华东师范大学，2010．

［3］高蓓莉．学习型班级的构建实践与策略研究：以苏州工业园区某中学某班级建设为例［D］．苏州：苏州大学，2015．

［4］李赛阳．普通高中特色班的班级管理叙事研究［D］．南昌：江西科技师范大学，2018．

［5］邵丽．具身认知视角下的学习活动设计研究［D］．上海：华东师范大学，2018．

（三）期刊论文

［1］洪黎民．共生概念发展的历史、现状及展望［J］．中国微生态学杂志，1996，8（4）：50-54．

［2］田慧生．关于活动教学几个理论问题的认识［J］．教育研究，1998，19（4）：46-53．

［3］雷颐．“日常生活”与历史研究［J］．史学理论研究，2000（3）：

121-127.

［4］边霞. 儿童文化与成人文化［J］. 学前教育研究，2001（3）：8-9.

［5］于新斌. 班级组织结构对学生人格和能力的影响［J］. 教学与管理（中学版），2004（2）：27.

［6］刘晓东. 论儿童文化：兼论儿童文化与成人文化的互补互哺关系［J］. 华东师范大学学报（教育科学版），2005，23（2）：28-35.

［7］邱勤，袁云. 让道德教育回归生活世界［J］. 思想理论教育导刊，2005（5）：77-79.

［8］胡麟祥. 班集体的涵义、结构及教育功能：现代班集体建设系列讲话之二［J］. 中国德育，2007，2（3）：71-73.

［9］彭虹斌. 学科课程的理论基础与组织原理［J］. 湖南师范大学教育科学学报，2007，6（4）：42-46.

［10］陈国平. 班级精神文化的构建［J］. 教育评论，2008（1）：71-72.

［11］古良琴. 生态班级：儿童德性生长的诗意宇舍［J］. 扬州教育学院学报，2008，26（4）：39-42.

［12］李雁冰. 科学探究、科学素养与科学教育［J］. 全球教育展望，2008，37（12）：14-18.

［13］常利兵. 日常生活研究的理论与方法：对一种社会史研究的再思考［J］. 山西大学学报（哲学社会科学版），2009，32（2）：67-71.

［14］李家成. 重建学生学校日常生活的教育努力："新基础教育"学生工作的"魂""体""理""脉"［J］. 中国教育学刊，2009（9）：17-20，27.

［15］张亚男. 中小学主题班会研究综述［J］. 教学与管理（中学版），2009（9）：20-22.

［16］杨静，郭学军，臧国军. 把课程的育人合力释放出来：对初中思想品德课与主题班会整合的探索与思考［J］. 人民教育，2011（1）：44-47.

［17］赵迎春. 论学科课程知识的呈现与建构［J］. 教育探索，2011（8）：9-11.

［18］李朝辉，郝淑玉，李改凤. 学习型班级文化建设的理念与策略［J］. 教育探索，2013（9）：91-92.

［19］李润洲. "具体人"及其教育意蕴［J］. 清华大学教育研究，2013，34（1）：49-53.

[20] 诸葛福民，石南. “六位一体”的高校班级建设工作体系框架建构[J]. 中国成人教育，2015 (19)：72-73.

[21] 赖立里，张慧. 如何触碰生活的质感：日常生活研究方法论的四个面向 [J]. 探索与争鸣，2017 (1)：104-110.

[22] 蓝美琴. 小学一年级生态型班级建设：以金华市武义县熟溪小学一(1) 班为例 [J]. 教育视界，2018 (6)：40-42.

[23] 任夫锋，张锐. 主题班会课程化的单元设计与实践 [J]. 教学与管理（小学版)，2018 (12)：12-14.

[24] 周建平. 身体认知视野下的知识教学：理念与策略 [J]. 教育理论与实践，2018，38 (7)：53-56.

[25] 倪彩凤. 主题班会的回顾与反思 [J]. 教学与管理（中学版)，2019 (10)：17-20.

[26] 布因克曼. 论学校的任务：基于现象学的视角 [J]. 彭杰，译. 华东师范大学学报（教育科学版)，2020 (1)：60-72.

[27] 徐冠兴，魏锐，刘坚，等. 合作素养：21 世纪核心素养 5C 模型之五 [J]. 华东师范大学学报（教育科学版)，2020 (2)：83-96.

后　记

当我敲完最后一个字，望着夜空，心中不是卸下重负的舒坦。极度理性的思考与写作，往往带给我的是最感性的情感，时而欣喜，时而忧虑，无法达到那种胸有成竹的理性铺张的状态。这种理性与感性的撕扯，伴随着思考与写作的全过程，终于在完稿的那一刻撕破了最后的“伪善”，剩下隐隐的忧愁。

不管是之前的写作，还是当下的写作，我都无数次告诉自己，追问有多少人喜欢、有多少人愿意翻阅、有多少实践启发，是无意义的，这也不是一个写作者应该或能够去思考、去期盼的。我始终将自己带有一点点研究味的思考写作看成是对自己生命体验过程的表达。在写作的过程中，既有突破认知的欢喜，也有走不出的痛苦，有时是悲喜与共，有时是喜怒无常，那样的状态令我不愿回想。有人说，写作过程是快乐的、幸福的，而我的感觉是没有什么幸福与不幸福，有的只是那一份心中的坚守而已。

坦率地说，我并没有真正的班主任工作经历，仅有的一点实践体验来自2009年在重庆市奉节县汾河镇天池村天池小学支教的半年时间。关注主题班会活动缘起于“新基础教育”研究。厦门市思明区与华东师范大学的“新基础教育”研究团队合作进行实践性变革研究，领导安排我负责学生工作领域。前后近四年，跟着学生工作领域的李家成教授学习“新基础教育”，观摩了大量的主题班会活动，参与了大量的主题班会活动设计，阅读了大量有关班主任专业发展、主题班会活动的研究论文及图书。或许正是由于工作实践需要，才促使我对主题班会活动有所思考。

本书能够成型，得益于华东师范大学李家成教授的精心指导，是他促使我在教育现场中不断重构自己，在理论研读中不断深化自己，在对话交流中不断更新自己。李家成教授渊博的学识、儒雅的气质、严谨的治学态度、坦荡的胸襟为我打开了学生工作领域的大门，带我开启了主题班会活动这一精彩世界的探险之旅。

感恩的话虽然很俗气，但再美的赞誉都不足以表达几年探索过程中我所得到的帮助。感恩遇到李家成教授，为我打开了一个新的教育世界，找到一个新的人生方向！感恩“新基础教育”研究的专家团队、叶澜先生、李政涛教授、吴亚萍教授等给予的学习契机！感恩“新基础教育”研究实验校的支持！感恩携手并行近四年的学生工作领域的研究团队！感恩为本书提供案例的洪尤卓老师、黄冬敏老师、陈莉恒老师、戴瑶瑶老师、林玲玲老师、方晓敏老师、黄雅玲老师、徐舒婷老师、吴钰嫔老师……

本书的写成，也离不开《福建教育》杂志社李武先生的鼓励与支持。仍记得偶尔跟李武先生谈到自己对主题班会活动一些碎片化的思考，他就一直鼓励我写出来，并在《福建教育》陆续刊发了部分内容。没有他常态化的、幽默的、多样化的“逼迫”，以我这懒散的个性，本书的完成估计还遥遥无期。

感恩父亲和母亲，他们为我付出了全部！感恩我的爱人，她默默消化着我写作过程中的烦闷以及工作过程中的忙碌！感恩我的一双儿女！本书的完成，有一个小窃喜——前几年出版的《校本课程建设的理论构建与实践探索》是送给女儿远远的礼物，而本书是之前就定下的要送给儿子图图的礼物，从2019年图图出生后开始创作至今方完成，虽已多年，但也算是一个心愿的达成！

当然，本书的出版还得益于很多人的指导，也借鉴并吸收了其他研究者的观点，如北京教育学院的迟希新老师、南京师范大学的齐学红老师等。正是因为有了太多人、太多研究基础的助力，方有本书的形成。

若本书有什么不足之处，全在于我个人的水平不够，权当抛砖引玉，敬请方家批评指正！

魏登尖

2020年7月5日初稿

2022年12月18日定稿